LES ESPAGNOLS

A LA

GRANDE-ARMÉE

DU MÊME AUTEUR

La Légion portugaise (1807-1813). Un volume in-8, de 529 pages avec un portrait en héliogravure et 4 planches d'uniformes en couleurs. 1897. Paris, Berger-Levrault et Cⁱᵉ, éditeurs. (*Épuisé.*)

LES ESPAGNOLS

A LA

GRANDE-ARMÉE

LE CORPS DE LA ROMANA (1807-1808)
LE RÉGIMENT JOSEPH-NAPOLÉON (1809-1813)

PAR

LE COMMANDANT P. BOPPE

CHEF D'ESCADRONS DE CAVALERIE TERRITORIALE

Avec trois gravures en couleurs et une carte

BERGER-LEVRAULT ET Cie, ÉDITEURS

PARIS	NANCY
5, rue des Beaux-Arts, 5	18, rue des Glacis, 18

1899

LES ESPAGNOLS

A LA

GRANDE-ARMÉE

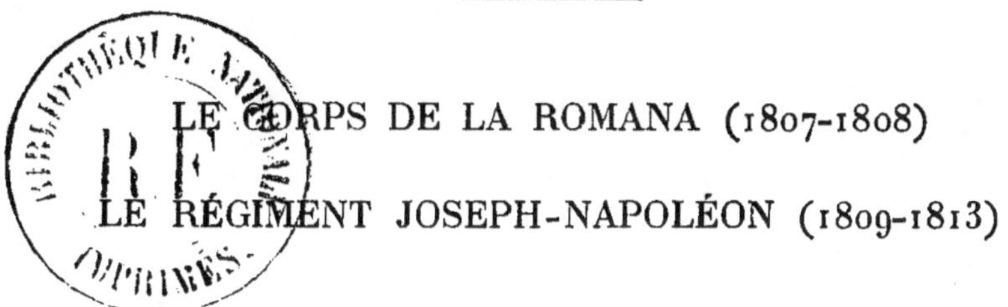

LE CORPS DE LA ROMANA (1807-1808)

LE RÉGIMENT JOSEPH-NAPOLÉON (1809-1813)

PAR

Le Commandant P. BOPPE

CHEF D'ESCADRONS DE CAVALERIE TERRITORIALE

Avec trois gravures en couleurs et une carte

BERGER-LEVRAULT ET Cie, ÉDITEURS

PARIS | NANCY
5, rue des Beaux-Arts, 5 | 18, rue des Glacis, 18

1899

Tous droits réservés

SOURCES

———

Archives nationales; Archives historiques et administratives de la Guerre; Archives des Affaires étrangères; Cabinet des Estampes de la Bibliothèque nationale; Collections particulières de MM. le général Vanson et G. Cottreau.

BIBLIOGRAPHIE

Ouvrages anglais :

W. F. P. Napier : *Histoire de la guerre de la Péninsule,* revue et annotée par le lieutenant-général comte Mathieu-Dumas (Paris, 1828).

Robert Southey (poète lauréat d'Angleterre) : *Histoire de la guerre de la Péninsule* (Traduction Lardier. Paris, 1828).

Ouvrages danois :

C. F. Alben : *Histoire du Danemark,* traduction E. Beauvais (Paris, 1878).

Capitaine de Frisenberg : *Souvenirs d'un officier danois 1807-1814* (Paris, 1897).

F. Schierne : *Spanierne i Danmark* (Les Espagnols en Danemark), écrit en 1835 et publié dans *Historiske Studier* du même auteur (Copenhague, 1856).

Christine Daugaard : *Biskop Daugaard* (L'évêque Daugaard). Copenhague, 1896.

J. Kornerup : *Spanierne i Roskilde* (Les Espagnols à Roskilde). Roskilde, 1886.

H. P. Mumme : *Begivenhederne i Fyen under de franske ug spanske Troppers ophold her i Landet i Aaret 1808* (Les événements dans la Fionie durant le séjour des troupes françaises et espagnoles dans le pays en 1808). Odense, 1848.

A. Thorsoë : *Danmarks politisk Historie fra 1800-1814* (Histoire politique du Danemark de 1800 à 1814). Copenhague, 1873.

Meddelelser fra Krigsarchiverne (Communications tirées des Archives
du ministère de la guerre), publication officielle, t. III (Copenhague,
1888).

Ouvrages espagnols :

Estado militar 1783.

Estado militar 1805.

Boletin de la real Academia de la Historia (avril 1897).

De Gimbernat (Ch.) : *Manual del soldado español en Alemania* (s.
l., 1807).

De Bolangero (Man.) : *Carta, memoria, exposicion al Inspector ge-
neral de Infanteria* (Burgos, 10 novembre 1815). *Detalles sobre la
expedicion de La Romana al Norte.*

De Osma (Joaq.) : *Noticias sobre la vuelta del Ejercito español de Dinamarca.* (Paris, 1824. Traduit en français par La Roquette.)

Gomez de Arteche (Jose) : *Discurso sobre la expedicion de las Españoles á Dinamarca á las ordenes del marquis de La Romana* (Madrid, 1872).

Rosell (Cazet) : *Discurso en contestacion de D. Jose Gomez de Arteche, sobre la expedicion de las Españoles á Dinamarca* (Madrid,
1872).

Ouvrages français :

Napoléon Ier : *Correspondance.*

L. Lecestre : *Lettres inédites de Napoléon Ier.*

P. Bertrand : *Lettres inédites de Talleyrand à Napoléon.*

Thiers : *Histoire du Consulat et de l'Empire.*

A. Sorel : *L'Europe et la Révolution française.*

E. Lavisse et A. Rambaud : *Histoire générale.*

H. de Sybel : *Histoire de l'Europe pendant la Révolution française.*

A. Lefebvre : *Histoire des Cabinets de l'Europe pendant la Révolution
française.*

B. Sarrans : *Histoire de Bernadotte* (Paris, 1845).

Touchard-Lafosse : *Histoire de Charles XIV, Jean Bernadotte, roi
de Suède et de Norvège* (Paris, 1828).

A. Chuquet : *La jeunesse de Napoléon.*

Général de Marbot : *Mémoires.*

Général N. Fririon : *Relation de l'insurrection des troupes espagnoles
détachées dans l'île de Seeland* (*Spectateur militaire*, octobre 1827).

Capitaine E. Fririon : *Relation de l'insurrection des troupes espagnoles
détachées dans l'île de Seeland* (Limoges, 1872).

Lieutenant-général comte Mathieu-Dumas : *Souvenirs* (Paris, 1839).

Du Casse : *Mémoires et Correspondance politique du roi Joseph-Napoléon* (Paris, 1853-1854).

Moniteur Universel (1808).

Prosper Mérimée : *Les Espagnols en Danemark* (Théâtre de Clara Gazul).

Ch. de Mazade : *Correspondance du maréchal Davout, prince d'Eckmühl.*

Maréchal Marmont : *Mémoires.*

E. Labaume : *Relation circonstanciée de la Campagne de Russie* (Paris, 1814).

E. Fieffé : *Histoire des troupes étrangères au service de France.*

A. Rambaud : *Moscou et Sévastopol.*

Colonel de Tschudy : *Précis historique des actions où se sont trouvés les 2e et 3e bataillons du régiment Joseph-Napoléon avec la 2e division du 1er corps de la Grande-Armée pendant la dernière campagne* (Namur, 1813).

Major Gallardo de Mendoza : *Mémoires* (publiés par M. Roger Peyre dans les *Miscellanea Napoleonica,* du baron A. Lumbroso, série III-IV) [Rome, 1898].

Lieutenant Theotonio Banha : *Apontamentos para a historia da Legião portugueza ao serviço de Napoleão I* (Lisbonne, 1865).

Maréchal de Castellane : *Journal.*

Capitaine Coignet : *Cahiers.*

Campagne des Français en Espagne en 1823-1824. Paris, L. Cordier, imprimeur de la Garde royale.

Commandant P. Boppe : *La Légion Portugaise.*

I

LE CORPS DE LA ROMANA

(1807-1808)

Vainqueur en un mois de la monarchie prussienne, Napoléon avait poursuivi sa marche triomphale. Dans les derniers jours du mois de novembre 1806, il s'établit à Posen ; la Grande Armée avait pris, en Pologne, ses quartiers d'hiver.

Le système continental venait d'être imposé à l'Europe par les décrets de Berlin : *vaincre la mer par la terre* était une gigantesque entreprise et l'exécution effective du blocus exigeait un formidable nombre d'hommes ; d'autre part, la campagne prochaine, la guerre contre la Russie, réclamait les vieux régiments d'Austerlitz et d'Iéna.

La pensée d'employer des troupes alliées à la garde des côtes du Nord contre les entreprises des Anglais devait naturellement venir à la pensée de l'Empereur.

A quelle nation demander cet effort ?

Un traité déjà ancien obligeait l'Espagne à fournir à la France, sur sa demande, un corps de troupes de terre ; des circonstances récentes amenèrent Napoléon à le rappeler au cabinet de Madrid. Mais avant d'en rapporter la clause

essentielle, il ne paraît pas inutile de jeter un rapide coup
d'œil sur les relations de l'Espagne avec la France pendant
les quelques années qui ont précédé et suivi la conclusion
de ce traité.

I

Durant plus d'un quart de siècle, le Pacte de famille, signé le 15 août 1761, avait fait une réalité des légendaires
paroles d'adieu adressées par Louis XIV à son petit-fils devenu Philippe V. L'Espagne et la France, se donnant la
main par-dessus les Pyrénées, avaient toutes deux recueilli
les fruits de cette étroite alliance, conclue aux jours les plus
sombres pour nous de la guerre de Sept-Ans [1].

Cette situation se trouva profondément troublée par les
événements de la Révolution française. Après le règne ré-
parateur de Charles III, le faible Charles IV venait de monter sur le trône d'Espagne, et le pouvoir, particulièrement
lourd en ce moment critique, tombait sur des épaules bien
débiles pour en supporter le poids.

Pendant que la bourrasque secouait et emportait l'ancienne monarchie des Bourbons de France et bouleversait
les traditionnelles alliances, il eût fallu à Madrid un bras
ferme pour tenir la barre ; Charles IV l'avait abandonnée
aux mains indignes de la reine Marie-Louise et de son favori
Godoï, et le gouvernement était ballotté au vent de leurs
passions et des intérêts qui s'agitaient autour d'eux.

La Révolution avait fait table rase des anciennes relations
internationales ; de quel côté devait s'orienter l'Espagne ?

---

1. « C'est que la nature des choses semblait rapprocher les deux États, de
même que la communauté du sang unissait les deux dynasties. » (Albert SOREL :
L'Europe et la Révolution française, chap. III.)

Profondément monarchique et religieuse, elle ne pouvait qu'être hostile aux hommes et aux idées de la France révolutionnaire ; d'autre part, depuis Philippe II, l'Angleterre, la grande hérétique, était l'ennemie héréditaire ; Gibraltar restait une plaie toujours saignante, et la puissante marine anglaise était, pour les colonies dont vivait l'Espagne, une formidable menace ; hors d'état de résister à la pression des deux grandes puissances qui se disputaient son alliance, l'Espagne ne pouvait se renfermer dans une neutralité qui, seule, en ce tournant de l'histoire, eût pu être sa sauvegarde, peut-être son relèvement.

La mort de Louis XVI et la guerre intentée à l'Église firent pencher la balance et eurent dans la catholique Espagne, cette « grande Vendée »[1], raison de la traditionnelle alliance.

Le 7 mars 1793, la guerre était déclarée à la France.

Durant deux années, les succès et les revers se balancèrent à peu près également des deux côtés des Pyrénées ; enfin le traité de Bâle, signé le 22 juillet 1795, ramena la paix, désirée d'ailleurs depuis longtemps par Godoï, malgré un parti puissant à la cour et malgré le clergé.

Une alliance aussi étroite que celle qui, par le Pacte de famille, avait pendant près de trente années uni les deux États, devait cependant renaître contre toute espérance.

Après la paix de Bâle, le traité de Saint-Ildefonse que Pérignon[2], ambassadeur du Directoire à Madrid, arracha à

---

1. E. Lavisse et A. Rambaud : *Histoire générale*, III, chap. xxvii.

2. Pérignon (le marquis Dominique de), né en 1754, entra comme sous-lieutenant dans le corps des grenadiers royaux de Guyenne ; nommé en 1791 député de la Haute-Garonne, il quitta ces fonctions pour prendre le commandement d'une légion de l'armée des Pyrénées-Orientales. Commandant en chef de cette armée après la mort de Dugommier, il remporta plusieurs victoires, entre autres celle de Figuières, le 7 mai 1795. Sénateur en 1801, maréchal de

l'incapacité de Charles IV, à la présomptueuse légèreté et peut-être à la vénalité [1] de Godoï, devenu prince de la Paix, fut signé le 27 juin 1796.

Par une des clauses de ce traité, les deux puissances promettaient de se soutenir mutuellement, avec toutes leurs forces, dans toute guerre déclarée en commun, d'après un plan de campagne adopté également en commun, et à l'exclusion de toute paix séparée. Dans le cas où une seule des puissances serait en guerre, l'autre, sur la demande de celle-ci, devait aussitôt lui envoyer vingt-cinq vaisseaux de guerre ou 24,000 hommes de troupes de terre, compléter les vides qui se produiraient dans cette armée, et l'augmenter même au besoin.

Ce traité était écrasant pour l'Espagne et la livrait à sa puissante voisine, sans autre compensation que l'offre de fonder en Étrurie un royaume pour les Infants de Parme. L'article 3 du traité officiel stipulait, il est vrai, que l'Espagne resterait neutre « dans la guerre actuelle », mais quatre mois ne s'étaient pas écoulés qu'en exécution des clauses secrètes, elle déclarait la guerre à l'Angleterre et perdait quatre vaisseaux dans une rencontre avec la croisière anglaise, devant le cap Saint-Vincent. Le désastre de Trafalgar fut plus cruel encore à l'Espagne qui, depuis tant d'années, sacrifiait tout à sa flotte, gardienne des colonies et protectrice de leur commerce.

La courte campagne de 1801 contre le Portugal réunit, sous le commandement du prince de la Paix, 15,000 Fran-

---

France et grand-croix de la Légion d'honneur en 1805, grand-croix de Saint-Louis en 1814 et pair de France de la première création.

1. Pérignon annonça que Godoï désirait acquérir pour environ 15 millions de biens nationaux, et il conseilla instamment au Directoire d'accueillir une demande qui favorisait si bien les intérêts communs. (H. DE SYBEL : *Histoire de l'Europe pendant la Révolution française*, t. IV, chap. III.)

çais et 3o,ooo Espagnols, et donna aux troupes de terre des deux nations alliées la première occasion de marcher sous les mêmes drapeaux.

En cette même année, les Infants de Parme recevaient la couronne d'Étrurie, mais l'Espagne nous rétrocédait la Louisiane.

La France impériale ne devait pas laisser tomber l'œuvre du Directoire, et le traité de Saint-Ildefonse, dont les conséquences avaient été si fatales à la marine espagnole, devait, plus tard, fournir à Napoléon la solution d'un double problème.

Vainqueur de l'Autriche et de la Russie à Austerlitz, arrivé au faîte de la puissance, Napoléon méditait, dès les premiers mois de 1806, le rétablissement de l'empire d'Occident ; maître de l'Italie, pouvant le devenir de l'Espagne, il pensait à reconstituer l'alliance des peuples d'origine latine ; empereur des Français, roi d'Italie, protecteur de la Confédération du Rhin, il avait placé sur la tête de ses frères Joseph et Louis les couronnes de Naples et de Hollande. De là à reprendre en Espagne l'œuvre de Louis XIV, il n'y avait qu'un pas. Après Iéna, Napoléon l'eut vite franchi. Les événements qui surgirent à Bayonne deux ans plus tard étaient-ils seulement en germe dans sa pensée ou déjà résolus en 1806 [1] ?

Si l'Empereur, se souvenant de la clause du traité de Saint-Ildefonse qui mettait à sa disposition un corps espagnol, avait jeté les yeux sur les troupes de cette nation et s'était décidé à les amener d'aussi loin pour les faire coopérer au blocus des ports de la mer du Nord et de la Baltique,

---

1. Voir Thiers : *Histoire du Consulat et de l'Empire,* t. VIII, notes des livres XXIX et XXX.

peut-être, en faisant cette demande au cabinet de Madrid, avait-il cédé au désir de dégarnir l'Espagne d'une partie de son armée. Il est juste, d'ailleurs, de reconnaître qu'il avait pour cela des raisons que le projet de réunir un jour ce pays au faisceau des monarchies feudataires qu'il avait déjà commencé à former, ne suffirait pas seul à expliquer.

L'Empereur n'ignorait pas qu'avant Iéna l'Espagne avait fait de considérables armements ; fatiguée du joug de notre onéreuse alliance, craignant que ses colonies ne se levassent à la voix de l'Angleterre, la cour de Madrid, voyant la France aux prises avec la Prusse, avait cru le moment venu de se séparer d'elle. Elle gardait cependant ces desseins secrets et donnait à notre ambassadeur, comme raisons de cette activité militaire, ses projets contre le Portugal, contre Gibraltar[1] ; en réalité, le prince de la Paix conférait secrètement avec les ministres de Prusse et de Russie. Le 14 octobre, une proclamation appelait aux armes la nation tout entière.

Le coup de tonnerre d'Iéna bouleversa ces projets, et l'Empereur connut toute la vérité par les dépêches mêmes du ministre de Prusse à Madrid dont il put prendre connaissance à Berlin.

Aux prises avec la Russie, dont les troupes s'avançaient en Pologne, il ne voulut pas témoigner son mécontentement au cabinet de Madrid et parut convaincu de sa loyauté ; mais il lui fut certainement, dès ce moment, démontré qu'il devenait dangereux de laisser sur ses derrières, livré à lui-même ou aux suggestions intéressées de l'Angleterre, un gouvernement dont les sentiments étaient à ses yeux désormais percés à jour.

---

1. Voir A. LEFEBVRE : *Histoire des Cabinets de l'Europe*, t. III, ch. XXVIII.

D'autre part, Napoléon était mécontent de l'attitude de la reine d'Étrurie, qui cherchait ses inspirations à Rome et ouvrait ses ports aux marchandises anglaises[1]; déjà Marie-Louise avait sollicité de son père, Charles IV, un appui que la situation politique de ses États lui avait paru rendre nécessaire, et un petit corps d'armée, composé de plusieurs régiments d'infanterie et de cavalerie, lui avait été envoyé sous les ordres du général O'Faril[2].

Le traité de Saint-Ildefonse donnait à l'Empereur une facile solution de ces difficultés. Il lui permettait de confisquer à son profit les armements que la cour de Madrid avait faits contre lui, de dégarnir l'Espagne de ses éléments constitués les meilleurs, et en même temps de faire sortir de l'Étrurie, incommode enclave dans le royaume d'Italie, les troupes espagnoles que la reine venait d'y faire entrer.

Napoléon ne pouvait hésiter.

II

La campagne qui devait s'ouvrir au printemps, et dont il ne se dissimulait pas les redoutables difficultés en présence des préparatifs de la Russie, imposait à l'Empereur certains ménagements, de forme tout au moins, vis-à-vis de l'Espagne; ils sont visibles au début des négociations qu'il fit entamer avec son allié.

De Posen, le 15 décembre[3], il ordonna à Talleyrand d'envoyer d'urgence un courrier extraordinaire à Madrid pour y porter les demandes dont il formula ainsi la teneur géné-

---

1. Voir A. Lefebvre : *Histoire des Cabinets de l'Europe*, t. III, chap. xxvi.
2. Le général Gonzalo O'Faril fut plus tard ministre de la guerre, en Espagne, du roi Joseph-Napoléon.
3. *Correspondance de Napoléon Ier*, n° 11476, t. XIV.

rale : « L'occupation de Hambourg et des ports du Nord est l'opération qui influera le plus sur la paix maritime, et obligera le plus les Anglais à renoncer à leur système et à nous restituer nos colonies. Je renouvelle au roi l'engagement de lui faire rendre les siennes. Je demande le secours de 4,000 hommes de cavalerie et de 10,000 hommes d'infanterie, avec 25 pièces de canon attelées, pour former un corps d'observation du côté du Hanovre et s'opposer à l'armée anglaise qui voudrait débarquer et forcer le blocus. Les 6,000 Espagnols qui sont en Italie pourraient faire partie de ce corps ; ils se mettraient en marche par le Tyrol. L'autre partie traverserait la France. Du moment qu'ils seraient arrivés sur le territoire italien ou français, je me chargerais de leur entretien ; le roi d'Espagne n'aura que la solde à payer.

« En fournissant ce corps, l'Espagne ne se compromettra avec personne, parce qu'il servira comme auxiliaire sous mes ordres, et elle en retirera l'avantage de former des soldats.

« L'Espagne et la France ne peuvent rester dans cette situation. Il faut renoncer à tenter des aventures sur mer, où nous sommes les plus faibles, pour suivre nos avantages sur terre. Si l'Espagne déploie la même énergie que je montre, nous viendrons à bout de nos projets. »

Le 25 mars suivant, nouvelle lettre [1]. D'Osterode, Napoléon prescrivait à Talleyrand de demander à Madrid que 3,000 hommes de cavalerie partissent sur-le-champ pour Anvers ; la division d'Étrurie, partant de Livourne, devait être dirigée sur Augsbourg et de là sur Hambourg pour s'opposer aux débarquements des Anglais.

---

1. *Correspondance de Napoléon Ier, n° 12169, t. XIV.*

« Le blocus de Hambourg, écrivait l'Empereur, vaudra
à l'Espagne la restitution de ses colonies à la paix. Il ne
s'agit plus aujourd'hui de tergiverser. Si l'on veut le faire,
il faut que vingt-quatre heures après que cela aura été demandé, la division qui est en Toscane se mette en route,
ainsi que les 3,000 hommes de cavalerie ; si à 3,000 hommes
de cavalerie on veut joindre 6,000 hommes d'infanterie, il
faut les accepter. Il sera facile à M. de Beauharnais[1] de
faire comprendre au cabinet que, outre l'avantage de contribuer à amener la paix et la restitution de ses possessions,
il aura celui d'aguerrir et de discipliner ses troupes. *Du
reste, il suffit seulement d'en avoir le cœur net. S'ils ne
veulent pas, tout est fini. J'attache un double intérêt à faire
sortir la division espagnole de Toscane.* »

La dernière partie de cette lettre impérieuse semble donner raison à l'hypothèse que nous avons émise plus haut,
relativement aux projets de Napoléon sur l'Espagne : « S'ils
ne veulent pas, tout est fini », écrivait Napoléon dès le mois
de mars 1807 ; la menace est assez claire. Tenait-il beaucoup à l'envoi de ces troupes ? Un refus ne lui eût-il pas été
un utile prétexte, une facile entrée de jeu pour le moment
où il aurait le loisir de s'occuper, de plus près, des affaires
de la Péninsule ? En tous cas, aucun doute n'est possible
en ce qui concerne le double intérêt qu'attachait l'Empe-
peur à faire sortir de Toscane la division espagnole que la
reine y avait introduite. Le sort de cette souveraine était
décidé, elle ne devait pas tarder à « cesser de régner »[2].

Quoi qu'il en soit, l'Empereur poursuivit l'expédition de

---

1. Beau-frère de l'impératrice Joséphine, ambassadeur de France à Madrid.
2. Voir *Correspondance de Napoléon Ier*, n°s 13168, 13181 et 13375, t. XVI,
et, sur la compensation à donner à la reine d'Étrurie en Portugal, n°s 13300 et
13444, *idem*.

ses ordres pour assurer le prompt départ de ces troupes, tant de celles qui devaient venir d'Espagne que de celles qui devaient partir d'Étrurie.

Deux lettres du 30 mars, l'une à l'archichancelier Cambacérès[1], l'autre au général Dejean[2], ministre de l'administration de la guerre, donnent de minutieuses instructions pour le passage des troupes espagnoles en France, recommandant de les traiter en tout comme les troupes françaises. « Faites-leur connaître, écrivait l'Empereur, qu'on leur délivrera une paire de souliers de mes magasins, à Mayence, et que, du moment de leur entrée en Hanovre, leur habillement, équipement, tout, excepté la solde, sera à mes frais ; pressez le passage de ces troupes, vous sentez que cela est de grande importance. »

Enfin, l'Empereur ordonnait de nouveau à son ambassadeur à Madrid de tout faire pour hâter le départ et prescrivait d'envoyer un commissaire pour recevoir, accompagner et faire marcher, par différentes routes, les 9,000 hommes qui devaient arriver sur les Pyrénées.

De son côté, le vice-roi d'Italie avait reçu des ordres analogues pour les étapes des troupes d'Étrurie.

Malgré les instances que, sur les ordres réitérés de l'Empereur, l'ambassadeur de France renouvelait auprès du cabinet de Madrid, celui-ci usait de tous les subterfuges pour gagner du temps ; il fallut aller jusqu'à la menace pour que le corps de 9,000 hommes fût porté au complet par le prince de la Paix. Joint aux 5,000 hommes fournis par l'Étrurie, le contingent atteignit le chiffre exigé de 14,000 hommes.

Napoléon, qui ne négligeait aucun moyen de peser sur

---

1. *Correspondance de Napoléon Ier*, n° 12224, t. XIV.
2. *Idem*, n° 12229, *ibid,*

l'opinion de l'Europe, ne manqua pas de se servir du levier
que l'envoi de ces troupes étrangères, entrées comme alliées
à son service, mettait entre ses mains. Il avait souvent, à la
guerre, trompé l'ennemi en faisant porter à sa connaissance
les chiffres de ses effectifs, enflés ou diminués à dessein.
Or, à ce moment, dans les premiers mois de 1807, la Pologne se levait à son appel[1]. Il voulut lui donner un exemple
de son ascendant sur l'Europe et prescrivit à Talleyrand,
par une lettre du 3 avril[2], de faire connaître à M. de Vin-
cent, ambassadeur d'Autriche, sous forme de conversation,
et d'écrire au général Andréossy, son ambassadeur à Vienne,
que 30,000 Espagnols étaient entrés sur son territoire pour
se rendre en Hanovre ; « il n'y aurait pas de mal, même,
ajoutait l'Empereur, d'en faire mettre un article dans les
journaux de Varsovie, sous la rubrique de Madrid, en di-
sant, sans parler de la division d'Étrurie, que 6,000 hommes
de cavalerie espagnole, et 24,000 hommes d'infanterie sont
déjà rendus sur les Pyrénées et arrivent le 1er du mois de
mai sur l'Elbe. »

A la date de cette lettre, les 9,000 hommes que nous donnait le gouvernement espagnol, contraint et forcé, après
avoir épuisé tous les atermoiements[3], n'étaient pas encore
réunis.

---

1. La bravoure et la fidélité de la légion de la Vistule et des chevau-légers
polonais sont restées légendaires. Napoléon ne leva pas moins de 40,000 hommes
en Pologne. (*Correspondance de Napoléon Ier*, n° 12091, t. XIV.)

2. *Correspondance de Napoléon Ier*, n° 12275, t. XIV.

3. Déjà, deux mois auparavant, Talleyrand écrivait à l'Empereur, de Varsovie, le 5 février 1807 : « ..... La cour de Madrid consent à mettre à la disposition de Votre Majesté 14,000 Espagnols, y compris les 6,000 qui sont en Toscane. Le commandant de ce corps sera ou M. O'Faril, ou M. de Castaños,
gouverneur du camp de Saint-Roch ; celui qui plaira le plus à Votre Majesté
sera choisi ; la cour de Madrid désirerait que ce fût M. O'Faril. » (P. Bertrand : *Lettres inédites de Talleyrand à Napoléon*, CCXXIII.)

Au sujet du choix du commandant du corps espagnol, nous citerons l'appréciation suivante qui vient naturellement à l'esprit : « Napoléon refusant ou dif-

Les 16 et 19 avril, l'Empereur écrivait à Talleyrand [1] et à Cambacérès [2] d'envoyer encore de nouveaux courriers en Espagne pour presser leur départ et recommander qu'en France on leur fît faire de bonnes étapes pour les faire arriver promptement et en bon état. Enfin, le 14 mai, il avisait le général Clarke [3], alors gouverneur de Berlin, qu'il avait reçu la nouvelle que les troupes espagnoles étaient arrivées sur les Pyrénées et pourraient être arrivées sur le Rhin dans les premiers jours de juin.

Pour réparer, dans la mesure du possible, le temps perdu, et hâter leur arrivée, l'Empereur avait prescrit au général Dejean de faire transporter en poste, à Mayence, l'infanterie espagnole, « afin qu'elle y arrivât dans le tiers moins de temps qu'elle n'en eût mis sans cette précaution » [4].

Cependant les troupes espagnoles, au nombre de 8,679 hommes placés sous le commandement du général marquis de La Romana [5], s'étaient mises en route. Elles en-

---

férant de se prononcer, le gouvernement espagnol déféra le commandement au marquis de La Romana, qui avait été élevé en France où il vécut longtemps. Or, dit un historien, si le corps espagnol avait eu pour chef le général Castaños, celui-ci n'aurait pas battu Dupont à Baylen ; s'il avait obéi à O'Faril, la désertion n'aurait pas eu lieu. On sait, en effet, que ce général était tout dévoué à la France. » (*Histoire de Bernadotte, Charles XIV, roi de Suède et de Norvège*, etc., par B. SARRANS jeune. Paris, 1845, t. I.)

1. *Correspondance de Napoléon Ier*, n° 12389, *ibid.*
2. *Idem*, n° 12410, *ibid.*
3. *Idem*, n° 12576, *ibid.*
4. *Idem*, n° 12692, *ibid.*
5. La Romana (Pedro Caro y Sureda, marquis de), né à Palma (Majorque) en 1761, fut élevé chez les Oratoriens de Lyon, et servit d'abord dans la marine où il parvint au grade de capitaine de frégate ; il passa ensuite dans l'armée de terre, changement fréquent en Espagne ; pendant la guerre de la Révolution, il servit en Biscaye, puis nommé général de division, il fut envoyé à l'armée de Catalogne ; la faveur du prince de la Paix l'appela au commandement de la division mise au service de Napoléon. Après son retour en Espagne, il organisa dans les provinces du Nord la résistance contre les armées impériales et mourut en 1811.

trèrent en France par les départements des Basses-Pyrénées et des Pyrénées-Orientales. Le 8 juin, le préfet de la
Gironde, Fouchet, rendait compte au ministre de la police
générale du bon accueil fait par la population de Bordeaux
aux trois colonnes espagnoles qui venaient de passer dans
cette ville [1], et le 26 du même mois, l'Empereur, qui, même
de Tilsit, suivait les plus petits détails de ce qui concernait
son service, ordonnait à Champagny de témoigner sa satisfaction au préfet de la Gironde, « car c'est m'être très
agréable que de donner des marques de considération et
d'intérêt à mes alliés » [2].

De son côté, le général de brigade Martin, préfet des
Pyrénées-Orientales, qui, par une lettre du 16 mars [3], avait
avisé le gouvernement de la prochaine arrivée dans le département d'un corps de troupes assez considérable, avait
reçu de la sûreté générale des instructions, en date du 28
du même mois [4], l'invitant à rendre compte, avec beaucoup
d'exactitude, des circonstances de son passage.

Le corps espagnol dirigé sur les Pyrénées-Orientales n'é-

---

1. Archives nationales, F⁷, 6496, dossier 644.
2. *Correspondance de Napoléon Iᵉʳ*, n° 12828, t. XV.
3. Archives nationales, F⁷, 6496, dossier 644.
4. Il était en effet à prévoir que quelques incidents pourraient se produire :
le 6 juillet, le général commandant le département des Pyrénées-Orientales faisait connaître au général commandant la 9ᵉ division militaire, à Montpellier,
qui en avisa le ministre, que des dragons du régiment d'Almanza, chargés de
l'escorte des bagages, avaient assailli deux charretiers, le 4 juillet, à Sijean,
sur les confins du département de l'Aude. L'un avait été tué d'un coup de sabre,
l'autre, après avoir essuyé un coup de feu, avait pu s'échapper. Le ministre
demanda au général de La Romana, le 18 juillet, la punition des coupables ;
« ce régiment, ajoutait-il, dont la conduite et l'esprit ne sont pas aussi satis-
faisants que ceux des autres corps qui l'ont précédé, doit observer une discipline plus exacte en route et doit être surveillé par ses chefs plus qu'il ne paraît
l'être ».
Le marquis de La Romana répondit de Mayence, le 23 juillet, qu'il en rendait responsables les officiers de ce corps et qu'il demanderait leur destitution
si les circonstances l'exigeaient.
Le régiment d'Almanza devait arriver ce même jour à Mayence avec un

tait d'ailleurs pas au complet au printemps de 1807. Le régiment de Lusitania (cavalerie) n'arriva à Perpignan que le 7 septembre, avec quelques autres détachements destinés à la Grande Armée [1]. Pendant que ces détachements continuaient leur route sur Mayence, le régiment de Lusitania recevait l'ordre de s'arrêter pour être compris dans l'organisation de l'armée de Portugal [1]. Par une lettre du 14 octobre, le préfet des Pyrénées-Orientales rendait compte du départ de ce régiment qui, pendant un mois de séjour à Perpignan, sous les ordres du colonel d'Avilar, « s'était fait remarquer par une discipline excellente ».

Après avoir franchi les Pyrénées par leurs deux extrémités, les troupes espagnoles, sous le commandement du lieutenant-général marquis de La Romana et du maréchal de camp de Kindelan, traversèrent la France, se dirigeant sur Mayence par Lyon et Besançon.

La division d'Étrurie passa les Apennins et marcha sur le Hanovre par le Tyrol, la Bavière et la Franconie.

La composition du corps espagnol était la suivante [2] :

---

détachement du régiment d'Algarve, faisant partie des colonnes se rendant à Mayence, ainsi qu'il résulte d'une lettre du ministre au maréchal Kellermann, commandant à Mayence. (Archives administratives de la guerre.)

1. En exécution du traité de Fontainebleau, signé le 27 octobre 1807, 10,000 Espagnols, sous les ordres du général Solano, se joignaient à l'armée de Junot, déjà arrivé, dès le 17, à Salamanque, et marchaient sous son commandement contre le Portugal, par la rive gauche du Tage. Ces 10,000 hommes, joints aux 14,000 fournis par l'Espagne et l'Étrurie, complétaient les 24,000 hommes que le traité de Saint-Ildefonse mettait à la disposition de la France. Le 31 octobre, l'Empereur écrivait à Junot de presser son ministre, en Espagne, de lui faire arriver quelques régiments de cavalerie à Alcantara. (Voir à ce sujet : *Correspondance de Napoléon Ier*, nos 13233, 13257, 13301 et 13314, t. XVI. Dès le mois de février 1808, Junot était invité à surveiller les deux divisions espagnoles qu'il avait sous ses ordres. *Idem*, no 13608.)

2. Nous devons à M. le capitaine Antonio Gil Alvaro, attaché au ministère de la guerre à Madrid, et écrivain militaire très distingué, parmi de bien intéressantes communications, la composition de l'état-major du général de La Romana que nous ne faisons que reproduire d'après lui, ainsi que les effectifs,

État-Major.

Général commandant : lieutenant-général marquis de La Romana.
Commandant en 2ᵉ : maréchal de camp D. Juan de Kindelan.
Aides de camp : les colonels marquis de Crèvecœur, D. Juan
    Caro et D. Pedro de los Rios ;
    les capitaines D. Augustino de Llano, D. Fran-
    cisco Xavier Riera et D. Julio O'Neill.
Chef d'état-major : le brigadier D. Jose Montes Salazar.
Officiers d'état-major : les colonels D. Ignacio Martinez Vallejo,
    D. Mariano Reugel et D. Juan Antonio
    Caballero ;
    le commandant D. Jose O'Donnell ;
    les capitaines D. Juan de la Vera et D.
    Pedro Guersero.
Secrétaires : les capitaines D. Estamilas Sandrez Salvador et
    D. Juan Ricaro.

Les troupes venant d'Espagne se décomposaient ainsi qu'il suit :

Infanterie de ligne.

Régiment de la Princesse (3 bataillons), colonel comte de San
    Roman. . . . . 2,282 hommes.
3ᵉ bataillon du régiment de Guadalaxara. . . 778 —
Régiment des Asturies (3 bataillons), colonel
    D. Luis Dellevielleuze . . . . 2,332 —

Infanterie légère.

2ᵉ Bataillon de volontaires de Barcelone, com-
    mandant D. Jose Borrellas . . . . 1,240 —

---

au moment de leur mise en route, des régiments venant d'Espagne et d'Étrurie ; nous sommes heureux de témoigner ici à notre camarade toute notre gra-
titude pour son amicale obligeance.

Cavalerie de ligne.

Régiment del Rey, colonel D. Miguel Gambra.   540 hommes.
Régiment del Infante, colonel D. Francisco
Mariano   540   —

Dragons.

Régiment de Almanza, colonel D. Juan Antonio Caballero.   540   —

Artillerie (Brigadier D. Ignacio
Martinez Vallejo).

Artillerie à pied.   270   —
Artillerie à cheval.   89   —
Soldats du train.   68   —

Total. . . . .   8,679 hommes.

Les régiments venant d'Étrurie présentaient les effectifs
suivants à leur départ de Livourne, de Pise et de Florence :

Infanterie de ligne.

Régiment de Zamora (3 bataillons), colonel D. Miguel Salcedo. . . . .   2,256 hommes.
1ᶜʳ et 2ᵉ bataillons du régiment de Guadalaxara,
colonel D. Vicente Martorell   1,504   —

Infanterie légère.

1ᶜʳ bataillon de volontaires de Catalogne, commandant D. Juan Francisco Viver   1,200   —

Cavalerie de ligne.

Régiment d'Algarve, colonel D. Jose de Yebra.   540   —

Dragons.

Régiment de Villaviciosa, colonel baron de Armandariz.   540   —

Artillerie.

Une compagnie *d'artillerie*, capitaine D. Jose
Lopez . . . . 100 hommes.

Total . . . . 6,130 hommes.

Le corps de la Romana [1] avait donc, lors de sa mise en
route, un effectif total de 14,809 hommes, auquel il faut
ajouter une compagnie de sapeurs venus d'Espagne, soit
environ 15,000 hommes.

---

1. Nous croyons devoir donner ici une description succincte des uniformes
portés par ces régiments ; les indications qui vont suivre nous ont été obligeamment communiquées par M. le général Vanson, directeur du Musée de l'Armée,
et par M. G. Cottreau, l'un des membres fondateurs de la *Sabretache* et collectionneur bien connu, qui possèdent, dans leurs inépuisables cartons, les
planches en couleurs de la plupart des uniformes du corps La Romana ; nous
sommes heureux de leur adresser ici l'expression de notre bien vive reconnaissance. Ces estampes ont, pour la plupart, été gravées à Augsbourg (suite de
Seele en gravure et de Weber en lithographie coloriée). De très curieux dessins
faits à Hambourg n'ont jamais été gravés. La collection Hennin, à la Bibliothèque nationale (n° 13173, vol CL, p. 42), renferme une eau-forte coloriée
anonyme, donnant l'ensemble des uniformes de la division d'Étrurie à son
passage à Nüremberg, en 1807 ; la collection Knötel (*Uniformen Kunde*, Verlag
von Max Babenzien, in Rathenow) a publié récemment des planches en couleurs, très exactes, des uniformes espagnols en 1807-1808.
L'uniforme général de l'infanterie de ligne espagnole était le suivant :
Habit, gilet et culotte blancs, guêtres noires, bouton blanc. Les couleurs distinctives des collets, revers et parements étaient, pour Guadalaxara, le rouge ;
pour Zamora, le noir ; pour Asturies, le vert clair ; pour Princesse, le violet ;
la coiffure était, pour les fusiliers, un grand chapeau bicorne noir à cocarde et
plumet rouge ; pour les grenadiers et les sapeurs, un haut bonnet à poil (à
plaque de cuivre pour les sapeurs), d'où retombait par derrière une longue
flamme de la couleur distinctive, orné d'un écusson aux armes du régiment.
En petite tenue, veste et culotte blanches, bonnet de police blanc à longue
pointe triangulaire retombant sur l'épaule droite.
L'infanterie légère portait un dolman vert-émeraude à tresses jaunes, collet
et parements rouges, bouton jaune ; ce dolman était ouvert sur un gilet blanc ;
culotte blanche, guêtres noires ; casque à chenille noire, plumet vert. En petite
tenue, veste et culotte blanches, bonnet de police vert à turban rouge. Les officiers avaient le chapeau bicorne élevé, porté en colonne, la culotte à la hongroise vert-émeraude, à galon jaune.
L'uniforme général de la cavalerie était l'habit bleu turquin doublé de rouge,
gilet et culotte blancs, bottes, bouton blanc. Les couleurs distinctives des régiments étaient, pour El Rey, l'écarlate ; pour Algarve, le jaune passepoilé de

III

Dès la fin d'avril 1807, l'Empereur avait désigné les troupes espagnoles pour faire partie du corps d'observation de la Grande Armée qui, sous les ordres du maréchal Brune, avait pour mission de défendre les embouchures de l'Ems, du Weser, de l'Elbe, et de tenir en échec la Poméranie suédoise.

Ce corps devait se composer des troupes espagnoles présentant un effectif de 14,000 hommes, des troupes hollandaises se montant au même nombre, et des divisions Molitor et Boudet venant d'Italie. Le corps espagnol devait se réunir dans le Hanovre, mais, écrivait l'Empereur au maréchal Brune, « l'époque de son arrivée est encore inconnue[1] ».

Elle était en effet encore bien incertaine, car ce ne fut qu'un mois plus tard que le corps venant d'Espagne arriva sur les Pyrénées.

---

rouge ; pour Infante, le blanc passepoilé de jaune. Chapeau bicorne de grande dimension, porté en bataille, galon blanc.

Les régiments Almanza et Villaviciosa, quoique dragons, portaient l'uniforme général de la cavalerie légère (on verra plus loin quelle raison nous proposons pour expliquer cette anomalie) : dolman vert-émeraude à tresses blanches, collet et parements rouges ; culotte à la hongroise vert-émeraude et bottes ; schako à visière, noir, tresses blanches, plumet rouge ou vert sur le côté gauche du schako.

L'artillerie portait l'uniforme *bleu foncé, collet écarlate orné d'une grenade jonquille sur chaque côté, bouton jaune.*

Le corps du génie portait l'habit bleu, à revers et collet noirs, parements *rouges, boutonnières et boutons blancs ; culotte bleue, guêtres noires ; casque à chenille noire, plumet amarante. Les officiers* avaient le gilet rouge à tresses blanches, la culotte à la hongroise galonnée de blanc, le chapeau bicorne élevé à galon blanc, porté en colonne.

1. Instructions pour le maréchal Brune. (*Correspondance de Napoléon Ier*, n° 12495, t. XV.) — Voir aussi une lettre au roi de Hollande, n° 12545, t. XV.

La division d'Étrurie était cependant plus avancée, et le 3o mai les instructions qu'avait reçues le maréchal Brune étaient confirmées dans les termes suivants[1] :

« Les troupes espagnoles arrivent en Hanovre le 10 juin, du moins la division qui était en Étrurie. Les deux autres divisions espagnoles arriveront dans le courant de juillet. Cette division d'Étrurie a besoin de se reposer en Hanovre. En cas d'événement vous avez donc cette division forte de 5,000 hommes, dont 800 chevaux, que vous ferez porter sur Hambourg, sur la Hollande ou sur Stralsund. »

Ces dispositions ne tardèrent pas à être modifiées : estimant que le maréchal Brune, ayant 45,000 hommes sous ses ordres, était en mesure de maintenir la Poméranie et de rendre nulles les opérations des Anglais, Napoléon donna au corps espagnol une autre destination.

Les villes hanséatiques étaient dans le système continental d'une importance considérable ; pour mieux garder cette porte que les Anglais s'étaient habitués à considérer comme acquise et toujours au moins entr'ouverte à leur contrebande et à leur commerce, et pour assurer l'unité dans la défense contre leurs entreprises, l'Empereur constitua le gouvernement général des villes hanséatiques dont il investit le maréchal Bernadotte, prince de Ponte-Corvo. Il s'agissait de lui créer une armée : les Espagnols furent désignés pour en former le noyau et le maréchal Berthier, major général de la Grande Armée, reçut, le 22 juillet[2], l'ordre de les diriger tous, même ceux venant de France, sur Hambourg. Le corps du maréchal Brune, par suite de ces nouvelles dispositions, devait se trouver réduit à la division

---

1. *Correspondance de Napoléon Ier, n° 12704, t. XV.*
2. *Correspondance de Napoléon Ier, n° 12936, t. XV.*

italienne du général Pino, aux divisions Molitor et Boudet, aux Bavarois, Badois et autres troupes allemandes alliées, d'un effectif total de 38,000 hommes.

Au moment où l'Empereur diminuait ainsi son armée, le maréchal Brune venait d'investir Stralsund, et commençait le siège de cette place, où les Suédois, battus par le corps du maréchal Mortier, s'étaient retirés, après y avoir fait entrer des renforts pour en porter la garnison à 18,000 hommes[1].

L'Empereur le savait[2], mais tenait cependant à mettre promptement des forces suffisantes aux ordres de Bernadotte. « Pressez le siège de Stralsund[3], écrivit-il au maréchal Brune, le 22 juillet, mettez de l'ordre dans votre armée. Si vous n'avez pas besoin des Hollandais et des Espagnols, renvoyez-les du côté de Hambourg. Le prince de Ponte-Corvo s'y rend pour prendre le commmandement des villes hanséatiques et réunir toutes les troupes espagnoles dont je pense que vous n'avez pas besoin. S'il en était autrement, et que les troupes que vous avez, et celles que je vous ai envoyées de Kolberg avec la division italienne ne fussent pas suffisantes, vous pourriez garder la division espagnole qui vient d'Étrurie. »

En même temps, l'Empereur envoyait le maréchal Berthier devant Stralsund pour organiser cette nouvelle distribution des troupes, et « arranger les choses »[4].

Malgré les ordres réitérés qu'il avait reçus, le maréchal

---

1. P. Bertrand : *Lettres inédites de Talleyrand à Napoléon,* des 27 mars et 23 avril 1807.

2. « Mon cousin, il paraît que nous sommes entrés dans la Poméranie suédoise, et que nous allons commencer le siège de Stralsund. » (*Correspondance de Napoléon Ier*, lettre n° 12932, au maréchal Berthier, de Dresde, le 21 juillet 1807, t. XV.)

3. *Correspondance de Napoléon Ier*, n° 12941, t. XV.

4. *Idem,* n° 12936, *ibid.*

Brune ne se crut pas en situation d'affaiblir son corps d'armée à ce point, et fort de la latitude que lui laissaient les derniers mots de cette lettre de l'Empereur, il garda la division espagnole.

Elle était placée sous les ordres du général Molitor [1], et le 14 juillet présentait la situation suivante [2] :

Corps d'observation de la Grande Armée. — Division Molitor [3].

	OFFICIERS.	HOMMES.	CHEVAUX.
Régiment de Quadalaxara (Colonel Martorell)	42	764	»
Régiment de Zamora (Colonel Salcedo) . .	50	673	»
Bataillon léger de Catalogne (Colonel Ferradelas)	36	902	»
Régiment d'Algarve [cavalerie] (Colonel Yebra)	29	381	331
Régiment de Villaviciosa [dragons] (Colonel d'Armandariz)	34	409	360
Artillerie (Major Lopez)	4	93	»

1. Le général comte Molitor (Gabriel-Jean-Joseph) était né le 7 mars 1770, à Hayange (Moselle), élu capitaine au 4ᵉ bataillon des volontaires nationaux de la Moselle, le 25 août 1791 ; général de brigade, le 30 juillet 1799 ; général de division, le 26 octobre 1800 ; *commandant en 1807 une division du corps d'observation de la Grande Armée, en Poméranie, sous les ordres du maréchal Brune ;* commandant le 2ᵉ corps de l'armée des Pyrénées, le 12 février 1823 ; maréchal de France, le 9 octobre 1823 ; gouverneur des Invalides, le 6 octobre 1847 ; grand-chancelier de la Légion d'honneur, le 23 décembre 1847 ; décédé à Paris, le 28 juillet 1849.

Campagnes de 1792 à 1801 ; de 1804 à 1807, en Dalmatie et Italie ; 1807, 1808, à la Grande Armée ; 1809, à l'armée d'Allemagne ; 1810, en Hollande ; 1813 et 1814, en Hollande et en France ; 1823, en Espagne.

Blessure : blessé grièvement, le 13 vendémiaire, devant Mayence.

Comte de l'Empire, grand-croix de la Légion d'honneur, 1815 ; commandeur de Saint-Louis, 1823 ; chevalier de la Couronne de fer, 1807 ; grand-croix de l'ordre de la Réunion, etc. (Archives administratives de la guerre.)

2. Archives historiques du ministère de la guerre.

3. La division Molitor était composée des 2ᵉ, 16ᵉ, 37ᵉ et 67ᵉ de ligne. (Archives administratives de la guerre.)

Le général Chasseloup, chargé de la direction des travaux, fit de ce siège un modèle de précision, et la place se rendit le 18 août.

Quels que fussent alors à l'égard de la France les sentiments des Espagnols qui combattaient dans nos rangs, leur attitude mérita les éloges du général Molitor. Comme témoignage de la conduite qu'ils tinrent devant Stralsund, nous citerons la lettre suivante [1] :

Ketenhagen, le 11 septembre 1807.

A S. Ex. le maréchal Brune, commandant en chef l'armée d'observation.

Monsieur le Maréchal,

Votre Excellence désire avoir des renseignements particuliers sur la conduite des troupes alliées qui ont été sous mes ordres pendant cette campagne.

Je ne puis assez faire l'éloge de l'esprit d'honneur, d'enthousiasme et de valeur qui animait les troupes espagnoles : chaque officier, chaque soldat paraissait pénétré des sentiments de loyauté et d'attachement qui unissent Sa Majesté Catholique à notre auguste Empereur.

M. le baron d'Armandariz, colonel du régiment de dragons Villa-Viciosa, s'est particulièrement distingué à la journée du 6 août par sa contenance fière à la tête de sa troupe.

M. le brigadier Terra-Veglia, commandant les chasseurs catalans, s'est porté à cheval à la tête de ses grand'gardes jusqu'à la palissade de la place, à la même journée du 6, et y a fait admirer son courage. Ce brave officier, âgé de 75 ans, est le même qui fut tellement ému de l'accueil flatteur de Votre Ex-

---

1. Archives administratives du ministère de la guerre.

cellence, et de l'enthousiasme qu'il vit régner et qu'il partagea chez nous, à la fête de l'Empereur, qu'il en mourut le lendemain.

M. le brigadier Salcedo, commandant le régiment de Zamora, et le colonel Martorell, commandant le régiment de Quadalaxara, se sont comportés également avec leurs troupes d'une manière distinguée. Ces deux régiments manœuvrent parfaitement bien...

(La suite de la lettre concerne la division bavaroise.)

Je prie Votre Excellence d'agréer l'hommage de mon respect.

Le Général de division,
MOLITOR.

Un mois plus tard, le 14 octobre, le général Rostollant, chef de l'état-major général du corps d'observation, établissait un mémoire de propositions en faveur des officiers qui s'étaient distingués devant Stralsund, nous en extrayons ce qui concerne le corps espagnol.

ÉTAT GÉNÉRAL des militaires de tous grades des troupes alliées qui, à raison de leur conduite distinguée pendant la campagne de 1807, en Poméranie suédoise, sont proposés pour avoir de l'avancement ou des récompenses.

—

(Extrait.)

DÉSIGNATION des corps.	NOMS DES OFFICIERS proposés.	GRADES.	NATURE DES PROPOSITIONS.		MOTIFS DES PROPOSITIONS.	OBSERVATIONS.
			Avancement.	Légion d'honneur.		
État-major de la division.	De Kindelan	Maréchal de camp commandant la division.	»	Légionnaire.	Cet officier général a montré beaucoup de talent et de courage pendant le siège de Stralsund; il a monté la tranchée avec les généraux de l'armée.	Proposé par M. le maréchal commandant en chef.
	Caballero	Colonel des dragons d'Almanza, chef d'état-major.	Le grade de brigadier.	Idem.	Il s'est distingué au siège de Stralsund par son activité. C'est un bon officier digne de recommandation.	Proposé par le général de Kindelan.
	De Kindelan (fils)	Lieutenant au régiment d'Ultonia[1], aide de camp.	Le grade de capitaine.	Idem.	A suivi son père à la tranchée et y a montré beaucoup de courage; il est très brave.	Idem.
Régiment de Guadalajara (infanterie).	De Martorell	Colonel commandant le régiment.	»	Idem.	Il a servi avec beaucoup d'activité au siège de Stralsund, où il a fait le service de la tranchée. C'est un très bon chef.	Proposé par le général de Kindelan et recommandé par le général de division Molitor.
Régiment de Zamora (infanterie).	Salcedo	Brigadier des armées du Roi, commandant le régiment.	»	Idem.	S'est distingué au siège de Stralsund et s'est fait remarquer par la bonne tenue de son corps.	Idem.
	Porta	Capitaine.	»	Idem.	Il commandait les détachements qui ont chargé les Suédois le 6 août par le centre et la droite; s'est distingué à cette affaire et pendant le siège; il est très brave.	Idem.
1er bataillon de Catalogne (infanterie légère).	Blanco	Idem.	»	Idem.	S'est distingué à l'affaire du 6 août, devant Stralsund.	Proposé et recommandé par le général de division Molitor.
	Vila	Idem.	»	Idem.	Il était à l'affaire du 6 août à la tête de la grand'garde; il s'y est distingué, c'est un très bon officier.	Proposé par le général de Kindelan.
	Senespieda	Idem.	»	Idem.	Il s'est distingué à l'affaire du 6 août, devant Stralsund.	Proposé et recommandé par le général Molitor.
	Camilleri	Lieutenant.	Le grade de capitaine.	Idem.	Il a été blessé à l'affaire du 6 août contre les Suédois; il est très brave et est un bon officier.	Proposé par les généraux Molitor et Kindelan.
	Montros	Idem.	»	Idem.	S'est distingué à l'affaire du 6 août contre les Suédois.	Cité par le général de division Molitor.
	Pineyro	Sous-lieutenant.	Lieutenant.	Idem.	A été blessé le 6 août devant Stralsund; c'est un officier très brave et digne d'avancement.	Proposé par les généraux Molitor et Kindelan.
	Le baron d'Armandariz	Colonel.	»	Idem.	A l'affaire du 6 août, il a conduit la grand'garde et les chasseurs catalans jusque sous la mitraille de la place avec la plus grande intrépidité; il a fait le service de tranchée au siège.	Cité et recommandé par le général de division Molitor et par le général de Kindelan.
Régiment de dragons de Villaviciosa.	Del Rio	Capitaine ayant le rang de colonel.	Titulaire d'un régiment.	Idem.	Il a soutenu avec courage sa compagnie sous le feu de la place le 6 août; y a perdu beaucoup de monde. C'est un officier brave, plein de zèle et d'honneur.	Idem.
	D'Aranda	Capitaine.	»	Idem.	S'est distingué à l'affaire du 6 août.	Idem.
	Ruté	Idem.	»	Idem.	S'est distingué à l'affaire du 6 août.	Idem.
	Coma	Capitaine aide-major attaché à l'état-major général de l'armée.	Le grade de lieutenant-colonel.	Idem.	S'est distingué le 6 août et pendant tout le siège où il a été chargé de missions très périlleuses par le chef de l'état-major général; c'est un officier digne de recommandation.	Idem et proposé par le général chef de l'état-major général comme un des officiers de son état-major qui a le mieux servi.
	Contreras	Sous-lieutenant.	Le grade de lieutenant.	Idem.	Il a beaucoup contribué à forcer les Suédois le 6 août à abandonner leurs positions; il y a montré beaucoup de valeur, il mérite de l'avancement.	Cité et recommandé par le général Molitor.
Corps royal d'artillerie.	Pomar	Capitaine.	»	Idem.	Il commandait l'artillerie à la redoute n° 6 le 16 août; il a forcé par son feu les canonnières suédoises à se retirer au large; c'est un brave et bon officier d'artillerie.	Proposé et recommandé par le général de Kindelan.

Nota. — Les autres régiments de la division espagnole, n'ayant point été présents au siège de Stralsund, n'ont pu être compris dans cet état.

Certifié, etc.

Au quartier général de Stralsund, le 14 octobre 1807.

Le Général chef de l'état-major général du corps d'observation,

ROSTOLLANT.

(Archives administratives de la guerre.)

1. Le régiment d'Ultonia était un régiment irlandais au service de l'Espagne; le général de Kindelan avait été colonel de ce régiment.

L'eau-forte coloriée de la collection Hennin, que nous avons signalée plus haut, présentant, d'une manière très exacte, l'ensemble des uniformes de la division venant d'Étrurie qui a pris part au siège de Stralsund, nous en donnons ici une reproduction que nous devons à M. F. Courboin, sous-bibliothécaire au département des estampes à la Bibliothèque nationale, qui a bien voulu mettre à notre disposition son beau talent. Nous sommes heureux de lui adresser nos plus vifs remerciements.

IV

Cependant, Napoléon, qui avait quitté Saint-Cloud le 27 septembre 1806, depuis près de dix mois commandait en personne la Grande Armée ; il avait hâte de revoir la France dont les vœux étaient comblés par la glorieuse paix de Tilsit.

Le 22 juillet, après avoir donné au major général Berthier la mission [1] de porter des ordres particuliers aux quartiers généraux des corps de la Grande Armée, il partait lui-même en poste, de Dresde, et rentrait à Paris.

A peine y était-il arrivé, que la situation du Danemark réclama toute son attention. Dès le 2 août [2], il écrivait à Bernadotte de se hâter d'arriver à Hambourg et de prendre le commandement de toutes les troupes espagnoles.

Deux semaines ne s'étaient pas écoulées que l'Empereur ordonnait à Berthier de lui envoyer un courrier extraordinaire pour lui prescrire de se tenir prêt « avec toutes les troupes espagnoles et hollandaises à marcher au secours du

---

1. Voir chap. iii, p. 20.
2. *Correspondance de Napoléon Ier*, nº 12974, t. XV.

Danemark ou contre le Danemark selon l'issue que prendraient les affaires[1] ». Par cette même lettre, le maréchal Bernadotte était invité à offrir au prince royal de Danemark tous les secours dont il aurait besoin pour résister à l'agression de l'Angleterre.

Ce même jour, 19 août, dans sa hâte de mettre des forces suffisantes à la disposition du Danemark, Napoléon faisait témoigner au maréchal Brune son mécontentement de ce que les Espagnols et les Hollandais n'avaient pas encore quitté son camp, « malgré tous les ordres donnés depuis bien du temps[2] ».

Stralsund était prise de la veille.

Les événements s'étaient en effet précipités sur les côtes de la Baltique et, au moment où ces instructions partaient de Paris, le Danemark avait depuis six jours, dès le 13 août, déclaré la guerre à l'Angleterre. Il devait payer du bombardement de Copenhague[3] sa fidélité à la France. L'Angleterre ne crut pas en effet acheter trop cher le passage du Sund par une violence qui excita l'indignation de l'Europe, par l'exécution d'une ville ouverte qui comptait à peine 5,000 hommes de troupes réglées[4].

Cependant, la Suède restait en dehors du système continental, et le blocus n'ayant pu être effectif sur ses côtes, elle restait ouverte aux entreprises des Anglais. En vue de

---

1. *Correspondance de Napoléon Ier*, n° 13042, t. XV.
2. *Idem*, n° 13056, *Ibid*.
3. Le 1er septembre 1807.
4. Le cabinet danois, dans sa loyauté, et pour faire respecter une neutralité qu'il avait scrupuleusement gardée, avait envoyé toute son armée sur la frontière de terre : « Il est à regretter, écrivit le 30 septembre l'Empereur au prince royal de Danemark, qu'à force de ruses et de mauvaise foi, le gouvernement anglais ait donné le change aux ministres du Danemark sur les véritables dangers du moment ; car, si une partie de l'armée de V. A. R. se fût trouvée à Copenhague, les choses eussent tourné bien autrement. » (*Correspondance de Napoleon Ier*, n° 13201, t. XVI.)

la réduire, l'Empereur prit les dispositions suivantes : après avoir, le 27 octobre, dissous le corps du maréchal Brune, il organisa la Grande Armée en six commandements [1], dont le deuxième, sous les ordres du maréchal Soult, comprenait la Poméranie suédoise, et le cinquième, sous Bernadotte, le gouvernement des villes hanséatiques.

Le corps espagnol, qui en faisait partie, prit ses quartiers d'hiver à Hambourg [2], et, le 15 novembre 1807, le général de La Romana signait la situation ci-contre des troupes sous ses ordres [3].

---

1. *Correspondance de Napoléon Ier,* no 13345, t. XVI.

2. « Les Espagnols étaient de beaux soldats, au teint brun, aux membres secs, frissonnant de froid sur les plages tristes et glacées de l'Océan septentrional, présentant un singulier contraste avec nos alliés du Nord, et rappelant, par l'étrange diversité des peuples asservis au même joug, les temps de la grandeur romaine. Suivis de beaucoup de femmes, d'enfants, de chevaux, de mulets et d'ânes chargés de bagages, assez mal vêtus, mais d'une manière originale, vifs, animés, bruyants, ne sachant que l'espagnol, vivant exclusivement entre eux, manœuvrant peu, et employant une partie du temps à danser au son de la guitare avec les femmes qui les accompagnaient, ils attiraient la curiosité stupéfaite des graves habitants de Hambourg, dont les journaux racontaient ces détails à l'Europe étonnée de tant de scènes extraordinaires. » (THIERS : *Histoire du Consulat et de l'Empire,* t. VIII, livre XXVIII.)

3. Archives historiques du ministère de la guerre.

SITUATION DES TROUPES ESPAGNOLES AU 15 NOVEMBRE 1807

QUARTIER GÉNÉRAL A HAMBOURG.

Lieutenant-général marquis de La Romana.
Maréchal de camp de Kindelan.
Brigadiers . { Dellevielleuze, commandant la 1re division.
{ De Salcedo, commandant la 2e division.
Commandant l'artillerie Breson, lieutenant-colonel.
Commandant le génie Hermozilla, brigadier.
Intendant général de Las Heras.

1re Division à Hambourg.

Régiment des Asturies	3 bataillons	Colonel Dellevielleuze	2,176 hommes.	»
— de la Princesse.	3 —	— Saint Roman	2,016 —	»
Bataillon léger de Barcelone	»	Commandant Borrellas	1,313 —	»
Régiment du Roi (cavalerie).	5 escadrons	Colonel Gamba	671 —	551 chevaux.
— de l'Infante (cavalerie)	5 —	— Marianno	682 —	593 —

2e Division à Hambourg et environs.

Régiment de Zamora	3 bataillons	Colonel de Salcedo	1,973 hommes.	»
— de Guadalaxara	3 —	— Martorell	2,021 —	»
Bataillon léger de Catalogne	»	Commandant Vivier	1,170 —	»
Régiment d'Algarve (cavalerie)	5 escadrons	Colonel Yebra	646 —	539 chevaux.
— d'Almanza (dragons) [1]	5 —	— Cabalero	633 —	575 —
— de Villaviciosa (dragons) [1]. . .	5 —	— d'Armandariz	659 —	558 —

Total : 14 bataillons, 25 escadrons, 13,960 hommes, 2,816 chevaux.

Artillerie à pied.	3e compagnie	Capitaine Lamor	223 hommes.	»
Artillerie à cheval.	1re —	— Lopez	99 —	72 chevaux.
Train d'artillerie	»	»	68 —	292 —
Sapeurs	»	»	108 —	»

1. Les régiments d'Almanza et de Villaviciosa, classés dragons dans cette situation, comme dans toutes celles que nous avons eues entre les mains, portaient cependant l'uniforme des chasseurs à cheval ; nous croyons pouvoir donner une explication de cette anomalie : En 1803, la subdivision d'arme des dragons fut totalement supprimée en Espagne et les six régiments qui la composaient furent transformés en chasseurs à cheval ; les régiments d'Almanza et de Villaviciosa prirent les numéros 3 et 5 dans la nouvelle classification. Le 30 jan-

vier 1805, un décret royal rétablit les dragons ; au moment de la mise en route des régiments d'Almanza et de Villaviciosa redevenus dragons, le changement de tenue n'avait pu encore être fait.

Comme suite à la situation du corps espagnol en novembre 1807, la pièce que nous reproduisons ci-après nous a paru intéressante en ce qu'elle permet de connaître la date exacte de l'entrée sur les territoires français et italien de chacun des régiments qui le composaient. Nous devons l'obligeante communication de ce document à M. G. Cottreau que nous sommes heureux de remercier une fois de plus de son extrème amabilité.

CUERPO DE OBSERVACION   *Division de Tropas Españolas.*

A LAS ORDⁿˢ DE S. A.S.

EL Sʳ PRINCIPE DE PONTE-CORVO.

—

Noticia de las gratificaciones que han correspondido a los Cuerpos que forman la division de Tropas Españolas al mando del Exᵐ h. Marques de La Romana, por vestuario, remonta, montura y herrado, desde su entrada en el Imperio Frances y Reyno Italico, hasta fin de Agosto del año proximo pasado.

CUERPOS.	fr.	c.	ABOS DE 365.
Real cuerpo de Artilleria.	10,181	27	315
Real cuerpo de Zapadores y Minadores. . .	1,156	85	89
Reximiento Infanteria de Zamora	22,238	75	165
— — de Guadalaxa.	22,833	28	214
— — de Asturias	21,000	27	255
— — de la Princesa	20,667	60	240
Primero batallon volunt. de Cataluña. . . .	18,111	96	276
— — de Barcelona . . .	14,136	71	74
Reximiento de Caballeria del Rey.	20,008	22	228
— — del Infante	22,593	50	333
— — de Algarve	27,385	92	216
— de dragons de Almanza	13,192	68	43
— — de Villaviciosa	21,449	74	305
Total.	235,006	82	198

Dⁿ Lazaro de las Heras, Intendante graduado de Provincia, comisario ordenador de los reales exercitos de S. M. C. y Ministro prāl de Rˡ Hacienda, en el que manda el teniente Grāl Marques de La Romana.

Certifico que los doscientos treinta y cinco mil seis francos, ochenta y dos centimos y ciento noventa y ochos abos que manifiesta la relacion precedente son los mismos que han correspondido à la tropa y cavallos de esta division desde los respectivos dias que entraron en Territorio del Imperio de Francia y Reyno de Italia hasta fin de Agosto del año proxᵐᵒ pasado segun resulta de los ajustes que se han formalizado a cada cuerpo, y existen en la contaduria prāl de este exercito a que me remito.

Hamburgo, tres de Februero 1808.

LAZARO DE LAS HERAS.

Le prince de Masserano, ambassadeur de S. M. C. à Paris, certifie veritable la signature de Don Lazaro de las Heras, apposée ci-dessus.

Paris, le 17 février 1808.

Le Prince DE MASSERANO.

L'Empereur avait ordonné qu'aucune espèce de communication ne fût soufferte entre Stralsund et la Suède [1]; il attendait que l'empereur de Russie déclarât la guerre à cette puissance [2] et fît entrer son armée en Finlande [3].

Le 22 février 1808, en prévision de cet événement, Bernadotte recevait l'ordre de se rendre en personne auprès du prince royal de Danemark et de s'assurer des moyens de passer en Seeland [4]. De son côté, le maréchal Soult devait menacer la Suède par l'île de Rügen [5].

Le 1er mars, les ordres de l'Empereur devenaient plus précis [6] : « Le prince de Ponte-Corvo prendra les deux divisions espagnoles qui, étant fortes de 13,000 hommes, porteront son corps d'armée à 23,000 hommes;..... Il se dirigera vis-à-vis les îles danoises, et fera ouvrir la marche par une avant-garde..... ; après, marchera une division espagnole, qui sera suivie de la division Boudet qui marchera entre les deux divisions espagnoles; l'autre division espagnole fermera la marche..... »

---

1. *Correspondance de Napoléon Ier*, nos 13381 et 13399, t. XVI.

2. « Quant à la Suède, je verrais sans difficulté que l'empereur Alexandre s'en emparât, même de Stockholm. Il faut même l'engager à le faire, afin de faire rendre au Danemark sa flotte et ses colonies. Jamais la Russie n'aura pareille occasion de placer Pétersbourg au centre et de se défaire de cet ennemi géographique. » (Extrait d'une lettre de Napoléon au général Caulaincourt, ambassadeur à Saint-Pétersbourg; LECESTRE : *Lettres inédites de Napoléon Ier*, no 217, t. I.

3. *Correspondance de Napoléon Ier*, nos 13253 et 13339, t. XVI.

4. *Idem*, no 13592, *ibid*.

5. « Le prince de Ponte-Corvo m'écrit du 11 (février) qu'il doit avoir une entrevue avec le prince royal à Kiel, et qu'immédiatement il se met en marche. Vous sentez que je ne puis pas passer par Rügen, parce que je n'ai point de vaisseaux là pour protéger mon passage; mais j'écris aujourd'hui pour que des troupes y soient embarquées pour menacer aussi de ce côté le roi de Suède..... Je pense qu'il aura (l'empereur de Russie), dans tous les cas la Finlande, ce qui sera toujours avantageux pour lui, puisque les belles de Saint-Pétersbourg n'entendront point le canon. » (Extrait d'une lettre de Napoléon à Caulaincourt du 17 février 1808; LECESTRE: *Lettres inédites de Napoléon Ier*, no 229, t I.)

6. *Correspondance de Napoléon Ier*, no 13614, t. XVI.

Quinze jours après, l'Empereur, apprenant que les premiers coups de canon avaient été tirés en Finlande, ordonnait à Bernadotte de presser sa marche, et de ne pas hésiter à passer les Belts, s'ils venaient à geler [1].

Enfin, le 23 mars, confirmation de ces ordres : les deux divisions espagnoles et la division française étaient autorisées à passer à Copenhague pour être prêtes à en partir dans les huit premiers jours d'avril; mais l'exécution de ces projets restait subordonnée à la marche de l'armée russe et avant tout l'Empereur exigeait un renfort de 14,000 Danois [2]. Dans sa pensée, la suite de ce mouvement était la jonction des armées russe et française sous les murs de Stockholm [3].

Dès le 3 mars, Bernadotte s'était établi dans le Holstein [4] et en avril avait fait passer le corps espagnol en Fionie. « Il serait passé (en Suède), écrivait le 18 avril Napoléon à Caulaincourt [5], si le Danemark n'avait pas tergiversé si longtemps pour le recevoir ; aujourd'hui, il trouve qu'il ne va pas assez vite ; des miracles ne peuvent pas se faire. Aujourd'hui la belle saison s'opposera peut-être à tout passage. Mais on fera l'impossible, et la diversion aura toujours son effet... [6]. »

Nous avons cru devoir entrer dans quelques détails sur les préparatifs de cette expédition, en raison du rôle qui y était réservé au corps espagnol. Il ne devait cependant pas

---

1. *Correspondance de Napoléon Ier,* n° 13651, t. XVI.

2. *Idem,* n° 13672, *ibid.*

3. *Idem,* n° 13675, *ibid.*

4. LECESTRE : *Lettres inédites de Napoléon Ier,* n° 238, t. I.

5. *Idem,* n° 264, *ibid.*

6. « De grands préparatifs furent faits pour un débarquement en Scanie; plusieurs centaines de transports, notamment, furent réunis, au printemps, dans le Grand-Belt et le Sund, et on les y tint rassemblés pendant longtemps, au grand préjudice du commerce et de l'approvisionnement de la Norvège qui avait grand besoin de céréales. » (C. F. ALLEN : *Histoire du Danemark,* traduit du danois par E. Beauvais. Paris, 1878, t. I.)

pousser plus loin ses étapes dans le nord ; malgré les marches forcées que le prince de Ponte-Corvo imposa à ses troupes, celles-ci trouvèrent les Belts en plein dégel. Les moyens de transport que le Danemark avait fournis ne permettant le passage qu'à 15,000 hommes à la fois, et l'Empereur ayant donné des ordres formels pour qu'on ne fît qu'un seul convoi de 40,000 hommes[1], Bernadotte dut s'arrêter : les temps n'étaient pas venus pour lui de traverser le Sund. Il fit cependant passer en Seeland[2] deux régiments d'infanterie, le gros du corps La Romana restant en Jutland et en Fionie avec son chef.

V

Cependant, Napoléon n'avait pas oublié l'attitude de l'Espagne à la veille d'Iéna ; la paix de Tilsit et son retour en France lui donnant le loisir de s'occuper avec suite des

---

1. Dans une longue lettre adressée à Caulaincourt, Napoléon, en vue des explications que son ambassadeur était appelé à donner à Alexandre, énumère et fait valoir les raisons pour lesquelles le passage du Sund avait dû être arrêté. (Voir Lecestre : *Lettres inédites de Napotéon Ier*, n° 269, t. I.) Il semble d'ailleurs résulter de toute cette correspondance que l'Empereur n'attachait pas un grand prix à cette expédition. Cette manière de voir est partagée par M. C. F. Allen, qui s'exprime en ces termes dans son *Histoire du Danemark :*

« ..... Pendant que Bernadotte traînait l'affaire en longueur, il survint une nouvelle difficulté, en ce que les Anglais trouvèrent l'occasion d'envoyer des vaisseaux de guerre dans le Belt et le Sund. Il devint à peu près manifeste que Napoléon n'avait jamais eu sérieusement l'idée de faire une descente en Scanie, et même, si ce projet avait été exécuté, il y a de bons motifs de croire que ce n'eût pas été dans le but d'aider le Danemark et de lui procurer des avantages, mais seulement de faire une diversion en faveur des Russes qui, avec la connivence de Napoléon, avaient attaqué la Finlande. En occupant la Nordalbingie et la Fionie, l'Empereur des Français semble avoir eu surtout en vue de mettre ses troupes en subsistance dans de bonnes contrées et de prendre des garanties contre le Danemark qu'il soupçonnait toujours de vouloir pactiser avec l'Angleterre..... »

2. *Correspondance de Napoléon Ier*, n° 13742, t. XVI.

affaires de la Péninsule, il avait, dès le 13 novembre 1807, envoyé un de ses officiers d'ordonnance au roi d'Espagne, et lui avait donné comme instructions de s'informer, « sans faire semblant de rien[1] », de la situation de l'armement de quelques places, de l'esprit de Madrid, et surtout de prendre « des renseignements bien positifs sur l'armée espagnole ».

La lettre qu'emportait M. de Tournon était une première immixtion dans les affaires intérieures de la cour de Madrid[2]. Napoléon ne devait pas en rester là, et, dès ce moment, l'action se précipite.

Tout en continuant à assurer Charles IV de ses intentions amicales[3], en répondant même au sujet des propositions d'union d'une princesse de France avec le prince des Asturies, Napoléon, dont l'armée de Portugal sous Junot avait déjà traversé une partie de l'Espagne, faisait avancer le 2e corps d'observation de la Gironde. Dès la fin de janvier, Dupont était à Valladolid, Moncey à Burgos, Mouton sur les Pyrénées orientales ; le 20 février, Murat, lieutenant de l'Empereur en Espagne, reçoit l'ordre d'occuper Pampelune.

Les événements d'Aranjuez et l'abdication de Charles IV amenèrent l'Empereur à surveiller de plus près les personnages du drame qui se jouait[4]. Le 5 avril, il arrivait à Bordeaux et le 15 s'installait à Bayonne. L'insurrection du 2 mai à Madrid lui fournit enfin le dénouement désiré, et le 6 juin Napoléon proclamait son frère Joseph roi d'Espagne[5].

---

1. *Correspondance de Napoléon Ier*, no 13354, t. XVI.
2. *Idem*, no 13355, *ibid.*
3. *Idem*, no 13443, *ibid.*
4. Voir la lettre de Napoléon à Caulaincourt du 31 mars 1808. (Lecestre : *Lettres inédites de Napoléon Ier*, no 258, t. I.)
5. « J'ai dû appeler Joseph au trône d'Espagne ; l'ancienne dynastie était

Cependant, l'Empereur n'avait pas été sans prévoir que sa politique en Espagne pouvait avoir une répercussion sur les troupes de Charles IV qu'il employait dans le Nord. Dès le 19 janvier 1808, il avait adressé au prince de Ponte-Corvo la lettre suivante[1] :

« Mon cousin, j'ai reçu votre lettre du 10 janvier[2]. J'ai lu avec plaisir les renseignements que vous me donnez sur l'esprit des troupes espagnoles ; je désirerais connaître dans quel sens est cet esprit : Sont-elles amies du prince de la Paix ou du prince des Asturies ? Quelle espèce d'intérêt accordent-elles à ce jeune prince ? Je ne vois pas assez dans votre lettre dans quelle direction était l'espèce de mouvement qu'elles avaient. »

Les événements d'Espagne ayant pris au mois de mars un caractère tel que l'esprit des régiments du corps La Romana pouvait en être influencé de la manière la plus grave, l'Empereur voulut les leur cacher le plus longtemps possible. Le jour même où les nouvelles de Madrid étaient

---

usée ; il faut que je refasse l'ouvrage de Louis XIV », avait dit à Bayonne l'Empereur au général Mathieu-Dumas, qui rapporte ces paroles dans ses *Souvenirs* (t. III, livre XIII).

1. *Correspondance de Napoléon Ier*, n° 13473, t. XVI.

2. Cette lettre, que nous reproduisons ci-après, est déposée à la Section historique du ministère de la guerre ; elle montre bien que, dès la fin de 1807, Bernadotte s'était préoccupé de l'esprit des troupes espagnoles :

Sire,

Je crois devoir rendre compte à Votre Majesté des nuances que j'ai remarquées dans l'esprit de l'armée espagnole : pendant les deux ou trois premiers mois, c'est-à-dire jusqu'à l'époque des événements arrivés en Espagne et en Portugal, je n'ai eu qu'à me louer du bon esprit qui régnait parmi ces troupes ; depuis ce qui est arrivé au prince des Asturies, il s'est opéré dans cette armée un changement tout à fait sensible ; j'ai su par différents rapports, dont je ne puis révoquer la véracité, qu'il leur échappait des propos très indiscrets. J'avais eu d'abord le projet de les répartir dans des cantonnements très disséminés et leur ôter par là le moyen de trop faciles communications ; mais en y réfléchissant bien j'ai pensé qu'il valait beaucoup mieux les avoir sous la main pour les surveiller de plus près, je les laisse donc à Hambourg. J'ai eu sur tout cela une conversation très longue avec M. le marquis de La Romana, je lui ai enjoint d'assembler chez lui les brigadiers et les colonels et de leur tenir un langage ferme et militaire ; c'est ce qu'il a fait ; l'ordre commence à revenir.....

rendues officielles à Paris, le 29 mars, il écrivait en ces termes au major général[1] : « Mon cousin, il est nécessaire que vous envoyiez sur-le-champ, par un courrier extraordinaire, le *Moniteur* d'aujourd'hui[2] au prince de Ponte-Corvo. Il tiendra ces nouvelles secrètes aussi longtemps qu'il se pourra. Il en causera avec le commandant des troupes espagnoles, et prendra toutes les mesures nécessaires pour que les derniers événements ne produisent aucun mauvais effet sur les soldats. Sans doute, la haine que ces troupes, comme tous les Espagnols, portaient au prince de la Paix, *leur rendra cette nouvelle agréable ;* mais comme on m'assure qu'il y a un parti formé en faveur du roi Charles IV *qui a été forcé de donner sa démission, et qu'il est possible que le prince des Asturies ne soit pas longtemps à la donner aussi,* il est nécessaire de dérober le plus longtemps possible à ces troupes la connaissance des événements. »

---

1. *Correspondance de Napoléon Ier*, n° 13699, t. XVI.

2. La *Gazette nationale* ou *Moniteur universel* dans son n° 89, du mardi 29 mars 1808, publiait, sous la rubrique « Extérieur : Espagne », deux lettres l'une, datée de Madrid, le 19 mars, résumant les événements des 15, 16, 17 et 18, l'autre, datée d'Aranjuez, le 21 mars, annonçant la marche du corps du maréchal Moncey et du général Dupont sous les ordres du grand-duc de Berg dont le quartier général était à Somosierra le 19, à Bùtrago le 20, et dont « l'arrivée paraissait généralement désirée ».

A cette dernière lettre étaient joints les documents suivants :

1° Une proclamation du roi Charles IV, en date du 16 mars, donnant l'assurance qu'il ne songeait pas à s'embarquer, et que l'armée de son « cher allié l'Empereur des Français » traversait ses États « avec des sentiments de paix et d'amitié » ;

2° Un décret royal du 19 mars, contenant l'abdication de Charles IV en faveur de son fils, le prince des Asturies ;

3° Un édit de don Arias-Antonio Mor et Velarde, doyen-gouverneur par intérim du Conseil, adressé au peuple de Madrid et lui faisant connaître que le roi Ferdinand VII avait résolu de confisquer immédiatement tous les biens de Godoï. Le roi comptant venir sous peu à Madrid s'y faire proclamer, demandait à la population des preuves de calme et de tranquillité ;

4° Une proclamation du Conseil au public de Madrid, signée Bartholomeo Munoz de Torres, pour lui recommander l'ordre public et la plus parfaite tranquillité.

Par une lettre du même jour[1], l'Empereur ordonnait au directeur général des postes de retarder toutes les lettres venant d'Espagne qui leur seraient adressées : « Prenez des mesures pour cela ; vous me ferez connaître ce que vous aurez fait. Il faut apporter une vingtaine de jours de retard dans le passage de ces lettres, et les faire visiter attentivement pour en ôter toutes celles d'un mauvais esprit. »

Enfin, une lettre du 13 avril, que nous avons déjà mentionnée[2], se terminait par ces recommandations que l'Empereur chargeait le major général de transmettre au prince de Ponte-Corvo : « Les troupes espagnoles méritent quelque surveillance ; il est nécessaire de les isoler, de manière que, dans aucun cas, elles ne puissent rien faire... En attendant, il (le prince de Ponte-Corvo) peut en causer avec le général de La Romana, et lui dire que je désire l'avantage de l'Espagne, et relever ce pays de manière qu'il soit utile à la cause commune contre l'Angleterre... »

Il était en effet à prévoir que d'aussi graves bouleversements ne pouvaient les laisser indifférentes et passives sous le joug du maître qui envahissait leur patrie.

Il est d'ailleurs juste de reconnaître que l'entrée à Madrid du grand-duc de Berg et des troupes impériales, l'occupation de la capitale, l'avènement du frère de l'Empereur au trône séculaire des Bourbons devaient avoir une puissante action sur l'âme ardente de ces Espagnols transportés par une volonté inflexible depuis plus d'une année, si loin de leurs sierras, dans les plaines du Danemark. Depuis la paix de Tilsit, ils aspiraient à quitter les brumes du Nord, et les causes qui les avaient mis aux ordres de l'Empereur leur

---

1. Lecestre : *Lettres inédites de Napoléon Ier*, n° 256, t. I.
2. *Correspondance de Napoléon Ier*, n° 13742, t. XVI.

paraissant avoir cessé, ils s'attendaient à reprendre prochainement le chemin de l'Espagne[1].

Quoique nous détestant au fond, on n'en saurait douter[2], ils avaient cependant loyalement servi dans nos rangs, s'étaient bravement comportés devant Stralsund, et l'Empereur, tout en recommandant qu'on les surveillât, n'avait pas hésité à les employer.

Mais il faut convenir qu'à leurs yeux, après les événements de juin, la mesure était comble. Quel que fût cependant le désir des Espagnols et de leur chef le marquis de La Romana de rejoindre leurs frères pour combattre un roi qu'ils ne pouvaient considérer que comme un usurpateur, la distance était grande et, par terre du moins, la désertion en masse était impossible.

Le général de La Romana, dont la résolution était arrêtée,

---

1. Au moment où les officiers et les soldats du corps La Romana commençaient sinon à manifester ouvertement leur volonté de retourner en Espagne, du moins à laisser voir que l'ordre d'en reprendre le chemin tardait à leur gré plus que de raison, Napoléon se préoccupait surtout de laisser le moins possible de régiments organisés en présence de son lieutenant-général en Espagne : les gardes du corps du roi Charles IV lui ayant paru l'élément le plus solide de résistance à ses projets, il suggérait à Murat, dans une lettre du 19 mai, de prendre à leur égard le parti suivant qui lui semblait le plus raisonnable : « Qu'ils disent à la Junte : Nous sommes encore militaires ; nous n'avons pas fait la guerre depuis longtemps, nous avons été mêlés dans une révolution ; nous désirons faire une campagne avec la partie des troupes espagnoles qui est à la Grande Armée, afin de cueillir là de nouveaux lauriers, et nous rendre dignes des bontés de notre souverain et de l'estime de l'Empereur..... » (*Correspondance de Napoléon I*er*, n° 13939, t. XVII.)

2. « Je vis le mauvais esprit de l'armée à son passage par la Bavière, et je pensai, dès ce moment, qu'elle se comporterait mal..... Les soldats juraient comme des enragés, ils étaient furieux et prêts à quelque diablerie ; je découvris qu'ils cédaient à l'influence de leurs aumôniers et de leurs vieux capitaines..... » (Lettre de M. Charles Gimbernat, pensionné de Sa Majesté Catholique près la cour de Bavière, à don Luis Mariano de Urquijo, ministre des relations extérieures à Madrid ; sans date, mais postérieure aux événements de Nyborg, a dû être écrite dans le courant du mois de septembre 1808. — Du Casse : *Mémoires du roi Joseph-Napoléon*, t. IV, notes.)

L'auteur de cette lettre a publié, en 1807, à l'occasion du passage des troupes espagnoles, venant d'Étrurie, une sorte de guide du soldat espagnol en Allemagne, un *Manual del Soldado español en Alemania*.

crut devoir, pour mieux écarter les soupçons, multiplier les témoignages de fidélité : le 14 juin, il signait à Nyborg une protestation de dévouement conçue dans les termes les plus chaleureux[1]. Il sut tromper le prince de Ponte-Corvo sur ses véritables sentiments, et obtenir sa confiance et celle des Danois, au point que plusieurs compagnies espagnoles faisaient partie de la garde personnelle du maréchal[2] et qu'il avait été chargé de la défense de l'île de Fionie. L'Em-

---

1.   *Le général La Romana au roi Joseph.*

Nyborg, en Fionie, 14 juin 1808.

Sire,

La division espagnole dans le Danemark, que j'ai l'honneur de commander, s'empresse de témoigner à Votre Majesté, par mon organe, la grande satisfaction de savoir qu'un frère du grand Napoléon, du héros incomparable qu'a produit la France, a été reconnu roi d'Espagne. Son émotion a été vive en apprenant que Votre Majesté, dont il suffit de prononcer le nom pour désigner la réunion de toutes les vertus, que c'était, dis-je, Votre Majesté qui allait monter sur le trône. Que Votre Majesté me permette de lui adresser, au nom de toute la division, l'hommage de notre entière soumission et de notre inviolable dévouement envers Sa Personne ; c'est l'expression de nos cœurs, et particulièrement de celui qui se dit, de Votre Majesté, le très humble et fidèle sujet.

(Du Casse : *Mémoires du roi Joseph-Napoléon,* t. IV.)

2. « Ce serment de fidélité, prêté à un prince étranger dans de telles circonstances par des soldats dont l'attachement à leur roi et à leur patrie était proverbial, devait naturellement être suspect à Bernadotte. Mais la faiblesse de ce général pour les troupes étrangères était telle qu'il était toujours disposé à les croire dévouées à sa personne ; sa présomption démesurée, sa confiance aveugle dans le marquis de La Romana, qui avait su s'emparer de son esprit en caressant toutes ses vanités, laissèrent s'accomplir un des plus déplorables événements de cette époque. » (B. Sarrans : *Histoire de Bernadotte,* t. I.)

Un autre historien, moins sévère que celui dont nous venons de reproduire les appréciations, s'exprime, en ces termes : « Le prince de Ponte-Corvo entretint le marquis de La Romana dans le sens, malheureusement peu persuasif, des instructions de l'Empereur. Cet officier parut se laisser convaincre ; toutefois, le maréchal connaissait trop bien le caractère castillan pour se flatter d'avoir réussi. Il continua d'exercer une active surveillance envers les troupes de La Romana ; nous disons qu'il continua, parce que, dans cette disposition, Son Altesse avait devancé les ordres de l'Empereur. » (Touchard-Lafosse : *Histoire de Charles XIV, Jean Bernadotte, roi de Suède et de Norvège,* Paris, 1828, t. II.)

Nous avons cru devoir citer les appréciations de ces deux historiens de Bernadotte ; tout en écartant ce qu'il peut y voir d'excessif dans les termes em-

percur lui-même y fut trompé, ou voulut-il, par un témoignage d'estime tenter de s'attacher les chefs du corps espagnol ? Toujours est-il que par un décret du 22 juin 1808[1] rendu à Bayonne, le lieutenant-général de La Romana et le maréchal de camp de Kindelan étaient nommés membres de la Légion d'honneur, et recevaient l'aigle d'or réservée aux étrangers[2].

Cependant, le 15 août, l'Empereur adressait au major général la lettre suivante[3] : « Mon cousin, vous trouverez ci-joint copie de deux lettres d'officiers espagnols qui ont été interceptées. Envoyez-les au prince de Ponte-Corvo, et

ployés par le premier, on peut difficilement ne pas estimer que le maréchal eût dû, étant données les circonstances, restreindre plutôt qu'étendre l'indépendance du commandement de La Romana. Les ordres de Napoléon, des 1er et 23 mars, sans être impératifs étaient cependant précis ; mais après les événements de Bayonne, il semble que rien n'empêchait Bernadotte d'y apporter les modifications que commandait le nouvel état de choses ; il semble que sa haute autorité de maréchal de France lui permettait de prendre cette initiative, d'autant plus que l'expédition de Suède n'était plus en question. L'attitude du prince de Ponte-Corvo à Wagram, l'année suivante, et son ordre du jour aux Saxons ont peut-être dicté la sévère appréciation que nous avons cru devoir rapporter ; toujours est-il que Bernadotte n'ignorait pas les dispositions des Espagnols, sa lettre du 10 janvier en est un témoignage certain ; prit-il, pour éviter qu'elles ne devinssent un danger, toutes les précautions que la prudence eût dû lui suggérer ? Quoi qu'il en soit, l'Empereur, n'envisageant que les résultats, le jugea dans les termes suivants : « La division espagnole qui était dans le Nord, écrivit-il à Caulaincourt, le 26 août, s'est embarquée pour l'Espagne, grâce à l'extrème imprévoyance du prince de Ponte-Corvo, quoique je lui eusse répété plusieurs fois qu'il devait placer ces troupes de manière à en être sûr ; mais La Romana et d'autres généraux espagnols lui avaient tourné la tête..... » (Lecestre : *Lettres inédites de Napoléon Ier*, t. I, n° 342.)

1. Archives nationales, AF, IV, n° 2262.

2. « Le marquis de La Romana....., qui se trouvait alors en Fionie, ayant été nommé grand-officier de la Légion d'honneur, écrivit au prince de Ponte-Corvo afin d'obtenir la permission d'aller recevoir de sa main les insignes de sa nouvelle dignité. Le maréchal prenait alors les bains de mer à Travemunde, près de Lubeck ; c'est là qu'il reçut la lettre du marquis. Son Altesse envoya l'aide de camp Vilatte au général espagnol. Cet officier l'entendit, dans une revue, dire à ses troupes : « Rallions-nous à la nouvelle dynastie.... et suivons l'étoile du grand Napoléon. » (Touchard-Lafosse : *Histoire de Charles XIV*, t. II.)

3. *Correspondance de Napoléon Ier*, n° 14251, t. XVII.

faites-lui connaître que je suppose qu'il aura fait toutes ses dispositions, soit pour diviser le corps de troupes espagnoles, soit pour l'éloigner entièrement des côtes ; que s'il ne l'a pas fait, il le fasse sans délai, car les publications vont avoir lieu en France, et cette division se portera à quelques excès sans cette précaution. Il ne faut pas se reposer sur ce que dira le général ; la division s'insurgera malgré lui, et lui-même n'y pourra rien. »

Il semble résulter de cette lettre que l'Empereur s'était laissé prendre aux protestations du marquis de La Romana, mais son esprit perspicace ne pouvait douter des sentiments intimes des Espagnols ; il avait d'ailleurs de bonnes raisons de se défier d'eux. Le baron Didelot, ministre de France en Danemark, écrivait en effet à la date du 30 juillet[1] au ministre des affaires étrangères à Paris une lettre dans laquelle il lui rendait compte des présomptions graves qui ne devaient pas tarder à devenir des réalités et dont nous extrayons le passage suivant :

« ... Le roi de Danemark s'occupe dans ce moment de l'inspection des différents corps. Il doit faire la semaine prochaine celle des Espagnols qui sont sous le commandement du général Fririon[2]. On est généralement content de leur conduite et de leurs dispositions dans les circonstances actuelles où se trouve l'Espagne, mais, d'après des rapports particuliers, les troupes espagnoles placées en Jutland ne paraissent pas montrer le même esprit, on y parle assez haut contre les changements opérés en Espagne, ce ne sont encore que des propos, mais il paraît cependant urgent de les réprimer promptement. Malgré toute la surveillance

---

1. Archives des affaires étrangères : Danemark, t. 181, f° 362, n° 138.
2. Dans l'île de Seeland.

apportée sur la correspondance, il paraît qu'il leur parvient des avis secrets sur ce qui se passe ; d'un autre côté, des feuilles publiques rapportent peut-être avec trop peu de réserve les événements. Je vous citerai à cet égard le supplément à la *Gazette de Leyde* du 22 de ce mois. Avec de pareils récits, il ne faut qu'une tête chaude pour, en les commentant à sa manière, soulever des esprits déjà mal disposés. Les Espagnols occupent à peu près tout le Jutland et sont en forces assez considérables. Cette presqu'île offre sur toute la côte des points de contact avec les Anglais toujours lâches pour attaquer des plages défendues, mais toujours assez adroits pour profiter des mouvements insurrectionnels et les activer. »

Les mesures de précaution et de surveillance que l'Empereur venait de prescrire, mesures qu'il avait d'ailleurs maintes fois recommandées, n'avaient pas été prises à temps.

Les troupes espagnoles en effet, dès la fin de mai 1808, avaient été disséminées dans le Jutland et l'île de Fionie, et occupaient des cantonnements sur les côtes, ce qui leur facilitait les moyens d'entretenir des intelligences avec la croisière anglaise.

La division du Jutland, sous les ordres du général de Kindelan, était ainsi répartie[1] :

Le régiment de Zamora à Veile, Frédéricia et Kolding ;

—   d'Algarve à Tonder, Husum et Tonning (ce régiment était resté en Schleswig) ;

Le régiment El Rey à Horsens, Skanderborg et Aarhuus ;

—   Infante à Randers et Mariager.

---

1. SCHIERNE : *Spanierne i Danmark* (les Espagnols en Danemark), Copenhague, 1835 ; étude reproduite dans les *Historiske Studier*, du même auteur. Copenhague, 1856.

GÖTEBORG
MER DU NORD
SKAGERRAK
KATTEGAT
SUÈDE
Aalborg
Mariager
Randers
JUTLAND
Aarhuus
Skanderborg
Horsens
Sorøe
SCANIE
Velle
Sund
COPENHAGUE
Frederich
Bogense
Roskilde
SEELAND
Kolding
Middelfart
Grand Belt
Surö
Ringsted
Odense
Skagelse
FIONIE
Nyborg
Korsör
Petit Belt
Assens
SCHLESWIG
Faaborg
Svendborg
Tøndern
MER DU NORD
Husum
MER BALTIQUE
Tonning
Stralsund
RUGEN
Rendsbourg
Kiel
Elbe
HOLSTEIN
Travemünde
Weser
LUBECK
ALTONA
HAMBOURG
HANOVRE

En Fionie, le commandement du général de La Romana, dont le quartier général était à Nyborg, comprenait :

1ᵉʳ bataillon du régiment Princesse, l'artillerie et le génie à Nyborg et Kjerteminde ;

2ᵉ bataillon du régiment Princesse à Assens ;

3ᵉ   —   à Middelfart ;

Un bataillon de chasseurs catalans à Svendborg ;

Le régiment de dragons de Villaviciosa à Faaborg ;

Le régiment de dragons d'Almanza avait un escadron à Bogense, et les trois autres escadrons à Odense.

Un bataillon de chasseurs à pied catalans et de l'artillerie étaient cantonnés dans l'île de Langeland, sous les ordres du lieutenant-colonel Gauthier, du 37ᵉ de ligne.

Les régiments de Guadalaxara et des Asturies étaient passés dans l'île de Seeland, où ils étaient placés sous le commandement du général Fririon.

Le dépôt de tout le corps espagnol, 5oo hommes environ, commandé par le brigadier Hermosillas, était resté à Altona et à Hambourg.

Pendant le séjour des troupes espagnoles dans ces cantonnements, la curiosité des Danois se donna carrière, et nombreux sont les témoignages de l'impression très vive que les paisibles habitants du Jutland et des îles danoises reçurent de la présence, parmi eux et à leur foyer même, de ces soldats d'aspect, de caractère et d'habitudes si différents d'eux-mêmes.

L'évêque Daugaard, qui vit les Espagnols dans son enfance, leur consacre dans ses *Souvenirs*[1] quelques pages que nous essayerons de résumer, en regrettant de n'en pouvoir rendre le caractère et la couleur : En 1808, trois régi-

---

1. Christine DAUGAARD : *Biskop Daugaard*. Copenhague, 1896.

ments de cavalerie vinrent à Randers[1] ; deux continuèrent leur route vers le nord, du côté d'Aalborg, le troisième resta à Randers sous le commandement du général de Kindelan ; le régiment arriva un dimanche soir ; les bourgeois de la ville, terrifiés à la pensée de ce dont pouvaient être capables ces étrangers, n'étaient pas éloignés, dit le bon évêque, de craindre de leur part des scènes de cannibalisme ; les femmes et les enfants avaient fui ; les hommes, cachés au fond de leurs maisons, s'étaient solidement barricadés... Cependant, le bon ordre et la discipline des soldats espagnols, la prière du soir surtout, que le régiment tout entier faisait chaque jour avec recueillement sur la place de la ville, eurent enfin raison de la terreur première. La sympathie lui succéda, et de petits services rendus de part et d'autre firent bientôt des Danois et des Espagnols de véritables amis ; les cultivateurs des environs vinrent même faire soigner leurs animaux malades par le maréchal du régiment auquel ils reconnaissaient une supériorité sur les vétérinaires du pays, donnant ainsi raison au proverbe. Mais ce qui frappa le plus les enfants, alors compagnons de notre vénérable auteur, ce fut le timbalier du régiment sur son grand cheval blanc, agitant frénétiquement ses baguettes... On finit vite par s'entendre au moyen de quelques mots allemands appris par les Espagnols au cours de leur route, la pantomime aussi y aida ; d'ailleurs un petit dictionnaire était déposé chez la grainetière et pouvait servir dans les cas graves. Les Espagnols parurent aux Danois d'une gaîté et d'une vivacité étonnantes ; ils aimaient les enfants et se plaisaient à jouer avec eux ; le jour, ils dénichaient des oiseaux, le soir ils attrapaient des chats pour les

----

1. Dans le Jutland.

faire rôtir ou, assis en groupe, fumaient des cigarettes et jouaient de la guitare. La prestation du serment au roi Joseph les fit voir sous un autre jour et, de ce moment, la gaîté disparut.

Le moment du départ fut un deuil général. Les Danois regrettaient l'animation que donnaient à leur petite ville ces Méridionaux exubérants ; l'enfant qu'était alors l'évêque Daugaard fut lui-même ému du désespoir de la pauvre Rosalia, femme d'un soldat logé chez ses parents, qui avait de la grande mer une peur terrible et se lamentait à la pensée d'abandonner son âne.

L'étude de F. Schierne[1], à laquelle nous avons déjà emprunté les indications que nous donnons plus haut sur les cantonnements des régiments espagnols, donne des détails analogues sur les relations amicales qui s'étaient établies entre eux et les Danois ; ceux-ci conservèrent longtemps les petits objets, « des amulettes enveloppées de soie » (*sic*), que les Espagnols portaient sur la poitrine et dont ils leur faisaient présent. Cet auteur parle longuement des souffrances que l'hiver particulièrement rigoureux de 1807-1808 leur fit subir, de leurs habitudes et de leur haine des Français avec lesquels ils avaient souvent des querelles terminées à coups de couteau. Bernadotte, cependant, s'efforçait de gagner leur affection en parlant leur langue ; son origine gasconne le servait en cela à merveille, et il avait eu l'attention d'avoir toujours plusieurs compagnies espagnoles dans sa garde personnelle.

Un autre auteur, M. J. Kornerup[2], dans son histoire de la ville de Roskilde[3], consacre au séjour qu'y firent les

<hr>

1. F. SCHIERNE : *Spanierne i Danmark.*
2. J. KORNERUP : *Roskilde.* Copenhague, 1892.
3. Très ancienne ville du Danemark, dans l'île de Seeland.

Espagnols en 1808, un chapitre rempli des plus intéressants détails : nous mentionnerons surtout un pittoresque tableau de l'entrée à Roskilde des deux beaux régiments de Guadalaxara et des Asturies, sous leurs uniformes blancs aux revers rouges et verts ; le vieux brigadier Dellevielleuze, âgé de soixante-quatorze ans, à cheval en tête de la colonne, rappelait, dit un témoin oculaire, le héros de Cervantès ; la troupe avait la mine fière et la marche légère, les hommes étaient petits, mais bien pris dans leur taille, leurs yeux noirs et brillants, leurs dents blanches, leur teint brun étaient fort remarqués... Cependant, cette troupe brillante présentait un aspect moins martial que celui des régiments français ; on voyait beaucoup de guitares suspendues au havresac. Puis un long convoi de chariots, une foule de femmes « peu séduisantes », et d'enfants, des soldats assis sur des mulets à la façon des femmes ; leur bonhomie était telle qu'ils riaient des quolibets des enfants qu'amusait ce spectacle. Une grande surprise pour les Danois de ce temps était de voir les Espagnols fumer sans cesse des cigarettes ; ils les suivaient partout avec un soin extrême dans la crainte que ces cigarettes jetées non éteintes n'allumassent des incendies. Cependant, les premiers jours du moins, la nécessité d'un interprète se fit sentir : un juif hollandais, évadé d'on ne sait où, se rencontra tout naturellement ; on dut bientôt l'arrêter pour ses vols et l'emprisonner. En Seeland comme dans les autres provinces, les bourgeois se lièrent vite avec les Espagnols et la mode vint d'aller les visiter dans leurs cantonnements ; leur politesse et leur bonne grâce étaient fort remarquées, mais le spectacle qui remplissait les habitants d'une respectueuse admiration était celui de la messe qui, faute d'églises catholiques, se célébrait en plein air, sur un autel improvisé, aux sons de la musique militaire : les troupes formées en bel ordre, dans un pieux recueillement, « les hommes agenouillés, le fusil dans la main droite et tête nue », les femmes et les filles des officiers, richement vêtues de soie et de velours, la tête couverte d'une mantille, recevaient la bénédiction de l'aumônier du régiment assisté de ses deux enfants de chœur. Le soir, les habitants ne se lassaient pas de regarder les Espagnols danser le fandango au son des guitares et des castagnettes ; des sérénades étaient souvent chantées sous les fenêtres des belles Danoises... ; la cuisine pourtant jetait parfois une note d'aigreur dans des relations si cordiales : les Espagnols ne voulaient pas de pain noir et les boulangers avaient fort à faire pour se procurer le froment nécessaire. Le colonel des Asturies, grand vieillard de haute mine et d'une distinction extrême, qui ne manquait jamais, en rentrant de la manœuvre, de passer des bas de soie et de mettre des souliers à boucle d'argent, ne dédaignait pas, parfois, de faire confectionner par son hôtesse un mets national fort éloigné des habitudes danoises, mais dont la recette nous entraînerait trop loin. Cependant, la nostalgie se fit sentir à la longue, et la haine des Français devint visible, on entendit bientôt murmurer : « *Carajo los Franceses, caput Franzos,* à mort les Français [1]. »

---

1. Les ouvrages danois dont nous venons de résumer quelques passages nous ont été signalés avec une extrême obligeance par M. Bruun, directeur de la Bibliothèque royale de Copenhague, qui, sur notre demande, a bien voulu, avec une parfaite bonne grâce, nous donner de bien intéressantes indications bibliographiques ; nous le prions ici d'agréer l'expression de notre très vive reconnaissance ; qu'il nous soit également permis de remercier une très distinguée élève suédoise des cours de l'Alliance française, à l'Université de Nancy, qui, avec une bien remarquable intelligence de la langue danoise, a consenti à nous donner des explications qui nous ont rendu la tâche bien facile.

Nous devons mentionner aussi un ouvrage très complet de H. P. Mumme, Odense, 1848, sur le séjour des troupes espagnoles et françaises en Fionie, en 1808 ; les *Communications tirées des Archives du ministère de la guerre de*

M. le général Vanson, avec l'extrême amabilité dont il veut bien nous honorer et dont nous le prions ici d'agréer notre plus respectueuse reconnaissance, a tiré pour nous de ses cartons une curieuse gravure coloriée du temps, qui nous a paru représenter d'une manière intéressante le type de quelques soldats du corps de La Romana ; nous en devons la reproduction à M. Courboin, et nous croyons qu'elle peut trouver ici sa place.

Le soldat, habillé de jaune, est un cavalier en petite tenue du régiment d'Almanza. Le cavalier à cheval, sabre à la main, appartient au régiment El Rey ; le fantassin coiffé d'une résille et portant l'arme sur l'épaule gauche appartient à l'infanterie légère ; l'aumônier, monté sur sa mule, est coupé par le cadre.

VI

A la faveur de son commandement de l'île de Fionie, qui lui donnait pour cela toutes facilités, le général de La Romana entretenait depuis quelque temps des relations avec l'amiral Keats, commandant la croisière anglaise, et don Raphaël Lobo, envoyé près de lui par la députation des Asturies.

Une lettre qu'il écrivit de son quartier général de Nyborg, à la date du 7 août 1808, aux colonels Dellevielleuze et Martorell, commandant les régiments des Asturies et de Guadalaxara, détachés dans l'île de Seeland, lettre qui fut

---

Danemark, Copenhague, 1888, publication officielle, et l'*Histoire politique du Danemark*, de A. THORSOË, Copenhague, 1873.

saisie par le général Fririon et transmise par lui à Bernadotte, ne permet pas d'en douter [1].

Les troupes espagnoles ne recevaient de nouvelles que
par les journaux français et croyaient difficilement que leurs
compatriotes eussent pu accepter avec docilité le nouvel
état de choses [2]. Une dépêche d'Urquijo, ministre des relations extérieures du roi Joseph, adressée à La Romana vint
exiger la prestation de serment. Les régiments qui étaient
dans le Jutland, sous les ordres du maréchal de camp de
Kindelan [3], le prêtèrent sans difficultés apparentes ; il en fut

---

1. Le baron Didelot, ministre de France à Copenhague, envoya de son côté,
le 12 août, une copie de cette lettre au comte de Champagny, à Paris, en lui
rendant compte des mesures prises dans son commandement par le général de
La Romana, pour rendre possible l'exécution de ses projets. (Archives des
affaires étrangères : Danemark, t. 181, f° 384, n° 142.)

Cette lettre n'était pas signée par La Romana, mais était sous une enveloppe
scellée de trois cachets à ses armes ; elle est conservée dans les papiers de la
famille du général Fririon et a été publiée dans les pièces justificatives de la
Relation de l'insurrection des troupes espagnoles dans l'île de Seeland, par
E. FRIRION, capitaine au 8e de ligne, fils du général de division baron Fririon,
et petit-fils du général qui commandait en Seeland. (Limoges, 1872.)

2. « La junte de Séville avait été fort inquiète sur les moyens de retirer des
mains de l'ennemi ce corps de troupes disciplinées, et Castaños, dans la première entrevue qu'il eut avec sir Hew Dalrymple, témoigna le désir que le
gouvernement anglais avisât aux moyens d'informer La Romana que l'Espagne
avait pris les armes, et s'efforçât de le dégager, lui et son armée. Mackensie
fut employé par le ministère anglais pour conduire cette affaire. » (*Histoire de
la guerre de la Péninsule*, etc., par W. F. P. NAPIER ; traduction annotée par
le lieutenant-général comte Mathieu-Dumas, Paris, 1828, t. I.)

3. Le général de Kindelan resta fidèle à la France, où d'ailleurs il avait été
élevé au collège de Sorrèze. (Voir, sur ce collège, CHUQUET : *la Jeunesse de
Napoléon, Brienne*, chap. III, et MARBOT : *Mémoires*, t. I, chap. IV.)

Nous le retrouverons dans l'historique du régiment Joseph-Napoléon, qu'il
organisa et commanda en 1809, mais, dès à présent, et en raison du rôle qu'il
joua dans les événements du Danemark, nous croyons devoir reproduire ses
états de services que nous avons relevés aux Archives administratives de la
guerre :

Kindelan (Jean), d'origine irlandaise, né le 7 décembre 1759, à Pontevedra, province
de Galice (Espagne).

Nommé, par le roi d'Espagne Charles III, sous-lieutenant à la suite du régiment d'Ir-
lande-Infanterie, le 1er février 1766, était élève au collège de Sorrèze, en France.

Sous-lieutenant en pied, le 24 octobre 1767 ;

Lieutenant adjudant-major, le 21 décembre 1772 ;

de même pour les troupes de Fionie, commandées par La Romana. Celui-ci, par l'intermédiaire d'un prêtre catholique nommé James Robertson [1], continuait à correspondre avec le commandant de l'escadre anglaise, et tenait à n'éveiller aucun soupçon.

Bernadotte reçut le premier avis du complot par deux officiers du régiment d'Algarve et un officier des chasseurs catalans. La dénonciation de celui-ci le prévenait que toute l'infanterie et l'artillerie, cantonnées en Fionie, venaient de

---

Rang de capitaine, le 16 février 1774;

Capitaine titulaire, le 22 octobre 1775 ;

Major, le 9 juillet 1790;

Lieutenant-colonel, le 28 août 1793 ;

Colonel du régiment d'Ultonia-Infanterie, le 11 juillet 1794 ;

Brigadier, le 10 décembre 1795 ;

Maréchal de camp, le 5 octobre 1802;

Inspecteur général de toute l'infanterie de ligne étrangère, le 11 février 1807 ;

Commandant en 2° les troupes auxiliaires espagnoles envoyées en Allemagne en 1807, par ordre du roi Charles IV ;

Autorisé le 3 décembre 1808, après la défection du marquis de La Romana, à se rendre à Bordeaux pour y attendre les ordres de S. M. C. ;

Chargé d'organiser et de commander provisoirement le régiment espagnol Joseph-Napoléon, par décret du 2 mai 1809 ;

Nommé lieutenant-général par décret de S. M. C. du 14 novembre 1809 ;

Admis au service de France, comme général de division, par décret du 12 mai 1812; (Inspecteur général des troupes espagnoles en France.)

Naturalisé Français par ordonnance du 13 mai 1816 ;

Retraité, le 7 décembre 1816 ;

Décédé à Paris, le 13 novembre 1822.

Campagnes et blessures.

1790, 1791, 1792 et 1793, en Afrique (s'est trouvé aux deux sièges de Ceuta par l'empereur du Maroc);

De 1799 à 1802, aux îles Canaries ;

1794 et 1795, aux armées des Pyrénées. Blessé à l'affaire de la Monga, en Catalogne, le 13 août 1794;

1807, a fait campagne dans la Poméranie suédoise jusqu'à la reddition de Stralsund (août 1807) et, de cette date jusqu'à la fin de 1808, dans le corps d'armée commandó par le prince de Ponte-Corvo, ayant le commandement des troupes espagnoles dans le Jutland.

Décorations.

Officier de la Légion d'honneur, le 22 juin 1808 ;

Chevalier de Saint-Louis, le 27 novembre 1814 ;

Décoré de l'ordre espagnol de Saint-Jacques, en 1789 ;

Décoré de l'ordre royal d'Espagne, en octobre 1809.

1. Ces négociations sont racontées en détail dans l'*Histoire de la guerre de la Péninsule sous Napoléon Ier*, par Robert SOUTHEY (poète lauréat d'Angleterre). Traduction Lardier, Paris, 1828, t. II.

recevoir du général La Romana l'ordre de se rendre dans la forteresse de Nyborg, et deux régiments de cavalerie, celui de se rendre dans l'île de Faning.

Le maréchal partit le jour même, à minuit, avec le général Gérard [1], pour Rendsbourg, où se trouvait une brigade française. Il y était à peine arrivé que le général de Kindelan se présenta à lui et lui rendit compte qu'il venait de recevoir, par des officiers de La Romana, l'ordre de mouvement. Il était monté à cheval sur-le-champ avec son fils, qui faisait auprès de lui les fonctions d'aide de camp, et s'était rendu au galop près du premier poste français.

C'est à Rendsbourg que Bernadotte fut informé de l'insurrection des régiments de Guadalaxara et des Asturies détachés en Seeland sous les ordres du général Fririon ; il mit aussitôt à l'ordre [2] les dispositions suivantes assimilant à un deuil militaire l'acte d'indiscipline dont ces deux régiments venaient de se rendre coupables.

---

1. Comte Gérard (Maurice-Étienne), né le 4 avril 1773, à Damvillers (Meuse) ; enrôlé au 2e bataillon des volontaires nationaux de la Meuse, le 11 octobre 1791 ; employé comme capitaine à la suite de l'état-major de la division du général Bernadotte, qu'il suivit dans son ambassade à Vienne, en 1798 ; général de brigade, le 13 novembre 1806 ; *chef d'état-major du prince de Porto-Corvo, à Hambourg, le 23 août 1807* ; général de division, le 23 septembre 1812 ; maréchal de France, le 17 août 1830 ; ministre de la guerre et président du conseil des ministres, du 18 juillet au 29 octobre 1834 ; grand chancelier de la Légion d'honneur, de 1842 à 1848 ; décédé à Paris, le 17 avril 1852.

Campagnes de 1792 à 1815 ; commandant en chef l'armée du Nord, 1831 et 1832.

Blessé grièvement d'un coup de mitraille à la cuisse à Austerlitz, coup de feu à la cuisse au combat de la Katzbach, blessé grièvement d'un coup de feu à la tête en mai 1813, blessé à la tête à la bataille de Leipzig, coup de feu à la poitrine, le 18 juin 1815, à Wavres.

Grand-croix de la Légion d'honneur, etc.

Baron, puis comte de l'Empire.

2. Archives historiques de la guerre.

Nous devons la communication de cet ordre du maréchal Bernadotte, qui avait échappé à nos recherches, à l'amicale obligeance de M. A. Millot, secrétaire de la *Sabretache ;* nous le prions d'agréer tous nos remerciements pour l'extrême amabilité avec laquelle il a bien voulu, sachant que nous avions entrepris ce travail, nous adresser spontanément son intéressante communication.

Camp de Rendsbourg, 7 août 1808.

« Jusqu'à ce que l'ordre et la subordination soient rétablis dans les régiments de Guadalaxara et des Asturies, MM. les colonels, l'état-major et tous les officiers des deux régiments porteront en signe de deuil un crêpe noir à la dragonne de leur épée. Les drapeaux ne sortiront plus de chez le colonel. Dès l'instant où les soldats auront reconnu leur devoir, les drapeaux reparaîtront et les officiers quitteront le crêpe. »

Arrivé à Kolding, Bernadotte passa le petit Belt avec les troupes françaises, continua sa marche vers Middelfart, se faisant précéder d'un détachement de cavalerie commandé par le major Ameil; cette avant-garde y arriva à temps pour empêcher l'embarquement du régiment d'Algarve[1].

---

1. « Ce mouvement fut si rapide que la cavalerie espagnole fut encore trouvée attendant des bateaux pour passer le Belt. Ameil, officier d'une grande intrépidité, somma le commandant du régiment d'Algarve de faire mettre pied à terre à ses troupes et d'attendre les ordres du prince de Ponte-Corvo. L'Espagnol, voulant essayer d'une sorte de capitulation, demanda la vie sauve et le retour en Espagne. Le maréchal, qui arrivait en ce moment, fit répondre que s'il ne se rendait pas sans conditions, il allait faire fusiller tous les officiers et décimer les soldats. Alors le colonel espagnol, voyant que tout moyen de passage lui était interdit, s'avança vers le major Ameil et lui dit: « Je suis le seul coupable, car mes soldats n'ont fait que m'obéir, c'est moi qui les ai entraînés. » A ces mots, prenant un pistolet à l'arçon de sa selle, il ajouta très distinctement en se tournant vers les cavaliers : « Je vous ai trompés, je m'en punis. » Et cet officier se brûla la cervelle. On sut presque aussitôt que c'était un émigré languedocien au service d'Espagne; il se nommait Acosta. » (TOUCHARD-LAFOSSE : *Histoire de Charles XIV, Jean Bernadotte, roi de Suède et de Norvège*, Paris, 1838, t. II.)

Le major Ameil, dont il est ici question, était né à Paris, le 6 janvier 1775. Grenadier dans la garde nationale parisienne, le 14 juillet 1789, il fut nommé sous-lieutenant au 10e bataillon d'infanterie légère, le 1er mai 1792; chef d'escadron au 5e régiment de chasseurs à cheval, le 1er août 1799; major au régiment de chevau-légers belges (devenu 27e régiment de chasseurs), le 24 novembre 1806; colonel du 24e régiment de chasseurs, le 31 mai 1809; général de brigade, le 21 novembre 1812; compris dans l'ordonnance du 24 juillet 1815 comme prévenu du crime de haute trahison; passé à Londres à la fin de 1815; condamné par contumace à la peine de mort, le 15 novembre 1816; rentré en France et amnistié, le 25 juin 1821; décédé, le 16 septembre 1822.

Campagnes de 1792 à 1797, aux armées du Nord et de Sambre-et-Meuse;

En présence de cette marche rapide du maréchal, La Romana, enfermé dans la forteresse de Nyborg avec ses troupes, ne voulut pas courir les chances d'un siège. Il se hâta d'appeler les Anglais et, dans la nuit du 10 au 11 août, leur livra la place [1].

Nous emprunterons à un rapport du général-adjudant F. Bulow, chef de l'état-major de l'armée danoise, les dé-

---

1798, expédition d'Irlande ; 1799, Hollande; 1800 et 1801, armée du Rhin ; 1803, 1804, Hanovre; 1805, 1806, Grande Armée; *1807, Poméranie suédoise et corps de siège de Stralsund ; 1808, en Danemark ;* 1809, Espagne et armée d'Allemagne; 1812, Russie ; 1813, Saxe ; 1814, France; 1815, Belgique.

Blessé d'un coup de sabre au visage, le 19 octobre 1805, sur l'Inn; au bras droit par un boulet, le 17 octobre 1806, au combat de Halle ; coup de feu à la tête, le 12 mai 1809, au combat de Lubeck, sur le Danube.

Officier de la Légion d'honneur, 13 juillet 1809.

Baron de l'Empire, le 15 août 1809. (Archives administratives de la guerre.) [Voir sur le général Ameil, le *Carnet de la Sabretache,* nº 68, p. 461.]

L'historien danois Schierne, dont nous avons déjà cité plusieurs passages, rapporte cet épisode d'une manière identique, nous croyons cependant devoir relever dans son récit les détails suivants qui montrent avec quelle promptitude et quel bon vouloir l'armée danoise avait été mise à la disposition de Bernadotte : l'avant-garde, commandée par le major Ameil, se composait d'un escadron du 14º chasseurs à cheval, d'un escadron de dragons légers du Jutland, de quelques compagnies d'infanterie danoises et françaises, transportées en voiture, et d'une section d'artillerie à cheval, danoise.

Le colonel du régiment d'Algarve qui, à Middelfart, préféra la mort à la prison, était bien un émigré français, dont le vrai nom était de Lacoste ; il était né à Saint-Laurent-de-Cerda, près Perpignan, et avait émigré dès le commencement de la Révolution. Il fut enterré au cimetière catholique de Frédéricia. (SCHIERNE.)

1. Ces événements ont inspiré à Prosper Mérimée une charmante pièce du théâtre de *Clara Gazul,* dont la fantaisie n'exclut pas certains détails historiques d'une scrupuleuse exactitude : *Les Espagnols en Danemark,* en un prologue et trois journées.

Les circonstances romanesques de ce qu'on pourrait appeler l'évasion des Espagnols ont singulièrement frappé l'imagination des Danois pendant les années qui la suivirent, les ouvrages que nous avons cités en sont un témoignage ; aujourd'hui encore, on a conservé, en Danemark, le souvenir très vivant de ce dramatique épisode. Nous apprenons en effet, par une très obligeante communication dont nous sommes heureux de remercier ici M. Léonardon, bibliothécaire adjoint de la ville de Versailles, qu'on se propose de célébrer, en 1908, à Odense, le centenaire du séjour en cette ville des troupes espagnoles ; un savant danois, M. le professeur Karl Schmidt, a demandé des documents de source espagnole à M. le comte de Peña-Ramiro, petit-fils du marquis de La Romana, et à M. Conde, gouverneur civil de Madrid, pour l'établissement d'une relation détaillée et complète de ces événements. L'Aca-

tails suivants sur la surprise de Nyborg et l'embarquement de La Romana et de ses troupes [1] :

« … Dans le port de Nyborg, l'ennemi s'est emparé du brick de guerre *la Fama,* portant deux canons de 6 et douze caronades de 12, du yacht de guerre *le Soe-Orm,* armé de quatre obusiers de 12 et de huit canons de 4, et du bateau-pilote armé *le Laurwig*. Ces bâtiments ne se sont rendus qu'après s'être défendus courageusement pendant vingt minutes, contre le double feu d'une escadre anglaise, très supérieure, et des batteries de terre occupées par des Espagnols.

« A Svendborg et à Faaborg, les Espagnols ont voulu s'emparer des chaloupes canonnières de S. M., mais leur projet ayant été découvert à temps, ces bâtiments ont été sauvés.

« Bientôt il parut que l'intention des Espagnols était de s'embarquer sous la protection des bâtiments de guerre anglais qu'ils avaient appelés et de quitter le Danemark. Cet embarquement a effectivement eu lieu à Nyborg et à Svendborg, où ils se sont emparés de tous les bâtiments de transport et même des bateaux qui s'y trouvaient [2]. Avant

---

démie royale d'histoire de Madrid s'est mise également à sa disposition. (*Boletin de la Real Academia de la Historia,* avril 1897.) D'autre part, M. le pasteur W. Bang, également très documenté, prépare une série d'articles sur le même sujet pour un journal illustré de Copengague, l'*Illustreret familie Journal.*

Il n'est donc pas douteux qu'on ne possède bientôt une histoire définitive du corps La Romana.

Notre étude n'étant qu'une introduction à l'historique du régiment Joseph-Napoléon, formé des éléments désarmés et ramenés en France des régiments de Guadalaxara et des Asturies, ne saurait dépasser les limites du cadre dans dans lequel nous avons voulu la renfermer.

1. *Moniteur* du 3 septembre 1808.

2. En demandant à la cour de Madrid, en décembre 1806, un corps auxiliaire, Napoléon n'avait fait que confisquer à son profit les armements faits contre lui à la veille d'Iéna ; le général de La Romana devait à son tour, pour embarquer ses troupes, profiter des moyens de transport que, par ordre de l'Empereur, le prince de Ponte-Corvo avait réunis à Nyborg pour l'expédition de Suède.

de quitter Nyborg, ils ont encloué les canons et détruit ce qu'ils ont trouvé de munitions et d'attirail de guerre. Ils avaient voulu emmener une batterie à cheval, mais ils ont été obligés de la laisser à Slibsharn, ainsi que leurs chevaux. A Faaborg, ils ont de même encloué les canons et détruit les munitions.

« Tout à coup, le corps espagnol qui s'était embarqué à Svendborg, et qui était fort de 2,600 hommes, infanterie, cavalerie et artillerie, est venu débarquer dans l'île de Langeland, déjà occupée par des troupes de la même nation. Avant d'avoir soupçonné la trahison, les troupes danoises, disséminées sur les côtes de cette île, se virent coupées sur tous les points. Cependant, grâce à la conduite ferme et prudente du major général comte d'Ahlefeldt, le lieutenant-colonel français, M. Gauthier[1], arrêté par les Espagnols, a été délivré.

« On s'attend à voir se rembarquer les troupes espagnoles qui se sont réunies dans l'île de Langeland.

---

1. Baron Gauthier (Jean-Joseph), né le 30 avril 1765 à Septmoncel (Jura), était beau-frère du général Lecourbe. Enrôlé volontaire au 7e bataillon des volontaires nationaux du Jura, le 15 août 1791 ; sergent-major, le 24 novembre 1791 ; lieutenant, aide de camp du général Lecourbe, le 2 août 1794 ; chef de brigade, commandant la 37e demi-brigade de ligne (devenue en 1803 le 37e régiment d'infanterie), le 14 novembre 1800 ; *le 37e de ligne, faisant partie de la division Molitor [4e corps de la Grande Armée], était stationné à Stralsund et ses environs pendant l'année 1808 ;* général de brigade, le 6 août 1811 et employé dans les provinces illyriennes (a commandé la place de Raguse) ; commandant la 1re brigade de la 9e division du 2e corps de l'armée du Nord, le 31 mai 1815.

Décédé à Ruffey (Jura), le 26 novembre 1815, des suites d'une blessure grave (coup de biscayen au bas-ventre) reçue, le 16 juin 1815, à la bataille de Ligny.

Campagnes : 1792, armée du Rhin ; 1793, armée du Nord ; de 1794 à 1798, armées de l'Ouest, de Sambre-et-Meuse et du Rhin ; de 1799 à 1801, armées des Grisons et du Rhin ; 1805 et 1806, Italie ; 1807 et 1808, Grande Armée ; 1809, armée d'Allemagne ; 1811, 1812 et 1813, provinces illyriennes ; 1815, Belgique.

Décorations : membre de la Légion d'honneur, le 11 décembre 1803 ; officier, le 14 juin 1804 ; chevalier de Saint-Louis, le 20 août 1814.

Baron de l'Empire. (Archives administratives de la guerre.)

« Les régiments espagnols, dans le Jutland [1], se sont également mis en marche, à l'improviste, sur un ordre du marquis de La Romana, et (autant qu'on le sache ici) une partie du régiment de Zamora, dont les cantonnements étaient rapprochés du petit Belt, est parvenue à passer en Fionie.

« Les autres corps espagnols ont été arrêtés à temps, désarmés et constitués prisonniers. Les 5,000 hommes qui étaient en Seeland avaient commis des excès graves et rompu tous les liens de la subordination. Sa Majesté avait jugé nécessaire de les tenir sous bonne garde dans la citadelle de Copenhague.

« Ainsi c'est le tiers des deux divisions espagnoles que la trahison du marquis de La Romana a livré aux ennemis. »

Le 13 août, le roi de Danemark fut informé que La Ro-

---

1. Le capitaine de Frisenberg, de l'armée danoise, dont les *Souvenirs* ont été récemment publiés en France, était alors sous-officier au 3e régiment jutlandais en garnison à Aalborg, dans le nord du Jutland. Il rapporte en ces termes le départ du régiment de cavalerie espagnole cantonné dans cette ville :

« Un matin, à quatre heures, lorsque j'avais la garde, je vis le régiment de cavalerie espagnole sur le marché, avec armes et bagages. Je fis mettre mes soldats sous les armes, pour rendre les honneurs militaires aux étendards du régiment ; mais je me doutais aussi peu que les autres Aalborgeois que c'était la dernière fois que nous les verrions.

« Le régiment avait l'habitude de rentrer à 10 heures, mais j'attendis en vain son retour pour en faire rapport au général, et les habitants préparèrent en vain leur dîner, car les Espagnols avaient, à marches forcées, atteint Aarhuus où ils s'embarquèrent pour aller en aide à leurs compatriotes d'Espagne contre la France. Non seulement ce régiment, mais tous les régiments qui s'échappèrent du Danemark, furent complètement détruits, quelque temps après, à la bataille d'Espinosa, en Espagne.

« Les Espagnols étaient très aimés à Aalborg pour leur bonne conduite et leur générosité envers les pauvres ; je ne voyais jamais un indigent demander en vain l'aumône à un Espagnol.

« Les Espagnols sont en général très pieux, courageux, braves et subordonnés, et pour ces qualités on les compte parmi les meilleurs soldats du monde. Ils ont prouvé qu'ils l'étaient toutes les fois qu'ils ont été bien commandés. C'était une chose solennelle et imposante de voir et d'entendre leur prière, quand ils se réunissaient le soir, sur le marché d'Aalborg. Leurs physionomies expressives, leurs yeux levés vers le ciel prouvaient qu'ils sentaient dans le cœur ce que leurs lèvres prononçaient. » [*Souvenirs d'un officier danois* (1807-1814), publiés par sa fille. Paris, 1897, chap. I.]

mana avait été arrêté à Kyholm, petite île fortifiée à la pointe septentrionale de Samsoë, par l'officier danois qui y commandait et fait prisonnier. Il se hâta d'en aviser le ministre de France et le général Fririon ; mais cette nouvelle ne fut pas confirmée, et, dès le 16 août, le baron Didelot informa le ministre des affaires étrangères, à Paris [1], que tous les Espagnols qui s'étaient échappés de Fionie et du Jutland étaient rassemblés dans l'île de Langeland, au nombre de 7,000 à 8,000 hommes et qu'ils y attendaient les bâtiments anglais qui devaient les prendre [2], ceux qu'ils avaient amenés de Nyborg n'étant pas gréés pour un voyage au long cours.

En présence de cette situation, le roi de Danemark et le prince de Ponte-Corvo se concertèrent sur le parti à prendre, et durent reconnaître que dans la position qu'avait prise La Romana, soutenu sur presque tous les points de l'île par les Anglais, et attaquable par un seul, il eût nécessairement fallu, pour le réduire, sacrifier beaucoup de monde, et cela sans la certitude du succès. D'un autre côté, la politique pouvait s'opposer à laisser donner dans le Nord le spectacle de Français aux prises avec les Espagnols [3]. Il fut donc décidé qu'on se bornerait à désarmer et faire prisonniers les régiments détachés en Seeland, comme le demanda d'ailleurs le comte de Champagny dans une lettre, du 19 août, adressée au baron Didelot [4].

Le général La Romana et ses troupes s'embarquèrent à Langeland, le 23 août, sous convoi anglais.

---

1. Archives des affaires étrangères : Danemark, t. 181, f° 393, n° 144.

2. Voir l'*Histoire de la guerre de la Péninsule sous Napoléon Ier*, de Robert SOUTHEY, t. II.

3. Archives des affaires étrangères : Danemark, t. 181, f° 403, n° 146.

4. Archives des affaires étrangères : Danemark, t. 181, f° 399.

La Romana arriva à Londres le 14 septembre et ce même jour, les bâtiments transportant les troupes passaient en vue de Douvres, faisant voile pour l'Espagne [1].

Il n'entre point dans notre cadre de les y suivre [2]; nous mentionnerons cependant une lettre du comte de Champagny à l'Empereur [3], contenant une note d'un agent secret en Suède, d'après lequel le plus grand nombre des soldats espagnols échappés du Jutland, à peine embarqués sur les vaisseaux anglais, auraient déploré la faute qu'ils avaient commise [4].

VII

Dès le jour où la prestation de serment au roi Joseph fut exigée, les régiments détachés dans l'île de Seeland furent atteints par le vent de révolte que les événements de Bayonne avaient déchaîné sur le corps espagnol tout entier. Les régiments du Jutland et de Fionie, sous les ordres directs et l'influence immédiate de La Romana, qui n'attendait que le moment favorable pour l'exécution de son plan arrêté d'avance, avaient prêté le serment exigé, avec la restriction qu'il serait ratifié par le pays.

---

1. *Moniteur* du 19 octobre 1808.

2. Elles étaient dirigées sur la Corogne, mais il fut décidé, pendant le séjour de La Romana à Londres, qu'elles débarqueraient à Santander et seraient incorporées dans l'armée de Galice. (SOUTHEY : *Guerre de la Péninsule*, t. II.)

3. Archives nationales, AF, IV, 1706ᴮ.

4. Quelque peu vraisemblable que paraisse ce rapport, nous croyons cependevoir mentionner ce passage d'un historien de Bernadotte :

« La Romana avait eu peu de peine à persuader les officiers : le patriotisme parle haut dans les cœurs espagnols lorsqu'il se combine avec l'orgueil du rang. Il fut moins facile d'entraîner les soldats ; quoique naturellement braves, ils reculaient devant les dangers attachés à l'évasion ; d'un autre côté, ces hommes simples se fussent considérés comme parjures s'ils eussent trahi leur nouveau souverain..... Il fallut faire entendre à ces militaires que le roi Joseph était mort, et qu'ils se trouvaient déliés du serment de fidélité qu'ils avaient fait. » (TOUCHARD-LAFOSSE : *Histoire de Charles XIV*, etc., t. II.)

En Seeland, dès le 31 juillet, l'insurrection éclata : un officier français tué, plusieurs autres grièvement blessés en furent les premières victimes [1].

Le 7 août, le jour même où il adressait aux colonels Dellevielleuze et Martorell, commandant en Seeland les régiments des Asturies et de Guadalaxara, la lettre à laquelle nous avons fait allusion déjà, La Romana, à qui les circonstances n'avaient pas encore permis l'embarquement projeté, n'hésita pas, pour éloigner tout soupçon, à témoigner au général Fririon sa douleur des événements où un de ses officiers venait de trouver la mort : « Il ne me reste, osa-t-il écrire, qu'à verser des larmes sur sa destinée [2]. » Il ajoutait qu'après ce qui venait de se passer il gardait en Fionie l'artillerie qui devait passer en Seeland.

Trois jours après, cette artillerie canonnait, par ses ordres, les vaisseaux danois, et La Romana s'embarquait avec toutes ses troupes, que des instructions antérieures avaient réunies à cet effet [3].

---

1. Une observation que les événements dont le récit va suivre imposent à l'esprit, c'est qu'il est toujours imprudent de placer sous le commandement d'un général détaché de l'armée, des troupes étrangères, sans leur donner le contrepoids d'une force française suffisante pour les maintenir dans l'ordre, le cas échéant.

Le général Fririon, dans la « Relation de l'insurrection des troupes espagnoles détachées dans l'île de Seeland », qu'il a publiée dans le *Spectateur militaire*, en octobre 1827, ne manque pas d'attirer l'attention sur ce point ; il ajoute qu'il est également dangereux d'exiger des troupes ce qui répugne à leur conscience : « Les généraux, les officiers supérieurs et tous les chefs quelconques n'ont qu'une force morale, et s'il arrive que les masses, soulevées par quelques mesures inconsidérées, s'avisent de faire l'essai de leur force physique, dès lors les lois restent muettes..... »

2. Cette lettre, adressée au général Fririon, est reproduite, comme celles du même jour adressées aux colonels espagnols, dans la « Relation » du capitaine E. Fririon.

Elle est reproduite en fac-similé dans le *Spectateur militaire* d'octobre 1827.

3. Une preuve bien caractéristique de la duplicité de La Romana résulte de la lettre suivante qu'il adressa au lieutenant-général baron de Rantzau, commandant l'île de Fionie pour le roi de Danemark, le 9 août, la veille même

La duplicité indéniable que, jusqu'au dernier moment, ce général ne cessa de montrer diminue singulièrement, semble-t-il, ce qu'au point de vue espagnol son action peut avoir de patriotique grandeur. Nous avons d'ailleurs abrégé, autant que cela était possible, tout ce qui se rapporte aux négociations engagées avec les Anglais par La Romana et à son embarquement.

L'insurrection en Seeland des régiments de Guadalaxara et des Asturies nous paraît cependant, en raison du rôle qu'y jouèrent le général Fririon et les officiers de son état-major, mériter d'être rapportée avec plus de détails.

Un rapport manuscrit, remis en 1840 au ministre de la guerre, maréchal Soult, en donne une relation très complète, qui concorde d'ailleurs, de tous points, avec celle du capitaine E. Fririon, écrite sur des documents de famille et avec celles des ouvrages danois que nous avons consultés.

Ce manuscrit, conservé aux archives de la guerre, a pour auteur le commandant Emmanuel Lopez [1], chef d'escadron

---

du jour où il livra Nyborg aux Anglais ; cette lettre est reproduite dans les *Communications des Archives de la guerre* de Danemark :

D'après le rapport que V. Exc. me fait l'honneur de m'envoyer, il ne peut être qu'une méprise ou un malentendu du colonel du régiment de Villaviciosa, à qui j'avais écrit d'envoyer un escadron à Langeland pour être mis à la disposition du lieutenant-colonel Gauthier, afin de contenir les soldats du bataillon de Catalogne, qui sont continuellement en pourparlers avec les chaloupes ennemies, d'après ce que me dit le même Gauthier. Je lui répète un ordre bien précis, et surtout celui d'élargir l'officier de marine de suite, que tout sera fini dans peu d'heures, et V. Exc. peut être tout à fait en repos.

J'ai l'honneur, etc....

Le Marquis de La Romana.

1. Le commandant Lopez (Emmanuel-Antoine) était né le 8 mai 1787 à Mellid, province de Galice (Espagne). Entré au service comme volontaire au régiment des Asturies le 19 juin 1802, il fut nommé sergent le 27 février 1804, vint en France au mois de mai 1807 avec les troupes espagnoles du marquis de La Romana et fit avec ce corps les campagnes de 1807 et 1808, en Allemagne et en Danemark.

Rentré en France après la dissolution de son régiment à la fin de 1808, il fut admis comme sergent-major dans le régiment espagnol Joseph-Napoléon au service de la France, le 12 juin 1809 ; sous-lieutenant, le 13 octobre 1812 ; lieu-

au corps d'état-major, qui était, en 1808, sous-officier dans le régiment des Asturies.

Cet officier supérieur raconte dans les termes suivants les faits dont il a été témoin dans sa jeunesse, et auxquels il a pris une part active :

« ..... Les deux régiments d'Asturias et de Guadalaxara, détachés au Seeland, après avoir occupé plusieurs cantonnements, s'établirent comme suit (avril 1808)[1] : les 1er et 2e bataillons de Guadalaxara, et le 3e bataillon d'Asturias, dont je faisais partie, et qui fut le premier débarqué en Seeland, au camp de Roskilde ; le 1er bataillon de ce dernier corps à Roskilde même et les deux autres bataillons aux environs de cette ville. Ces troupes étaient commandées par le maréchal de camp Fririon[2], mort lieutenant-général commandant les Invalides, à Paris.

---

tenant, le 23 avril 1813 ; capitaine, le 8 juillet de cette même année. Licencié avec toutes les troupes étrangères, le 17 avril 1814, et mis en non-activité.

Capitaine au 6e régiment étranger, le 25 juin 1815 ; démissionnaire, le 21 août. Naturalisé Français par ordonnance du 10 avril 1818, il fut nommé capitaine au corps royal d'état-major le 12 décembre 1818. Successivement aide de camp des généraux Ordonneau, d'Hénin, Bigarré, Colbert, il avait été nommé chef d'escadron le 31 décembre 1831 ; retraité le 18 juillet 1845, il fut nommé commissaire du Gouvernement près le 1er conseil de guerre de la 13e division militaire le 24 janvier 1849 ; il cessa ces fonctions le 20 novembre 1855, et mourut à Guingamp (Côtes-du-Nord), le 14 mars 1862.

Campagnes : 1805 et 1806, en Espagne contre les Anglais ; 1807 et 1808, en Allemagne et en Danemark ; 1810 et 1811, corps d'observation de l'Elbe ; 1812, en Russie ; 1813, en Saxe ; 1815, armée de la Loire.

Blessures : blessé d'un coup de baïonnette, le 12 mai 1813, à la bataille de Lützen ; coup de feu au pied droit, le 16 octobre 1813, à la bataille de Leipzig ; coup de sabre à la tête, le 31 octobre 1813, à la bataille de Hanau.

Décorations : membre de la Légion d'honneur, le 29 juin 1813 ; officier, le 5 janvier 1834. (Archives administratives de la guerre.)

1. Les régiments de Guadalaxara et des Asturies partirent directement de Hambourg et traversèrent la Baltique. Après avoir débarqué à Korsoër, ils occupèrent d'abord cette ville, puis Slagelse, Soroë, Ringstaed et enfin Roskilde. (Commandant Lopez.)

2. Baron Fririon (François-Nicolas), né le 7 février 1766, à Vandières (Meurthe). Enrôlé volontaire au régiment d'Artois-Infanterie (devenu 48e régiment d'infanterie en 1791), le 23 avril 1782 ; quartier-maître trésorier, le

« Il en était déjà très aimé, bien qu'il ne sût pas parler leur langue, tant il avait le don de plaire par ses manières affables et par la bonté de son âme dont sa figure portait l'empreinte [1].

1er janvier 1791. Élu capitaine, le 24 septembre 1793 ; passé à la 95e demi-brigade d'infanterie, le 26 juin 1794 ; chef de bataillon, le 6 octobre 1794. Adjoint à l'inspecteur d'infanterie de l'armée de Rhin-et-Moselle, Schauenbourg, le 2 novembre 1795 ; nommé adjudant-général chef de brigade, le 9 mars 1797, et successivement employé aux armées de Sambre-et-Meuse, de Rhin-et-Moselle et d'Allemagne en 1797, aux armées d'Helvétie, de Mayence et d'Italie en 1798. Sous-chef d'état-major de l'armée du Rhin, le 4 décembre 1799. Nommé général de brigade par le général en chef Moreau, le 17 juillet 1800. Successivement employé dans la 5e division militaire à l'armée des côtes, à l'armée d'Italie, 1805, *au corps d'observation en Poméranie, 1807 ; il commandait, en octobre 1807, une brigade (93e de ligne et 3e léger) de la division Boudet, quand il fut désigné par le prince de Ponte-Corvo pour commander les régiments espagnols envoyés en Seeland.* A repris le commandement de sa brigade le 8 avril 1809.

Général de division, le 21 juillet 1809 ; inspecteur général d'infanterie en 1812, 1814, 1816, 1817, 1819, 1820 ; commandant l'hôtel des Invalides, le 22 avril 1832 ; décédé, le 25 septembre 1840.

Campagnes : 1792, 1793, 1794 et 1795, armée du Rhin ; 1795, 1796 et 1797, armée de Rhin-et-Moselle ; 1798, armées d'Allemagne, d'Helvétie et de Mayence ; 1799, 1800, 1801, armées d'Italie et du Rhin ; 1805 et 1806, armée d'Italie ; 1807, 1808, Grande Armée ; 1809, armée d'Allemagne ; 1810 et 1811, armée de Portugal.

Décorations : membre de la Légion d'honneur, le 11 décembre 1803 ; commandant, le 14 juin 1804 ; grand-officier, le 1er mai 1821 ; chevalier de Saint-Louis, le 8 juillet 1814 ; commandeur, le 29 octobre 1828 ; grand-croix de l'ordre de Danebrog, de Danemark et de l'ordre de l'Épée, de Suède.

Créé baron de l'Empire, le 15 août 1809.

1. « ..... On exerçait les troupes depuis quatre heures du matin, en commençant par les soldats, sergents et caporaux, et finissant par les officiers, qui avaient une école de tactique. Le soir, on faisait l'exercice général, afin de mettre en pratique les manœuvres étudiées dans la journée. Les officiers et les soldats se prêtaient à ces exercices sans donner le moindre indice de mécontentement, et le général Fririon m'a dit qu'il en était très satisfait, et qu'il espérait achever sous peu leur instruction..... » (Lettre du comte Yoldi, ministre d'Espagne en Danemark au ministre des relations extérieures à Madrid, du 6 août 1808. Section des affaires étrangères : Espagne, t. 676, fo 10, no 594. — Cette lettre a été publiée dans les *Mémoires du roi Joseph-Napoléon*, Ducasse, t. IV, notes.)

« ..... J'ai sous mes ordres des troupes espagnoles ; elles sont d'assez bonne volonté, mais les longues routes qu'elles ont faites les ont empêchées de s'instruire..... ; je me suis mis à leur instruction, de sorte qu'il faut que je tâche de jargonner quelques mots espagnols et danois..... » (Extrait d'une lettre écrite par le général Fririon à son oncle, inspecteur aux revues à Munster, et reproduite dans l'ouvrage du capitaine E. Fririon.)

« Un incident malheureux vint aigrir l'esprit de ces troupes déjà mal disposé par tout ce qui précède (les nouvelles reçues d'Espagne) : on leur montrait l'escrime à la française, et M. Laloy, jeune officier du 3ᵉ léger [1], était chargé de l'instruction pratique des sous-officiers. Comme il s'exprimait en français, le sieur Rodriguez, sergent-major de la 1ʳᵉ compagnie de grenadiers du régiment d'Asturias, ayant mal interprété un mot, ne put s'empêcher de rire et de gesticuler, ce qui décida M. Laloy à le faire mettre à la salle de police ; cette mesure, bien que naturelle, aug-

---

1. Laloy (Pierre-François-Christophe), né le 7 juillet 1786, à Chaumont (Haute-Marne), élève de l'École militaire de Fontainebleau, le 13 mai 1804 ; sous-lieutenant au 3ᵉ régiment d'infanterie légère, le 23 octobre 1804 ; *attaché à l'état-major du général Fririon par ordre du maréchal prince de Ponte-Corvo. Le 31 juillet 1808, au château de Roskilde, en Danemark, fut grièvement blessé de plusieurs coups de crosse de fusil sur la tête, en se jetant au-devant des soldats espagnols révoltés qui voulaient assassiner le général Fririon ;* lieutenant, le 20 février 1809 ; aide de camp du général d'Hastrel, le 9 mai 1809 ; capitaine, le 7 septembre 1811 ; aide de camp du général Romeuf, le 24 mai 1812. Le prince d'Eckmühl, qui avait pris l'engagement envers le général Romeuf, lorsque celui-ci fut blessé mortellement à la bataille de la Moskowa, de s'occuper du sort de ses aides de camp, attacha le capitaine Laloy à son état-major ; aide de camp du prince d'Eckmühl, le 6 octobre 1813 ; nommé provisoirement chef de bataillon par le prince d'Eckmühl, le 21 mars 1814 ; confirmé dans ce grade, le 1ᵉʳ mai 1815 ; décédé à Paris, le 21 août 1816.

Campagnes : 1805 et 1806, armée d'Italie ; 1807 et 1808, Grande Armée ; 1809, armée d'Allemagne ; 1810, Hollande ; 1811, Allemagne ; 1812, Russie ; 1813, Saxe ; 1814, défense de Hambourg.

Extrait d'un certificat du général Fririon :

« Je certifie, etc...., et j'ajoute que la conduite de M. Laloy, volant à ma défense, est d'autant plus digne d'éloges qu'il courait à une mort presque certaine : M. Marabail, sous-lieutenant au même régiment, ayant été tué sous ses yeux et les miens.....

« Lyon, le 1ᵉʳ février 1809.

« Le Général de division,
« N. Fririon. »

Le maréchal Davout écrivit de Hambourg, le 21 mars 1814, au capitaine Laloy la lettre suivante : « Je vous témoigne, Monsieur le Capitaine, toute ma satisfaction pour vos bons services, le zèle que vous avez déployé dans toutes les circonstances, et surtout pour la belle conduite que vous avez tenue le 26 novembre..... Je vous nomme donc chef de bataillon et je vous autorise à porter les marques distinctives de ce grade..... »

menta le mécontentement des soldats qui ne voulaient être commandés que par leurs supérieurs naturels.

« M. le général Fririon, d'après les instructions qu'il avait reçues du maréchal prince de Ponte-Corvo, ordonna le 31 juillet à ces deux régiments de se réunir le lendemain, 1er août, à Roskilde pour prêter serment de fidélité au nouveau roi d'Espagne, Joseph Napoléon [1]. Ces troupes n'étaient point disposées à faire un tel acte de soumission [2], et elles furent d'ailleurs blessées par le don qu'on leur fit d'une ration de liquide [3] et de quelques schellings danois, offre qu'on ne leur eût pas faite si le lieutenant-colonel

---

1. « ..... Les choses en étaient à ce point, lorsque le samedi 30 de juillet, à onze heures, arriva à Roskilde l'émigré français M. Louis Siran de Cavagnac, qui, de capitaine du régiment des Asturies, est devenu adjudant du maréchal prince de Ponte-Corvo. Cet officier était porteur d'un ordre de ce prince au général Fririon, pour qu'on fît prêter immédiatement aux troupes espagnoles le serment de fidélité au nouveau souverain. Cet ordre parut trop péremptoire à M. le brigadier Louis Dellevielleuze, colonel du régiment des Asturies et commandant des troupes. Cet officier croyait un délai nécessaire pour préparer les esprits, plus ou moins exaltés par les nouvelles confuses et mélancoliques que les soldats avaient reçues de leurs familles sur l'état des choses en Espagne. Néanmoins, on détermina que les troupes prêteraient serment le lundi, 1er août, à huit heures du matin.....

« ... Une autre circonstance me paraît avoir singulièrement déplu au soldat : c'est que l'ordre de prêter serment fût parvenu directement du prince de Ponte-Corvo au général français, et non au général en chef de la division, M. le marquis de La Romana, et qu'il ait été porté par M. Louis Siran de Cavagnac, qui, d'après ce qu'on m'a dit, est très mal vu et même détesté de tout le régiment des Asturies, où il a servi. Si, à son arrivée au quartier général, il s'exprima avec autant d'arrogance que je l'ai entendu le faire à Copenhague, il ne peut qu'avoir contribué pour beaucoup à l'irritation des esprits..... » (Lettre du comte Yoldi, déjà citée.)

2. « Le jour suivant (31 juillet), à l'heure de la revue, les soldats et surtout les grenadiers des Asturies, au lieu de se présenter sans armes, comme de coutume, les portèrent tous ; et le colonel Dellevielleuze leur en ayant fait des reproches, ils répondirent à hauts cris qu'ils ne voulaient point prêter serment, qu'ils n'obéiraient à aucun officier français, et qu'ils allaient exterminer tous ceux qui se trouvaient à Roskilde. » (Lettre du comte Yoldi, déjà citée.)

3. *Le roi de Danemark au général Fririon.*

Copenhague, le 30 juillet 1808.

D'après la demande que vous venez de nous faire par votre lettre du 30 du courant, nous accordons avec plaisir la ration d'eau-de-vie pour les troupes espagnoles qui doi-

Marti [1], détaché près le général Fririon, leur avait fait connaître leur caractère et leurs habitudes ; il faillit lui-même être la victime de cet oubli [2]. Cet ordre occupa les soldats pendant toute la journée ; vers le soir, au moment de l'appel,

---

vent prêter serment demain matin. Pour cet effet, vous voudrez bien vous adresser au commandant de place à Roskilde pour recevoir la ration susdite, et nous sommes très content d'avoir une telle occasion pour faire quelque chose d'agréable pour votre corps de troupes. Nous souhaitons que vous soyez bientôt entièrement rétabli de votre indisposition, et nous pensons alors venir voir les troupes espagnoles sous votre commandement.

[Extrait du *Meddelelser fra Krigsarkiverne* (*Communications des Archives de la guerre*, publiées par l'état-major général, t. III. Copenhague, 1888).]

1. Marti (Jean), né le 28 février 1773, à Bilbao, province de Biscaye (Espagne) ; cadet au régiment de Majorque-Infanterie, le 10 août 1786 ; sous-lieutenant, le 16 août 1788 ; capitaine au régiment de Puebla-Infanterie, le 25 juillet 1789 ; passé au régiment de Zamora, le 20 février 1790, aide de camp du général duc de Catadilla, le 23 décembre 1793 ; a fait les campagnes de 1793, 1794 et 1795 aux armées de Navarre et du Guipuscoa ; capitaine de grenadiers au régiment de Zamora, le 24 février 1795 ; rang de lieutenant-colonel d'infanterie, le 4 septembre 1795 ; a fait les campagnes de 1799 et 1800 sur les côtes, sous les ordres des généraux O'Faril et Grabina ; lieutenant-colonel au régiment de la Princesse-Infanterie, le 14 septembre 1805 ; lieutenant-colonel du régiment d'Espagne-Infanterie, le 29 janvier 1808 ; *adjudant-général de la division auxiliaire de l'armée française en Allemagne et en Danemark, le 16 juin 1808* (*servit d'interprète au général Fririon, lorsqu'il exerçait aux manœuvres françaises les six bataillons espagnols qui étaient sous ses ordres*) ; passé en Espagne et nommé major d'infanterie, le 30 juillet 1811 ; employé à l'état-major de l'armée du Portugal ; colonel d'infanterie, le 11 septembre 1811 ; a fait la campagne de 1812, employé à l'état-major de l'armée du roi Joseph-Napoléon, dans son mouvement sur Valence, Madrid et Salamanque, et celle de 1813 à l'état-major de l'armée française commandée par le duc de Dalmatie, jusqu'à l'époque de sa rentrée en France (novembre 1813). Il reçut alors l'ordre de quitter cet état-major et de se rendre au dépôt général des Espagnols à Libourne. Au commencement de 1814, le colonel Marti ne put être admis dans l'armée française en raison de ses infirmités (il était borgne du côté droit et avait la vue affaiblie du côté gauche).

Chevalier de l'ordre militaire de Saint-Jacques, 1805 ; chevalier de l'ordre royal d'Espagne. (Archives administratives de la guerre.)

2. « Votre Excellence daignera se rappeler que lorsque j'étais près de Copenhague, les Espagnols que je commandais s'insurgèrent contre moi, à l'occasion du serment que je devais leur faire prêter au roi Joseph-Napoléon ; un des officiers français qui étaient avec moi fut égorgé sous mes yeux sur l'escalier du château, un autre officier fut mis en sang et c'en était fait de lui, s'il ne fût parvenu à se jeter dans le château où je me barricadai. Le colonel Marti dut son salut à une barque sans pilote, qu'il trouva sur un lac, près de Roskilde.....» (Extrait d'une lettre du général Fririon au ministre de la guerre, en date du 3 janvier 1814 ; archives administratives de la guerre.)

une insurrection éclata parmi eux au camp et à la ville, par des vociférations menaçantes ; malheureusement, les deux régiments n'étaient pas riches en officiers supérieurs disponibles.

« Dans le régiment d'Asturias, le colonel Dellevielleuze (brigadier) courut de grands dangers et fut très utile, le commandant Falquès courut aussi des dangers sans pouvoir rendre service. Il n'y avait dans ce corps ni major, ni lieutenant-colonel présents.

« Dans le régiment Guadalaxara, le colonel Martorell était vieux, infirme et hors d'état d'agir[1] ; il avait sa famille à Roskilde ; le lieutenant-colonel se trouvait au camp et avait aussi sa famille sur les lieux, le major Medrano était d'un âge très avancé. Il n'y avait point de chef de bataillon proprement dit (commandant avec grade de lieutenant-colonel).

----

1. « La folie que vient de faire le marquis de La Romana m'afflige, mais ne m'étonne pas..... Il y avait trop de têtes à perruques, vieillards incurables, dans la cervelle desquels ne pénétreront jamais des idées neuves. Il faut des hommes de moins de cinquante ans pour en attendre quelque chose de raisonnable. Nous avons dans nos régiments des colonels de 60 et 70 ans, qu'en peut-on espérer ? Il est malheureux qu'on n'ait pas songé assez tôt à éloigner nos soldats de la mer. Il eût mieux valu les mener sur le Rhin ; il conviendrait même d'y amener ceux qui sont restés. Une preuve de confiance du roi pourrait gagner leur cœur. Tout dépend des chefs. Nos soldats, quoique ignorants, sont sensés et peuvent entendre la raison si, de leur côté, leurs supérieurs l'entendent. J'en fis l'essai moi-même sur ceux qui passèrent ici..... »

Ce passage est extrait de la lettre de Charles Gimbernat que nous avons citée déjà à propos de l'esprit des troupes espagnoles venant de Toscane, lors de leur passage en Bavière. Ces appréciations peuvent être rapprochées de la lettre du général Molitor, du 11 novembre 1807, que nous avons reproduite.

Cependant le comte Yoldi, dans la lettre dont nous avons déjà cité plusieurs extraits, rend compte en ces termes de l'attitude du colonel Martorell :

« Le colonel de Guadalaxara, M. Vicente Martorell, qui était retenu chez lui par une plaie sur le pied droit, n'eut pas plutôt connaissance de l'insurrection des troupes et de la marche des deux bataillons sur Copenhague, qu'il se fit transporter sur le chemin hors ville par deux grenadiers ; et il parla aux soldats avec tant de fermeté et d'éloquence qu'ils renoncèrent à leur projet et retournèrent au camp. »

« Le colonel du régiment d'Asturias fut le seul officier supérieur, en ville, qui eût de l'influence pour apaiser l'insurrection. Les grenadiers de la 1re compagnie lui demandèrent la mise en liberté de leur sergent-major Rodriguez ; le colonel la leur refusa ; ils tentèrent de le faire sortir de force, mais le chef de poste s'y opposa. Le colonel Dellevielleuze s'y rendit aussitôt, et là, fit connaître l'abdication de la famille royale, à Bayonne, et dit que l'ordre de prêter serment au nouveau roi en était la conséquence. Ce digne colonel était parvenu à calmer un peu les soldats, lorsque son 3e bataillon, qui était au camp, arriva en désordre, ayant le commandant Falquès en tête ; les deux bataillons de Guadalaxara le suivaient, encore plus en désordre et sans chefs. Le commandant Falquès, sévèrement réprimandé par le colonel Dellevielleuze, répondit qu'il avait cédé à la nécessité et disparut de la mêlée. Dès lors, le désordre augmenta, et le colonel, craignant pour le général, ainsi que pour les officiers français qui lui étaient attachés, se rendit au château [1].

« Les mutins l'y suivirent et entrèrent presque en même temps que lui, par trois portes différentes, dans une vaste cour. Après avoir conféré avec le général, le colonel revint

---

1. Lors de l'enquête qui eut lieu à la suite de ces événements, le prince de Ponte-Corvo crut devoir en faire retomber la responsabilité sur les officiers supérieurs dont les noms sont cités par le commandant Lopez, le colonel Martorell, le major Medrano et le commandant Falquez ; nous trouvons en effet dans les *Communications des Archives de la guerre* de Danemark la lettre suivante que nous croyons devoir reproduire :

Le général Fririon à Sa Majesté le Roi de Danemark.

Copenhague, le 25 août 1808.

Sire,

Dans une lettre écrite de la main de S. A. le prince de Ponte-Corvo, il recommande l'arrestation du colonel de Guadalaxara et d'un lieutenant-colonel du même régiment, que je suppose être le major Medrano. Quoique, d'après le rapport de MM. les officiers danois, le colonel de Guadalaxara ait fait ce qui a dépendu de lui, le 31 juillet, pour faire rentrer les séditieux dans l'ordre, il serait possible que le prince eût reçu des

sur la place, suivi des soldats qui se trouvaient sur son passage. Là, il chercha à leur faire entendre raison, les engageant à rentrer dans l'ordre, à retourner au camp, à leurs logements, et à y déposer leurs armes. Généralement aimé, il eût réussi à se faire obéir s'il n'avait eu affaire qu'à son régiment et si ses soldats n'avaient été excités par ceux de Guadalaxara qui se trouvaient là sans chefs.

« Voyant que les exhortations restaient sans succès et que les soldats se dirigeaient de nouveau vers le château, le colonel courut auprès du général, pour empêcher qu'on attentât à ses jours.

« Ayant vu ces derniers mouvements, entendu les cris des soldats et ne doutant pas de leur dessein, je courus aussi vers le château pour essayer d'en empêcher l'exécution ; à mon arrivée dans la cour, j'aperçus d'abord M. Laloy sur le péristyle, la figure couverte de sang et recevant encore des coup de crosse d'une masse de soldats qui se précipitaient sur lui ; le deuxième objet à quelques pas de là, à ma gauche, fut le cadavre de l'infortuné Marabail [1], dont je ne me rappelle plus le grade, qu'on venait de tuer à coups

---

renseignements particuliers qui compromissent le colonel et le major, je regarde comme un de mes devoirs de communiquer à Votre Majesté la note de S. A. le prince de Ponte-Corvo, en La priant de donner à cet égard les ordres qu'Elle jugera convenable.

Le prince désirant en outre qu'on fasse saisir les officiers présumés coupables, je crois devoir désigner les sieurs Mattasanchez et Algarra, lieutenants au 3ᵉ bataillon de Guadalaxara. Le lieutenant-colonel Falquez du régiment des Asturies serait également dans le cas d'être surveillé particulièrement. Je prie Votre Majesté de daigner donner aux commandants danois les ordres qu'Elle croira utiles dans cette circonstance.

Je suis, etc....

Le Général N. FRIRION.

1. Marabail (Jean-Antoine-Guillaume-Bruno), né le 27 août 1786, à Saissac (Aude). Élève de l'École spéciale militaire de Fontainebleau, le 4 février 1805 ; sous-lieutenant au 3ᵉ régiment d'infanterie légère, le 19 avril 1806.

Massacré par les soldats espagnols révoltés, le 31 juillet 1808, à Roskilde (Danemark).

A fait les campagnes de 1807 et 1808 à la Grande Armée. (Archives administratives de la guerre.)

de fusil et à coups de bayonnette, sous les fenêtres mêmes du général ; il était revêtu de son uniforme.

« Ne pouvant plus lui être utile, je fis à l'instant même tous mes efforts pour sauver le général et les autres officiers qui se trouvaient au château, dans lequel je parvins à faire entrer M. Laloy par une fenêtre du rez-de-chaussée, la seule qui fût ouverte à gauche du péristyle, et devant laquelle existait un banc qui servit de marchepied à cet officier que je ne parvins à arracher à la mort qu'en lui faisant un rempart de mon corps, c'est-à-dire en le tenant constamment derrière moi, pendant que j'exhortais les soldats ; je le fis glisser le long de la façade du château jusque devant la fenêtre [1] par laquelle les mutins voulaient faire sortir le colonel Dellevielleuze, afin de pénétrer dans l'intérieur pour tuer le général et ses officiers. Sur le refus du colonel, ils le menacèrent de mort ; la menace ne changea point sa résolution [2] ; ils allèrent alors faire du tapage d'un autre côté.

« Le capitaine Santiago Miguel et le sous-lieutenant Caamaño, tous les deux de la 4ᵉ compagnie du 1ᵉʳ bataillon

---

1. Le lieutenant-général Fririon, auquel j'écrivis dans le courant du mois d'août 1818, pour lui rappeler ces faits, en le priant d'en attester l'exactitude, écrivit en marge de ma lettre ce qui suit : « Les dangers personnels auxquels s'est exposé M. Lopez lorsque les Espagnols que je commandais en Danemark s'insurgèrent ; sa conduite loyale et courageuse au milieu des soldats furieux qui voulaient m'assassiner, ainsi que les officiers français qui servaient sous mes ordres, et tous les faits énoncés dans la présente lettre étant de la plus exacte vérité, je crois devoir remettre à M. Lopez la présente déclaration pour lui tenir lieu du certificat qu'il demande et faire connaître son dévouement pour le maintien de l'ordre et de la discipline. » (Note du commandant Lopez.)

2. A cette menace, le colonel se montrant à découvert, répondit : « Si vous me reconnaissez pour votre chef et si vous avez confiance dans mon caractère, je vous ordonne de retourner au camp et à vos logements et de cesser ce désordre que rien ne peut justifier ; si, au contraire, vous êtes décidés à méconnaître mon autorité dans cette occasion et à mettre à exécution la menace que vous me faites, je vous déclare que la crainte de la mort ne me fera jamais manquer à mon devoir. La situation présente me commande de rester ici pour vous empêcher de commettre un crime, et ce devoir, je le remplirai, dût-il m'en coûter la vie. » (Note du commandant Lopez.)

du régiment d'Asturias (le mien), eurent seuls assez de
fermeté et d'ascendant pour empêcher qu'aucun de leurs
soldats ne prît part au tumulte. Ces officiers ne servirent
pourtant jamais en France, et moi-même, jeune sous-officier
imberbe, j'étais loin de penser que je servirais ailleurs que
dans mon pays natal.

« Les efforts du brigadier Dellevielleuze et les miens furent partagés par quelques officiers [1] et par quelques sous-
officiers espagnols, ainsi que par deux officiers danois, dont
l'un, M. d'Origny [2], parlait castillan.

« Le général Fririon et ceux de ses officiers qui étaient
présents passèrent dans l'église contiguë au château, qui
renferme les tombeaux de la famille royale, et au moment
où ils s'y rendaient par la galerie de communication existant

----

1. « ..... Les soldats n'étaient contenus que par les représentations que leur
faisait avec la plus grande énergie le lieutenant-colonel, M. Jean Marti, adjudant-major attaché à l'état-major général français.....

« Le lieutenant-colonel Marti, pénétré de douleur à la vue de tant d'excès,
revenait à la ville lorsqu'un soldat de Guadalaxara le prévint que les grenadiers le cherchaient pour le tuer. Il se vit donc obligé de fuir dans un canot
qu'il trouva sur le bord de la mer, et il vint se réunir au général et autres
officiers français qui allaient à Copenhague. » (Lettre du 6 août du comte
Yoldi, déjà citée.)

2. Quelques officiers danois avaient été mis à la disposition du général Fririon, entre autres le major Heinen et le capitaine d'Origny ; ce dernier montra
dans ces circonstances un dévouement et un courage qui lui valurent la croix
de la Légion d'honneur ; il devint plus tard, en novembre 1835, colonel du
1er régiment de Jutland-Infanterie. Le capitaine Ponçot [a], de l'état-major du
général Fririon, lui dut la vie lors de la scène de sauvagerie où périt le sous-
lieutenant Marabail.

a. Ponçot (Jules-Claude-Antoine), né le 6 juin 1775, à Besançon (Doubs), incorporé
comme soldat dans la 95e demi-brigade d'infanterie de ligne, le 25 février 1796 ; *lieutenant
aide de camp du général Fririon, le 31 mai 1806 ;* capitaine, le 16 juin 1809 ; adjoint à
l'inspection aux revues, le 8 février 1813 ; sous-intendant militaire, le 15 septembre
1817 ; retraité comme sous-intendant militaire de 1re classe, le 25 février 1836 ; décédé,
le 28 mai 1866.

Campagnes : de 1796 à 1806, aux armées du Rhin, de Naples et d'Italie ; 1807, *corps
d'observation de la Grande Armée ; 1808, en Danemark ;* 1809, armée d'Allemagne ;
1810-1811, armée de Portugal.

Décorations : membre de la Légion d'honneur, le 6 avril 1811 ; officier, le 26 juin 1815 ;
chevalier de Saint-Louis, le 27 octobre 1814.

(Archives administratives de la guerre.)

à la hauteur du premier étage, plusieurs coups de fusil furent tirés sur eux ; alors on répandit à dessein le bruit que le général avait été tué, et les soldats, ivres et furieux, cessèrent de tirer de ce côté.

« Pendant la nuit, le général et ses officiers sortirent de la ville, à l'aide de travestissements [1], et se rendirent à Copenhague.....

« ..... Après cette insurrection, le roi de Danemark fit marcher des troupes jusqu'à une lieue de Roskilde, et intimer au brigadier Dellevielleuze [2] l'ordre de disséminer ses

---

1. « Pendant que le colonel s'opposait avec fermeté à la colère des soldats, *ils se déguisèrent sous des uniformes danois*, et gagnèrent Copenhague. » (Lettre du 6 août du comte Yoldi, déjà citée.) D'autre part, M. Kornerup rapporte les détails suivants qui nous ont paru curieux : « On fit chercher des uniformes du 1er régiment de la garde [habit rouge à revers jaunes] pour le général Fririon et ses officiers ; le capitaine Parade [a] (aide de camp du général) ne consentit jamais à revêtir l'habit rouge, malgré les efforts de ses camarades, ne voulant pas, même pour un instant, porter un uniforme ressemblant à celui des Anglais, et il sortit couvert de son manteau bleu d'officier français. »

En rapportant ce trait du capitaine Parade, que ses états de services nous montrent originaire de la Dordogne, on ne peut s'empêcher de le trouver digne de son compatriote Cyrano de Bergerac, dont le « panache » est si merveilleusement mis en lumière dans la belle pièce récente de M. E. Rostand.

a. Parade (Jean-Baptiste), né le 6 février 1764, à Saint-Aquilin (Dordogne) ; élu capitaine au 1er bataillon de volontaires nationaux de la Dordogne, le 25 mars 1792 ; *nommé aide de camp du général Fririon, le 10 novembre 1802;* décédé le 22 mai 1809 des suites d'une blessure reçue la veille à la bataille d'Essling.

Campagnes : 1792 à 1797, armée du Rhin ; 1798, armée de Mayence ; 1800-1801, armées de réserve et des Grisons ; 1805-1806, armée d'Italie ; *1807, corps d'observation de la Grande Armée; 1808, en Danemark;* 1809, armée d'Allemagne (4e corps).

Blessures : blessé à la jambe gauche, près d'Engen, en Souabe, au mois de thermidor an IV ; blessé à mort par un boulet de canon, près du général Fririon, le 21 mai 1809, à Essling.

Décoration : membre de la Légion d'honneur après son décès, le 16 juin 1809.

« M. Parade, capitaine aide de camp, s'étant distingué aux sièges de Kolberg et de Stralsund, et au combat de la division Boudet près de Steinhagen, a déjà mérité que M. le général de division Boudet demandât pour lui la décoration de la Légion ; les nouvelles preuves d'activité et de bravoure qu'il a données, tant dans la traversée que dans la prise de l'île et du fort de Dännholm me mettent dans le cas de le présenter comme susceptible d'un grade supérieur. Je prie S. E. M. le maréchal Brune d'avoir la bonté d'appuyer cette proposition près S. M. l'Empereur et Roi.

« A Stralsund, le 1er septembre 1807.

« N. FRIRION. »

(Archives administratives de la guerre.)

2. Par une lettre du 6 août, le roi de Danemark ordonna au colonel Delle-

régiments en leur faisant reprendre leurs anciens cantonnements, ce qui fut exécuté sans difficulté, mais les soldats refusèrent de continuer à faire l'exercice à la française [1].

« Quelques jours après, des troupes danoises (infanterie, cavalerie et artillerie) furent mobilisées sous le commandement du prince royal, et traversèrent pendant plusieurs jours, allant et venant, armes chargées, sabre à la main et mèche allumée, les villes occupées par les six bataillons espagnols.

« Le 10 août, cette division traversa Ringstaed où se trouvait le 3ᵉ bataillon d'Asturias (le mien), se mit en bataille derrière la ville, dans la direction de Copenhague et demanda les mutins, qui lui furent livrés. (Ils étaient au nombre de onze dans ce bataillon.)

« Le lendemain 11, la même division, commandée par un lieutenant-général, traversa de nouveau la ville, prit posi-

---

vieilleuze de venir personnellement lui rendre compte de ce qui s'était passé et prendre ses ordres. (*Communications des Archives de la guerre de Danemark.*)

1. « La division des troupes espagnoles s'est effectuée sans autant de difficultés qu'on pouvait le craindre. On a également réussi à leur enlever une partie de leurs munitions. Cependant, quoique le calme soit à peu près rétabli et que les soldats aient eux-mêmes désigné et arrêté trois d'entre eux comme les plus coupables, leur animosité contre les Français et leur refus d'être sous les ordres de nos officiers sont toujours aussi prononcés. Le roi (de Danemark), qui dans cette malheureuse affaire s'est conduit avec tout le zèle d'un bon allié et toute la prudence de la politique, attend impatiemment, pour prendre un parti définitif, la réponse à la lettre qu'il a écrite au prince de Ponte-Corvo..... On a enterré ici hier, avec la plus grande pompe le malheureux officier massacré par les Espagnols (le sous-lieutenant Marabail). Quoiqu'il ne fût que sous-lieutenant, le roi lui a fait rendre les honneurs de capitaine. Le prince de Hesse, gouverneur de la ville et tous les officiers supérieurs de la place ont assisté à cette cérémonie..... Je ne dois pas laisser ignorer à Votre Excellence que c'est en grande partie au voyage du comte Yoldi (ministre d'Espagne) auprès des troupes espagnoles et au langage qu'il leur a tenu qu'il faut attribuer le calme qui paraît régner pour le moment parmi elles. » (Lettre du baron Didelot, ministre de France à Copenhague, au ministre des affaires étrangères, à Paris, du 6 août; archives des affaires étrangères : Danemark, t. 181, fᵒ 371, nᵒ 140.)

Le comte Yoldi s'était en effet rendu à Roskilde, le mardi 2 août, sur la prière du roi de Danemark. (Lettre du comte Yoldi, du 6 août, déjà citée.)

tion sur l'emplacement de la veille et entra en pourparlers avec le commandant Antonio Falquès, lequel, après avoir réuni son bataillon sur la place, ordonna aux soldats d'aller déposer leurs armes dans leurs logements et de revenir immédiatement après sur les lieux, sac au dos, pour la revue des effets ; dès que les soldats furent de retour, on fit défiler le bataillon par le flanc et à peine étions-nous hors de la ville que toutes les avenues nous furent fermées, de manière à nous empêcher d'y retourner. Nous fûmes aussitôt enveloppés par la division danoise et ce fut dans cette position que le lieutenant-général danois, me prenant pour interprète, comme je l'avais déjà été, et comme je le fus depuis, nous signifia que nous étions prisonniers, par mesure de précaution [1].

« La troupe fut dirigée de suite sur Copenhague, dans l'ordre suivant :

« Un bataillon danois en tête de la colonne ;

« Un bataillon danois, avec deux pièces d'artillerie, à la queue ;

« Deux rangs de fantassins sur chaque flanc ;

« Deux escadrons de cavalerie formant l'arrière-garde et détachant des cavaliers sur les flancs.

---

1. « Les troupes espagnoles..... sont constituées prisonnières de guerre et resteront enfermées jusqu'à nouvel ordre dans l'arsenal de Copenhague ; les officiers auxquels on a demandé également leurs armes ont signé un revers par lequel ils se reconnaissent prisonniers de guerre, et s'engagent à n'entretenir ni directement ni indirectement aucune correspondance avec les ennemis de l'État et leurs compatriotes..... » (Lettre du baron Didelot au ministre des affaires étrangères, à Paris, du 12 août ; archives des affaires étrangères : Danemark, t. 181, fo 384, no 142.)

Le comte Yoldi, de son côté, dans une lettre du 13 août, rapporte que sur la demande du général Fririon qui avait pensé être par là agréable au roi d'Espagne, il avait attaché quelques officiers espagnols à sa légation, après s'être préalablement concerté sur ce point avec le roi de Danemark, « afin qu'on ne puisse jamais croire que ces braves militaires aient voulu se séparer de leurs régiments ».

« Un soldat espagnol désarmé ne s'arrêtait jamais, lorsque le besoin l'exigeait, sans être gardé de près par des fantassins ayant leurs armes chargées, et la bayonnette croisée sur lui. Quant aux cavaliers, ils étaient toujours le sabre à la main. Les Danois usaient de rigueur envers les Espagnols, sans avoir à s'en plaindre [1]; ils craignaient de déplaire aux Français en nous montrant de la bienveillance.

« Ce fut à Còpenhague, où arrivèrent successivement les autres bataillons, que j'appris qu'ils avaient été désarmés et conduits de la même manière que nous, et que le marquis de La Romana s'était embarqué à Nyborg, à bord de l'escadre anglaise, pour aller défendre la patrie et le trône de Ferdinand VII, emmenant avec lui deux régiments d'infanterie (Zamora et Princessa), deux régiments de cavalerie (Rey et Villaviciosa), deux bataillons de Catalans et la compagnie de sapeurs. Cette nouvelle fut accablante, car nous comprîmes alors notre position politique.

« Du point où nous étions réunis dans l'arsenal de Co-

---

1. Contrairement à cette assertion du commandant Lopez, les Danois avaient quelque droit de se plaindre des Espagnols ; le général de La Romana avait, en effet, en arguant d'un ordre supposé du maréchal Bernadotte, éloigné trois compagnies danoises qui étaient à Nyborg ; il avait écrit au général Rantzau, commandant en Fionie, de ne faire aucun mouvement, sans quoi le pays serait traité en ennemi ; il avait fait tirer sur les bâtiments danois par les batteries de terre qui devaient les protéger et dont il s'était emparé ; enfin, il avait fait enclouer la grosse artillerie danoise et avait fait embarquer l'artillerie légère. (Lettre du baron Didelot au ministre des affaires étrangères, à Paris, du 12 août ; archives des affaires étrangères : Danemark, t. 181, f⁰ 384, n⁰ˢ 142 et 144.)

D'ailleurs, le capitaine de Frisenberg, dans ses *Souvenirs*, que nous avons déjà cités, rapporte de ces faits une impression différente : « Sept jours après notre arrivée (en Seeland), nous reçûmes, un officier et moi, l'ordre d'escorter, avec 50 hommes de cavalerie et d'infanterie, 186 prisonniers de guerre espagnols de Grœnsund à Kalhavje. Ces Espagnols, se confiant aux Danois, s'étaient rendus à eux pour ne pas être prisonniers des Français. Ils furent très bien traités et ne manquèrent de rien. Quand, en marche, je leur donnais du tabac et des cigares, ils en étaient très reconnaissants, m'embrassaient et me frappaient sur l'épaule ; car le tabac et les cigares étaient pour eux de grandes jouissances..... »

penhague, où j'étais interprète, nous voyions la flotte anglaise qui pouvait d'un moment à l'autre s'approcher de nous. Les Danois, pour prévenir toute tentative de révolte, nous menacèrent de nous foudroyer par les batteries de la ville si nous faisions le moindre mouvement.

« Mon admiration pour la gloire immortelle de l'empereur Napoléon ne m'empêcha pas de regretter qu'il ait commis un tel acte envers des militaires qui voulaient bien être ses alliés dévoués, mais non pas ses sujets[1], à moins que la nation ne les y eût autorisés ; cette violence eut une fâcheuse influence sur l'avenir de ces Espagnols.

« Le marquis de La Romana ne nous réclama point[2], ou, s'il le fit, sa réclamation ne fut point appuyée par l'escadre anglaise près le gouvernement danois.

« Le gouvernement espagnol ne demanda pas non plus satisfaction de l'affront qu'on lui avait fait en s'emparant de nous sans déclaration de guerre ; le régiment d'Algarbe (cavalerie) qui se trouvait dans le Holstein[3], et quelques détachements des autres corps, restés à Altona, furent également désarmés et retenus.

« Vers la fin de septembre 1808, l'escadre anglaise ayant quitté les eaux du Sund et de la Baltique, les Espagnols retenus à Copenhague en partirent par détachements d'une

---

1. Il semble résulter de quelques passages des correspondances des ministres de France et d'Espagne en Danemark, que les troupes avaient cru ou s'étaient laissé persuader que, la prestation de serment leur étant ordonnée par le général français, ce serment devait être prêté à l'empereur Napoléon et non au roi d'Espagne Joseph.

2. Avant son départ de Langeland, La Romana avait envoyé un parlementaire à Copenhague pour demander que la permission de partir fût accordée aux régiments qui n'avaient pu le rejoindre ; il offrit de relâcher les bateaux danois dont il s'était emparé à Aarhuus, et de renvoyer ceux de Nyborg ; mais ces propositions furent rejetées par le gouvernement danois. (*Histoire de la guerre de la Péninsule*, de Robert SOUTHEY.)

3. Ce régiment était dans le Schleswig.

compagnie, quelquefois de deux, et furent conduits sous
escorte jusqu'à Korsoër où ils furent embarqués et enfermés pour traverser la Baltique[1] ; ils débarquèrent à Nyborg,
d'où était parti La Romana, traversèrent l'île de Fionie,
passèrent le petit Belt à Middelfart et furent, immédiatement après, remis aux troupes françaises qui les traitèrent
avec autant d'humanité que les Danois leur avaient témoigné d'animosité par toutes sortes de mauvais procédés.

« Quant aux Allemands, ils furent pour nous de véritables frères ; ils venaient à la rencontre de ceux d'entre nous
qu'ils avaient connus et nous prodiguaient toutes les conso-
lations de l'amitié.

« A notre passage à Altona, où nous fûmes soigneuse-
ment enfermés, nous trouvâmes quelques-uns des mutins
arrêtés en Seeland, avant le dénouement ; j'ignore ce qu'ils
devinrent.

« De retour en France, les restes du corps du marquis de
La Romana furent disséminés en plusieurs dépôts, savoir :

---

1.   *Le général Fririon à Sa Majesté le Roi de Danemark.*

Copenhague, le 19 août 1808.

Sire,

J'ai l'honneur de rendre compte à Votre Majesté que le prince de Ponte-Corvo, dans
sa lettre qui m'est parvenue cette nuit, recommande de nouveau de faire désarmer
tous les Espagnols et de faire arrêter tous les officiers, à l'exception de ceux qui seront
reconnus parfaitement innocents. Le prince doit être maintenant prévenu que Votre
Majesté avait fait exécuter d'avance les mesures qu'Elle a jugées utiles à la défense et
à la sûreté de la Sélande.

S. A. le prince de Ponte-Corvo témoigne en outre le désir que tous les Espagnols
actuellement en Sélande soient renvoyés sous bonne escorte sur le continent, où les dispositions sont prises pour les conduire au lieu de leur destination.

Le prince m'observe qu'il sera convenable de ne les faire passer que par détachements de 100 hommes à la fois, en le prévenant du départ de chaque convoi avec le
nom de l'endroit où il devra débarquer..... La seule chose qui ne me paraît pas très
facile à exécuter, c'est le renvoi successif des Espagnols par détachements de 100 hommes ; il me semble que le nombre est un peu considérable, en considérant le détachement qui devra les escorter.

Je suis, etc.....

Le Général N. FRIRION.

(Communications des Archives de la guerre de Danemark.)

Thionville, Mézières, Charleville et Besançon, je fus interprète de 550 hommes dans cette dernière ville. »

C'est de ces éléments que l'Empereur forma, en 1809, le régiment Joseph-Napoléon, dont nous nous proposons de reconstituer l'historique.

Comme conclusion de cette étude, nous croyons devoir reproduire la lettre suivante[1] que l'Empereur adressa de Saint-Cloud, le 10 septembre 1808, à Frédéric VI, roi de Danemark, à Copenhague :

« J'ai reçu la lettre de Votre Majesté, du 11 août. J'ai été extrêmement fâché de l'imprudence qui a été commise de laisser la garde des postes les plus importants à des troupes que les circonstances devaient rendre suspectes. Je l'ai été davantage encore des désagréments que Votre Majesté en a éprouvés. J'ai fort applaudi à la conduite qu'elle a tenue, et je la prie d'en recevoir mes remerciements. Quelques bataillons de plus ou de moins sont de peu de considération ; les sollicitudes que cela devait donner.à un allié qui, comme Votre Majesté, avait besoin de consolation, est ce qui m'a le plus frappé. Que Votre Majesté compte sur mon désir de tous les temps de lui être agréable et de contribuer à sa satisfaction et au bien de son pays. »

Avril 1898.

---

1. *Correspondance de Napoléon Ier*, n° 14312, t. XVII.

II

LE RÉGIMENT JOSEPH-NAPOLÉON

I

En exécution d'un ordre de l'Empereur en date du 6 octobre 1808, prescrivant de les soumettre à une surveillance particulièrement étroite, les officiers, sous-officiers et soldats des régiments d'infanterie des Asturies et de Guadalaxara et du régiment de cavalerie d'Algarve, désarmés en Danemark et ramenés prisonniers en France, furent disséminés dans des places choisies parmi celles qui avaient des garnisons.

Il résulte d'un rapport [1] adressé à l'Empereur, le 17 octobre 1808, par le général Clarke, ministre de la guerre, qu'ils furent répartis de la manière suivante : les officiers, par groupes de 12 ou 15 furent envoyés au château de Sedan, au château de Bouillon, à la Petite-Pierre, à Lichtenberg, au fort Barraux, au fort l'Écluse, au fort Griffon, à Besançon, à la citadelle d'Amiens et au château de Péronne ; les sous-officiers et les soldats furent placés au nombre de 500 à Mézières, 500 à Thionville, 500 au fort de Scarpe et à

---

1. Archives nationales, AF, IV, 1156.

Douai, 55o à la citadelle de Besançon, 55o à Luxembourg, 55o à la citadelle de Lille et 35o à Phalsbourg.

Cependant l'Empereur ne devait pas tarder à tirer parti de ces soldats qui, avant l'insurrection dont ils s'étaient rendus coupables, avaient montré devant Stralsund de sérieuses qualités militaires.

Dans les premiers jours du mois de novembre 1808, Napoléon avait quitté Paris pour prendre en personne le commandement de ses armées en Espagne, tirer vengeance du désastre de Baylen et rétablir dans la Péninsule l'autorité du roi Joseph : les victoires d'Espinosa[1], de Tudela et de Somo-Sierra l'amenèrent en un mois aux portes de Madrid ; le 5 décembre, l'Empereur écrivait de Chamartin à son frère[2] pour le presser d'organiser son armée, et lui donnait à cet effet de minutieuses instructions : « ..... Quant aux Espagnols, ajoutait-il, vous avez des militaires qui se sont bien comportés. Il y en a du corps de La Romana à l'armée du Nord auxquels on doit de la reconnaissance, entre autres un général[3] et plusieurs colonels. Faites venir ce général qui est en France et mettez-le à la tête d'un régiment espagnol. Je crois qu'il faudrait appeler ce régiment Royal-Napoléon d'Espagne, afin que ce titre leur fasse sentir leurs obligations..... »

L'arrivée de courriers venus de Paris lui ayant fait sentir la nécessité de se rapprocher de la France, l'Empereur s'établit à Valladolid le 7 janvier 1809. Par une lettre de ce même jour[4], il autorisait le ministre de la guerre à recruter

---

1. C'est à cette bataille, qui prit pour eux les proportions d'une déroute, que La Romana et les régiments qu'il avait ramenés du Danemark furent défaits par le maréchal Victor, duc de Bellune.

2. *Correspondance de Napoléon Ier*, n° 14531, t. XVIII.

3. Le général de Kindelan.

4. *Correspondance de Napoléon Ier*, n° 14659, t. XVIII.

les régiments étrangers qu'il avait à son service dans les dépôts de prisonniers espagnols [1] : « Je crois aussi, lui écrivait-il, qu'il y a bon nombre de soldats espagnols qui sont restés fidèles. Il faudrait voir le duc de Frias [2] et vous entendre pour tâcher de composer un régiment espagnol à ma solde. Le général qui s'est bien comporté dans le Nord pourrait donner des renseignements sur les officiers qui méritent confiance. »

Le général de Kindelan, auquel, pour la seconde fois, l'Empereur faisait allusion, avait, nous l'avons vu, donné des gages certains de fidélité lors des événements de Danemark. Il était naturel que Napoléon qui l'avait signalé au roi Joseph comme susceptible d'être mis à la tête d'un régiment en Espagne gardât à son service ce général au moment

---

1. A la date du 1er janvier 1809, les prisonniers de guerre espagnols en France présentaient la situation suivante :

DIVISIONS militaires.	VILLES DE DÉPÔT.	OFFICIERS.	SOUS-OFFICIERS et soldats.
2e	Mézières.	»	425
3e	Luxembourg	»	550
»	Thionville	»	500
4e	Phalsbourg	»	456
5e	La Petite-Pierre	23	»
»	Lichtenberg	23	»
6e	Besançon, fort Griffon	24	553
7e	Fort Barraux	24	»
»	Fort l'Écluse	24	»
15e	Château d'Amiens	23	»
»	Château de Péronne	23	»
16e	Lille.	»	444
»	Fort de Scarpe, à Douai	»	397
18e	Dijon	20	4
20e	Périgueux.	I	1,265
	TOTAL.	185	4,574
	Employés chez des particuliers.	»	7
	Aux hôpitaux	»	543
	En jugement.	»	7
	TOTAL GÉNÉRAL.	185	5,131

2. Ambassadeur du roi d'Espagne Joseph-Napoléon, à Paris.

où il se décidait à former un régiment espagnol à sa solde. Il pouvait se fier à lui et l'avait sous la main.

Kindelan était en effet rentré en France depuis quelques semaines en vertu d'une autorisation du prince de Ponte-Corvo [1].

Cependant, en présence de l'attitude de l'Autriche et des avis qu'il avait reçus sur les armements de cette puissance, Napoléon jugea que son absence avait assez duré. Parti de Valladolid le 17 janvier 1809, il était le 24 de retour aux Tuileries et recevait ce jour même le corps diplomatique dans la salle du Trône : « A cette audience, le duc de Frias, ambassadeur d'Espagne, présenta à l'Empereur le général de Kindelan, membre de la Légion d'honneur, et le capitaine de Kindelan, son fils et son aide de camp [2]. »

A la suite de cette présentation qui lui permit de juger

---

1. CORPS D'ARMÉE
DU GOUVERNEMENT GÉNÉRAL.
DES VILLES HANSÉATIQUES

Au quartier général,
à Hambourg, le 3 décembre 1808.

Son Altesse Monseigneur le Prince de Ponte-Corvo, maréchal de l'Empire, autorise M. le maréchal de camp de Kindelan, commandant en second des troupes espagnoles qui faisaient partie du corps d'armée de Son Altesse, à partir de Hambourg après demain 5 décembre, avec son fils Joseph de Kindelan, capitaine du régiment d'Ultonia-Infanterie, pour se rendre, par Mayence et Paris, à Bordeaux, où ils attendront les ordres de Sa Majesté Catholique.

Cet officier général et son fils ont prêté serment de fidélité au Roi Joseph-Napoléon, et ont donné des preuves non équivoques de leur entier dévouement à la nouvelle dynastie.

Les autorités civiles et militaires françaises et celles des pays alliés ou conquis qu'ils traverseront sont invitées à les laisser passer librement et à leur prêter aide et assistance en cas de besoin.

Les moyens de transport leur seront fournis.

Le Général, baron de l'Empire,
chef d'État-major général,
Signé : GÉRARD.

Pareils ordres ont été donnés à MM. Franco (Joseph), capitaine de grenadiers au régiment de Zamora, et Garcia (Bonaventure), lieutenant au régiment d'Algarve (cavalerie).

(Archives administratives de la Guerre.)

2. *Moniteur* du mercredi 25 janvier 1809.

personnellement l'officier général espagnol, l'Empereur satisfait des renseignements qu'il en reçut adressa au général
Clarke la lettre suivante : [1] « Monsieur le Ministre de la
guerre, j'approuve la création d'un régiment d'infanterie
espagnole. J'approuve que le général Kindelan en soit colonel. Réunissez ce régiment à Nancy ; formez-le de la même
manière qu'un régiment français ; donnez-lui le nom de
Royal-Napoléon, afin que les individus qui y entrent sentent
davantage l'engagement qu'ils contractent..... »

Trois jours après, le 27 janvier, Napoléon informait le roi
d'Espagne de la décision qu'il venait de prendre et terminait
sa lettre [2] par les recommandations suivantes qu'on peut rapprocher de celles qu'il lui avait faites déjà le 5 décembre précédent : « Laissez venir les prisonniers en France, ne gardez
que ceux auxquels vous croyez pouvoir vous fier. Il vaut
mieux en former en France des régiments qui pourront ensuite vous être envoyés ; ce qui ne doit pas empêcher la
formation des régiments que je vous ai recommandée. »

Dès la réception de la lettre que l'Empereur lui avait
écrite de Valladolid le 7 janvier, le ministre de la guerre
s'était mis à l'œuvre : il avait appelé le général de Kindelan
et, conformément aux ordres qu'il venait de recevoir, l'avait
chargé de lui fournir des renseignements précis sur la possibilité et les moyens de former un régiment espagnol ; le
18 janvier, le général adressa au ministre le rapport suivant
que nous croyons devoir reproduire intégralement en raison
des détails qu'il donne sur l'état d'esprit des soldats espagnols que Napoléon appelait pour la seconde fois à l'honneur de le servir.

------

1. *Correspondance de Napoléon Ier*, n° 14735, t. XVIII.
2. *Correspondance de Napoléon Ier*, n° 14749, t. XVIII.

18 janvier 1809.

Observations sur la formation d'un régiment espagnol
d'infanterie à la solde de la France[1].

Après les passions qui ont agité la division des troupes espagnoles employées dans le Nord, après la résistance qu'une
grande partie a opposée à la prestation du serment de fidélité,
après l'indiscipline et la défection qui ont signalé cette triste
époque, il est très difficile, pour ne pas dire impossible, de
juger avec connoissance de cause de l'esprit qui anime chacun
des individus qui sont restés : ce seroit en moi une présomption
téméraire d'affirmer la possibilité d'en réunir un nombre suffisant pour la formation d'un régiment dont les membres fussent
animés des sentimens qui dussent correspondre à l'honneur
distingué auquel ils scroient appelés ; je suis loin d'oser me
charger d'une semblable responsabilité.

L'on peut diviser les troupes espagnoles restées de la division
du Nord en trois classes :

1re. Celles qui, ayant prêté le serment, ont fait preuve de leur
fidélité, en se refusant à suivre la défection générale ; de ce
nombre est la plus grande partie du régiment de cavalerie d'Algarve, et quelques officiers séparés.

2e. Celles qui, ayant prêté le serment de fidélité, se trouvoient
éloignées de leurs régimens au moment de la défection, et
n'ont pas eu l'occasion de se prononcer ; à cette classe appar-
tiennent la compagnie de grenadiers du prince de Ponte-Corvo,
les détachemens employés en différentes missions ; les dépôts
d'Altona, les officiers qui avoient été envoyés à Hambourg par
chaque régiment, pour assister à la célébration de la fête de
S. M. l'Empereur et Roi, et plusieurs autres qui se trouvoient
malades ou en mission.

3e. Celles qui étoient à Seeland et qui se sont insurgées à
l'occasion de la prestation de serment : de ce nombre sont les
régimens d'infanterie de Guadalaxara et des Asturies.

----

1. Archives nationales, AF, IV, 1100.

La 1re classe, par sa conduite noble et loyale, s'est mise en guerre ouverte avec toutes les juntes et gouvernemens insurrectionnels d'Espagne, et n'y reconnoît d'autre autorité légitime que celle de son Roi Joseph-Napoléon, à qui l'intérêt personnel l'attache autant que les sentimens par des nœuds solides et indissolubles ; mais cette classe est composée dans la plus grande partie par le régiment de cavalerie d'Algarve, dont les officiers et les soldats, tant par l'habitude que par le goût de leur service, ne sont guère propres à celui de l'infanterie.

Quoique la 2e classe doive avoir pour elle les preuves morales, puisqu'il n'est pas dans le principe généreux de S. M. l'Empereur et Roi de soupçonner le crime là où il n'est point avéré, seroit-il prudent d'admettre dans un corps de nouvelle formation des individus dont l'opinion et les sentimens ne sont pas clairement connus ? L'expérience ne confirme-t-elle pas qu'il suffit de deux ou trois têtes exaltées et turbulentes pour renverser l'esprit de tout un corps ! L'abus des mots *Patrie, Oppression,* ne prête-t-il pas un talisman fait pour opérer sur le soldat espagnol crédule et facile à enflammer ? Je me plais à me persuader que la majeure partie de mes compatriotes qui se trouvent en France, et en Espagne même, reconnoît avec repentir et indignation les erreurs dans lesquelles ils ont été induits, qu'ils sont pénétrés de la clémence magnanime de S. M. l'Empereur et Roi, et qu'ils se livrent avec reconnoissance à l'espérance certaine de voir le bonheur collectif et individuel de leur patrie, sous le gouvernement juste, paternel et doux du Roi leur maître Joseph-Napoléon ; cette opinion doit-elle me suffire pour oser appeler ceux qui peuvent être dans ce cas, à la formation du nouveau régiment ? La triste expérience que je viens de faire me met dans le cas, pour oser me fier à quelqu'un sous responsabilité, d'en être aussi sûr que de moi-même. D'ailleurs cette classe est peu nombreuse, et pourra contribuer un peu à la nouvelle formation.

Le grand nombre se trouve malheureusement dans la 3e classe : elle va à près de 4,000 hommes, formant les deux régimens de Guadalaxara et des Asturies ; il est triste pour moi d'avoir à rappeler l'insurrection de ces régimens, qui a été suivie de leur désarmement. Je sais bien qu'il y a un grand nombre d'officiers qui se sont comportés avec honneur et dignité, et qui ont été victimes de l'indiscipline ; je sais aussi que dans le nombre des sous-officiers et des soldats, une grande partie a été entraînée par l'exemple et suggestion des meneurs, sans réflexion ni intention préméditée, et que plusieurs voudroient expier leur crime par une conduite tout opposée ; mais la religion militaire n'en a pas moins été violée, mais l'horrible indiscipline n'en a pas moins stigmatisé ces troupes, et leur conduite passée ne peut pas être un sûr garant de leur conduite future, ni les recommander très fortement pour participer à la formation du nouveau régiment.

D'après ce court exposé de la qualité et de la disposition des troupes espagnoles restées en France, faisant partie de la division du Nord, si la volonté de S. M. l'Empereur et Roi est d'en former un régiment d'infanterie, je crois que pour la plus grande facilité, et le meilleur effet, il conviendroit de le former sous les règles suivantes :

Ce régiment seroit formé d'après les ordres du Roi mon maître, Joseph-Napoléon : les patentes qui doivent assigner à chaque officier son grade et son emploi seroient expédiées par S. M., contre-signées par son ministre de la guerre, et marquées du sceau royal d'Espagne, pour témoigner que ce régiment n'est pas dénationalisé.

Ce régiment porteroit le nom d'une ville ou province d'Espagne, ou tel autre que S. M. trouveroit bon de lui donner analogue à sa qualité d'espagnol ; il seroit formé sur le pied des régimens françois de ligne, et suivroit les mêmes règles d'instruction pour l'exercice et les manœuvres ; cette innovation ne pourroit surprendre personne, parce que l'on sait qu'elle devoit être introduite dans toute l'armée d'Espagne.

Pour plus de sûreté dans le choix, les compagnies pourroient n'être portées dans la formation qu'à 100 hommes chacune, sauf à les porter au complet, quand on trouveroit des hommes sûrs.

Ce régiment seroit censé être soldé par le Trésor royal d'Espagne.

Il seroit employé sur les côtes, ou dans les places fortes de France jusqu'à ce que, la tranquillité et l'ordre rétablis en

Espagne, il pût y rentrer, et être employé à la volonté du Roi Joseph-Napoléon ; la crainte d'être expatriés attiédiroit le zèle que les individus pourroient avoir d'entrer à la formation, et rendroit moins sûr et moins utile leur service ; l'espérance de revoir leurs familles après une si longue absence, et la sûreté de ne plus servir dans les climats du Nord, seroient le prix le plus attrayant qu'on pourroit leur offrir. Il pourroit bien y avoir des hommes qui, sans autre considération que celle de rendre leur sort meilleur pour le moment, se prêteroient à servir, mais mériteroient-ils une pleine confiance et l'assimilation à ceux qui par la considération réfléchie de leur bien-être et des avantages assurés de ce qui forme le désir le plus cher à leur cœur, concourroient à en mériter la possession ?

Pour la composition des officiers, un, nommé pour cet effet, leur feroit savoir les ordres pour la formation du régiment, les règles auxquelles il doit être assujetti et les avantages qu'ils y ont à espérer ; il exploreroit la volonté de chacun, et formeroit dans chaque dépôt un état nominatif et graduel de ceux qui désireroient prendre du service ; tous les états réunis, on feroit la composition des officiers devant entrer au régiment, en choisissant ceux dont les principes et les sentimens seroient les mieux connus, et dont les dispositions offriroient en même temps plus d'utilité pour le service. Ces états seroient envoyés au ministre de la guerre, pour que, présentés au Roi, S. M., si elle en approuvoit le choix, daignàt expédier les patentes.

Les chefs et l'état-major seroient choisis par les mêmes principes ; ils seroient tous Espagnols, à l'exception du major qui seroit François, pour faciliter l'introduction de la comptabilité, et des manœuvres de l'armée françoise, il seroit fort convénient que le major nommé, eût quelque connoissance du service et de la langue espagnols.

Pour la composition des sous-officiers et soldats, on nommeroit des officiers déjà reçus, qui iroient dans les dépôts, leur feroient savoir l'objet de leur mission, et formeroient des contrôles nominatifs et graduels, de tous ceux qui, sous les règles prescrites et avec connoissance des avantages qui leur sont offerts, prendroient volontairement du service ; l'arme et le régiment dans lequel ils ont servi, seroient désignés dans le contrôle ; on choisiroit dans la totalité, et dans tous les grades le nombre nécessaire à la composition déterminée du régiment, après un examen réfléchi des dispositions physiques et morales de chaque individu.

Tous ceux composant le régiment après sa formation, prête-roient serment de fidélité au Roi Joseph-Napoléon, à la Constitution et aux lois ; même ceux qui l'auroient déjà prêté.

Je crois que la nomination, dans chaque bataillon, d'un aumônier connu par ses principes et son esprit évangélique pourroit produire du bien. Je crois aussi que tant qu'il ne sera par formé un nouveau Code pénal pour l'armée d'Espagne, il seroit utile que dans les procédures criminelles contre les individus du régiment, il fût procédé d'après les formes et les lois en usage jusqu'à présent.

Telle est mon opinion. Je n'ai pas hésité à l'émettre avec toute la franchise et loyauté d'un vieux militaire qui connoît son pays, qui gémit des malheurs dans lesquels les préjugés et la perfidie l'ont entraîné, et qui ne désire rien tant que de le voir rentrer dans l'ordre, et jouir du bonheur qui lui est assuré par les dispositions bienveillantes de S. M. l'Empereur et Roi, par un gouvernement juste et éclairé, et par le caractère et les vertus si connues du Roi Joseph-Napoléon ; si je n'avois présenté aucun obstacle à la formation du régiment en question, si j'en avois facilité sans réflexion la composition, j'aurois cru ne pas mériter l'honneur que Son Excellence le Ministre de la guerre, monsieur le comte d'Hunebourg, a daigné me faire en voulant savoir mon opinion.

Si S. M. l'Empereur et Roi, au lieu d'un régiment, avoit la volonté de former une légion espagnole, le régiment de cavalerie d'Algarve pourroit fournir trois ou quatre escadrons de 100 hommes chacun de bonne composition ; la partie d'artillerie qui devroit entrer dans la légion seroit recrutée dans les dépôts pour les canonniers, et pour les officiers ils pourroient être choisis parmi ceux qui sont restés fidèles en Espagne.

Paris, le 18 janvier 1809.

Le Maréchal de camp des armées
de S. M. le Roi d'Espagne et des Indes,
DE KINDELAN.

L'audience que l'Empereur accorda au général de Kindelan six jours après l'établissement de ce rapport montre
qu'il en approuva en principe les propositions ; les mesures
d'exécution ne devaient pas se faire attendre : le 10 février,
en effet, le ministre adressa à l'Empereur le rapport suivant[1]
résumant celui du général et concluant à la formation de
deux régiments, l'un d'infanterie, l'autre de cavalerie, sous
le nom de régiments Joseph-Napoléon :

Suivant l'ordre que Sa Majesté m'en a donné, j'ai conféré
avec le général Kindelan sur la possibilité et les moyens de
former un régiment d'Espagnols ; il pense que l'on ne peut
prendre confiance dans la grande majorité des officiers d'infanterie qui ont été amenés du Nord en France, et il ne les connaît pas généralement assez, pour désigner d'une manière certaine ceux sur la fidélité desquels on pourrait le plus compter ;
il sait même, par des rapports particuliers, que plusieurs per-
sistent dans des opinions contraires à leur devoir, et il regarde
comme le meilleur moyen de les y ramener, de leur permettre
de recevoir les lettres de leurs familles qui ne leur laisseront
plus aucun doute sur la soumission de Madrid et de presque
toute l'Espagne. Les Espagnols prisonniers en France craignent
surtout d'être expatriés d'une manière irrévocable ; ils entreraient avec empressement dans un régiment qu'ils auraient la
certitude de voir passer en Espagne, ou au moins à la solde du
Roi Joseph-Napoléon ; tandis que s'ils croient que le nouveau
régiment restera au service de France, comme celui de Prusse,
la légion irlandaise et autres, ils auront une extrême répu-
gnance à y entrer. Il est donc d'une grande importance de leur
donner des motifs de sécurité à cet égard en annonçant que le
régiment rentrera en Espagne. Le lieu où il se formera aura
aussi de l'influence sur leur esprit. Enfin comme le régiment
de cavalerie des Algarves est resté fidèle à son serment, que les
individus qui le composaient ont intérêt à soutenir leur première conduite, et que l'on trouverait facilement parmi eux de

---

1. Archives administratives de la guerre.

quoi former promptement, en gens sûrs, le cadre d'un régiment de chasseurs, j'ai pensé qu'il était convenable de proposer à S. M. de créer à la fois un régiment à pied et un à cheval, et de charger le général Kindelan de remplir provisoirement les fonctions de colonel du régiment d'infanterie, en conservant cependant les attributions de son grade. Cet officier général donnera dans cette circonstance une preuve de son dévouement aux ordres de Sa Majesté, en attendant que son souverain l'emploie dans son grade.

Je soumets à Sa Majesté un projet de décret sur lequel je la supplie de me faire connaître ses intentions.

Le Ministre de la guerre.

A ce rapport était annexé un projet de décret réglant la formation des deux régiments Joseph-Napoléon; ce projet dont la minute se trouve aux Archives nationales [1] porte des ratures qui annulent tout ce qui concerne le régiment de cavalerie dont la création ne fut pas ratifiée par l'Empereur. Nous n'en retiendrons, à titre de renseignement, que l'article 3 d'après lequel ce régiment, composé comme les régiments français de chasseurs à cheval, devait être organisé à Nevers, et l'article 6 déterminant l'uniforme qui, à l'inverse de celui du régiment d'infanterie, devait être vert clair, le blanc en étant la couleur distinctive.

Ce projet de décret fut donc remplacé par le suivant, qui fut signé le 13 février 1809.

Au Palais des Tuileries, le 13 février 1809 [2].

NAPOLÉON, Empereur des Français, Roi d'Italie et Protecteur de la Confédération du Rhin,

Sur le rapport de notre Ministre de la guerre,

---

1. Archives nationales, AF, IV, 2636.
2. Archives administratives de la guerre.

Nous avons décrété et décrétons ce qui suit :

ARTICLE PREMIER.

Il sera formé, par enrôlement volontaire, contracté pour quatre ans en présence du conseil d'administration, un régiment espagnol d'infanterie, sous le titre de *Joseph-Napoléon ;* il sera provisoirement à la charge de notre Trésor public jusqu'à sa rentrée en Espagne.

ART. 2.

Ce régiment sera composé de quatre bataillons de guerre et d'un bataillon de dépôt, ayant chacun la force déterminée par notre décret du 18 février 1808 ; il sera organisé à Montpellier.

ART. 3.

Ce régiment sera traité, sous le rapport de la solde et des masses, sur le même pied que nos régiments d'infanterie et il sera administré de la même manière. Il sera ajouté à l'état-major un aumônier dont le traitement annuel est fixé à douze cents francs et qui jouira, d'ailleurs, des indemnités allouées aux lieutenants.

ART. 4.

Les exercices et manœuvres seront commandés en espagnol ; le *qui vive* sera crié en français tant que le régiment sera sur le territoire de l'Empire ; on se conformera d'ailleurs pour l'instruction, la police et la discipline, aux règlements militaires français, et, pour cet effet, le major, les adjudants-majors, quartier-maître et un sous-officier par compagnie, pourront être Français.

ART. 5.

L'uniforme sera le même, pour la coupe et la nature des effets, que celui de nos régiments d'infanterie, la couleur principale de cet uniforme sera le blanc et la couleur distinctive des collets, parements et revers, le vert clair [1].

------

1.   *Rapport fait au Ministre le 2 mars 1809.*

En demandant à connaître l'époque à laquelle il sera nécessaire de faire les

L'armement sera le même que celui des régiments français.

ART. 6.

Le maréchal de camp Kindelan, conservant son grade et les attributions qui y sont affectées, remplira provisoirement les fonctions de colonel de ce régiment ; les officiers du régiment seront choisis d'après les renseignements qu'il donnera, par notre ministre de la guerre, parmi ceux des grades correspondants. L'état en sera envoyé au ministre de la guerre d'Espagne, pour qu'ils soient brevetés par leur gouvernement.

ART. 7.

Nos ministres de la guerre, de l'administration de la guerre

---

dispositions pour l'habillement du régiment espagnol d'infanterie, le Ministre-directeur prie S. E. de lui donner des détails sur les parties de l'uniforme de ce régiment qui n'ont pas été expressément déterminées par le décret de création.

L'article 5 de ce décret porte que l'uniforme sera le même pour la coupe et la nature des effets, que celui des régiments d'infanterie, que la couleur principale de cet uniforme sera le *blanc* et la couleur distinctive des collet, parements et revers, le *vert clair*.

Il reste à déterminer quelle sera la couleur de la doublure de l'habit, celle de la véste et de la culotte, celle des livrées, la couleur et la forme des boutons et la coiffure.

On propose au Ministre de décider que la doublure de l'habit, la veste et la culotte seront *blanches,* que les liserés seront *vert clair,* que les boutons seront jaunes et porteront autour ces mots : *Infanterie espagnole* et au milieu ceux-ci : *Joseph-Napoléon* et que la coiffure sera le schako.

Quant à la demande de l'époque à laquelle il conviendra de faire les dispositions pour l'habillement de ce corps, quoiqu'on attende, pour présenter les instructions relatives à son organisation, les renseignements que doit fournir M. de Kindelan, on pense que ces dispositions, qui entraînent toujours un temps assez considérable avant l'arrivée des étoffes au dépôt, peuvent être faites dès ce moment.

On prie le Ministre de faire connaître ses intentions à cet égard.

De la main du Ministre : Approuvé.

(Archives administratives de la guerre.)

Sur l'uniforme blanc, voir *Correspondance de Napoléon Ier,* n° 14179, t. XVII. Voir aussi les *Préjugés militaires* du prince de Ligne, Paris, Dumaine, p. 112.

et du Trésor public sont chargés, chacun en ce qui le concerne, de l'exécution du présent décret.

Signé : NAPOLÉON.

Par l'Empereur :
Le Ministre, secrétaire d'État,
Signé : Hugues-B. Maret.

Le Ministre de la guerre,
Signé : Comte d'Hunebourg.

II

Dans sa lettre du 24 janvier 1809, l'Empereur avait ordonné de réunir et d'organiser le régiment Joseph-Napoléon à Nancy ; le choix de cette ville semblait en effet s'imposer en raison de sa situation au centre des places où étaient internés les prisonniers espagnols. Cependant, conformément à l'avis exprimé par le général de Kindelan, et dans le but de faciliter le recrutement en rapprochant de l'Espagne la garnison du régiment, la ville de Montpellier fut désignée pour le recevoir.

Le général de Kindelan, officiellement avisé par le ministre de la guerre de la mission qui lui était confiée, se préoccupa d'abord du choix des officiers dont les nominations devaient être faites sur sa proposition : « Le choix des officiers susceptibles d'être admis dans ce régiment [1], écrivait à la date du 19 février le général au ministre, doit être principalement fait dans ceux de Guadalaxara et des Asturies ; ne les connaissant presque pas, il me serait difficile de pouvoir m'acquitter du devoir qui m'est prescrit de fournir

---

1. Archives administratives de la guerre.

à V. E. les renseignements sur ces officiers avec toute l'importance que requiert cet objet. Ce choix doit être fait avec le plus grand scrupule, sans qu'il soit besoin d'y revenir; pour pouvoir obtenir cet avantage, je supplie V. E. de donner les ordres convenables pour que MM. Marti [1], lieutenant-colonel du régiment d'Espagne, et Alcedo, sous-lieutenant de celui des Asturies, qui se trouvent actuellement à Bordeaux, se rendent de suite à Paris, ainsi que MM. Rodriguez Arellano, major du régiment des Asturies, et Llanza, capitaine de Guadalaxara; ces deux derniers sont dans un des dépôts où se trouvent les officiers espagnols qui servaient dans le Nord. Je suis assuré du bon esprit de ces quatre officiers, qui pourront m'être d'une grande utilité pour le meilleur choix de ceux qui doivent être admis au régiment.

« J'aurai l'honneur de faire part incessamment à V. E. de mon opinion sur les meilleurs moyens à employer pour opérer la levée et la formation de ce corps. »

Deux jours, en effet, après avoir exposé au ministre comme nous venons de le voir, ses idées sur le choix des officiers, le général lui soumettait son opinion sur le recrutement des sous-officiers et des soldats : « Je crois [2], écrivait-il le 21 février, que pour le plus grand succès de la levée, et pour inspirer plus de confiance aux soldats qui se trouvent dans les dépôts, il serait convenable de nommer deux officiers supérieurs parmi ceux qui se trouvent actuellement en France et qui ont servi dans la division espagnole employée dans le Nord, à qui on donnerait l'ordre de parcourir les dépôts, assignant à chacun d'eux ceux où il devrait se

---

1. Nous avons vu que cet officier supérieur avait failli être victime de l'insurrection en Seeland.

2. Archives administratives de la guerre.

porter. Ces officiers supérieurs en choisiraient deux ou trois subalternes de toute leur confiance, avec qui ils se rendraient aux dépôts qui leur seraient désignés. Là, munis préalablement des instructions nécessaires, avec la traduction en espagnol du décret impérial, et d'accord avec les conseils d'administration, ils feraient connaître aux soldats l'objet de leur mission ainsi que le décret impérial qui ordonne la formation du régiment et les disposeraient, par ces moyens justes et légitimes, à s'enrôler volontairement dans ce régiment destiné à rentrer en Espagne et dans lequel ils doivent jouir de grands avantages ; ils leur donneraient 24 heures pour réfléchir ; ce terme expiré, ils formeraient des contrôles nominatifs et graduels de tous ceux qui s'enrôleraient volontairement, en assurant aux sous-officiers qu'ils seraient admis dans leur grade ; après quoi, tous les enrôlés prêteraient le serment de fidélité dont il serait dressé procès-verbal signé par tous les sous-officiers et par une députation de quatre soldats dans chaque dépôt, nommés *ad hoc* par leurs camarades.

« La même mesure serait successivement adoptée dans tous les dépôts et produirait, selon moi, un bon effet.

« Quant à la formation du régiment, je suis d'avis qu'il sera plus utile qu'elle ait lieu à Montpellier quand tout ce qui doit le composer y sera réuni, et que l'on pourra avec connaissance faire le choix des sous-officiers, grenadiers et voltigeurs. Pour cet effet, le major qui sera nommé devra s'y trouver d'avance, ainsi qu'un certain nombre des officiers choisis et le quartier-maître. Après que les enrôlements seront faits, l'on réunira les enrôlés au nombre de 800 à 1,000 hommes avec les officiers et sous-officiers nécessaires et on les fera partir ainsi, par division, pour Montpellier ; ils marcheront sans armes et jouiront dans leur route de tous les avantages qui sont accordés aux troupes françaises ; à mesure que les divisions arriveront à Montpellier, on procédera à la formation des bataillons, en commençant par celui de dépôt, ainsi qu'à leur habillement et armement.

« Je crois qu'il sera juste et convenable que du jour où les soldats se seront enrôlés, ils soient casernés et reçoivent leur pain et leur prêt au lieu du traitement de prisonnier qui leur était assigné.

« Telle est l'opinion que je prends la liberté d'émettre à V. E., elle est fondée sur la connaissance que j'ai des troupes espagnoles et sur la nécessité de leur inspirer de la confiance en ce moment. Je suis prêt à entrer dans tous les détails pour l'exécution quand V. E. me fera l'honneur de me le prescrire. »

Le 7 mars, l'Empereur décida que ce serait à Avignon et non plus à Montpellier que le régiment serait organisé [1], et, dès le 17 avril, le général de Kindelan adressa un travail de propositions pour les nominations des officiers, au ministre de la guerre qui en rendit compte à l'Empereur à la date du 16 mai : « L'article 6 du décret du 13 février, écrivait le général Clarke, porte que les officiers seront choisis par moi d'après les renseignements que me fournira le maréchal de camp Kindelan et que l'état de ces officiers sera envoyé au ministre de la guerre d'Espagne pour qu'ils soient brevetés par leur gouvernement.

« Le maréchal de camp Kindelan a terminé son opération et j'ai approuvé le 2 mai les choix qu'il m'a proposés.

« Comme l'intention de S. M. est que le régiment soit

---

1. Ordre de l'Empereur du 7 mars 1809 :

« Monsieur le général Clarke, il ne faut pas réunir le régiment espagnol à Montpellier, qui est trop près de l'Espagne ; il vaut mieux le réunir à Avignon. »

(Archives administratives de la guerre.)

promptement organisé, j'ai expédié sous la même date aux officiers, des lettres par lesquelles je leur annonce leur nomination provisoire aux emplois pour lesquels ils ont été désignés.

« Je les ai mis de suite à la disposition du général Kindelan pour être envoyés en recrutement ou dirigés sur Avignon, lieu du rassemblement du régiment.

« Je prie S. M. de vouloir bien approuver ces dispositions ainsi que l'état ci-joint des officiers à nommer dans ce régiment et qui sera ensuite envoyé au ministre de la guerre de S. M. C.[1]. »

Ces propositions furent approuvées par l'Empereur, le 17 mai 1809.

Par une lettre du même jour, le ministre faisait connaître au général de Kindelan qu'il avait nommé aux emplois de major, d'adjudant-major et de quartier-maître, le chef de bataillon de Tschudy[2], du 3e régiment de la Légion portu-

---

1. Voir à l'appendice A.

2. Extrait d'un rapport adressé au ministre le 1er mai :

« On a l'honneur de proposer à Son Excellence pour major du régiment Joseph-Napoléon M. Tschudy, chef de bataillon au 3e régiment de la Légion portugaise.

« Cet officier, né Français, qui a servi plusieurs années en Portugal, doit entendre la langue espagnole ; M. le général Muller[a] l'avait proposé pour major du bataillon de dépôt de la Légion portugaise. Il a été recommandé avec intérêt par M. le général, duc de Frioul. »

Le Ministre avait d'abord désigné pour cet emploi le chef de bataillon d'Ollone ; de son côté, le général de Kindelan avait proposé le lieutenant-colonel Miranda, du régiment de la Princesse. Le chef de bataillon d'Ollone n'ayant pas accepté, et le lieutenant-colonel Miranda ayant été écarté comme étranger, le chef de bataillon de Tschudy fut nommé. Il était né à Pont-à-Mousson, et avait été élevé à l'école militaire de cette ville où son père, d'origine suisse, en dernier lieu major du régiment Royal-Deux-Ponts, s'était retiré.

La recommandation de Duroc s'explique par les relations que le Grand Maréchal avait entretenues avec le vieil officier dans sa ville natale, relations dont nous avons trouvé la trace dans plusieurs lettres. Voici d'ailleurs les

a. Inspecteur général de l'infanterie de la Légion portugaise.

gaise ; les capitaines Delaloge, capitaine adjudant-major réformé de la 19ᵉ demi-brigade d'infanterie légère, et Carle, capitaine réformé de la 80ᵉ demi-brigade de ligne, et le quartier-maître Robert.

états de service du major de Tschudy, tels que nous les avons relevés aux archives administratives de la guerre :

BARON DE TSCHUDY (JEAN-BAPTISTE-MARIE-JOSEPH)
Né le 1ᵉʳ août 1774, à Pont-à-Mousson.

Élève à l'école militaire de Pont-à-Mousson, le 1ᵉʳ janvier 1784 ;
A quitté cette école en juillet 1789.
A émigré et a rejoint l'armée de Condé, le 1ᵉʳ septembre 1791.
A fait la campagne de 1792 dans la compagnie de Tschudy son père, et celles de 1793 et 1794 dans la compagnie nᵒ 11 des Chasseurs nobles.
Sous-lieutenant au régiment suisse de Roll au service d'Angleterre, le 21 mai 1795 ; a fait avec ce corps les campagnes de 1795, 1796 et 1797, dans la Méditerranée.
Passé lieutenant au régiment allemand de la Reine le 26 janvier 1799, il fit avec ce régiment, commandé par le baron Stuart, la campagne de 1801 en Égypte. Décoré à cette époque de l'ordre turc du Croissant.
Passé au service de Portugal en qualité de capitaine au régiment d'infanterie d'Olivença (nᵒ 2), le 17 août 1802 ;
Passé au régiment d'infanterie Viera Telles (nᵒ 16), le 22 décembre 1805 ;
Major au régiment d'infanterie Campo-Mayor (nᵒ 20), le 17 août 1807 ;
Chef de bataillon au 3ᵉ régiment d'infanterie de la Légion portugaise, le 15 janvier 1808 ;
Major du régiment Joseph-Napoléon, le 2 mai 1809 ;
Colonel, le 19 janvier 1812 ;
A fait avec son régiment la campagne de 1812, en Russie (pendant laquelle il reçut un coup de feu au genou droit le 10 septembre, à Mojaïsk, et un coup de mitraille au côté gauche au combat de Krasnoë le 18 novembre suivant, et celle de 1813, en Saxe.
Nommé colonel du 131ᵉ régiment d'infanterie le 12 janvier 1814, il fit avec ce corps la campagne de France.
Passé au 75ᵉ régiment d'infanterie le 4 octobre 1814.
A rejoint le roi à Gand, et a été admis dans le corps des officiers sans troupe, le 10 juin 1815 ;
Commandant les volontaires royaux du Pas-de-Calais, le 3 juillet 1815 ;
Colonel de la Légion départementale du Gard, le 16 août 1815 :
Passé à la légion d'Indre-et-Loire, le 30 juillet 1817 ;
Passé au 44ᵉ régiment d'infanterie de ligne, le 17 novembre 1820 ;
Admis au traitement de réforme, le 23 avril 1823 ;
Commandant la place de Bordeaux, le 8 juin 1825 ;
Nommé lieutenant du Roi à Bayonne, le 22 octobre 1828.
Décédé le 12 mars 1834.

Membre de la Légion d'honneur, le 19 novembre 1813 ;
Officier, le 24 août 1820 ;
Chevalier de Saint-Louis, le 13 février 1815.

Le régiment ayant enfin ses cadres constitués, s'organisa à Avignon [1] et, au début, le recrutement ne semble pas avoir été effectué avec beaucoup de facilité [2], ainsi qu'il résulte du rapport suivant [3] adressé par le général Clarke à l'Empereur à la date du 11 octobre 1809 : « Le régiment Joseph-Napoléon, écrivait le ministre, présentait au 25 septembre un effectif de 57 officiers et 1,016 sous-officiers et soldats.

« Le général Kindelan, en me fesant connaître cette situation, m'a annoncé que le 1er bataillon allait être définitivement organisé.

« Ce général espère que le recrutement, au moyen des mesures qui ont été prises, obtiendra des résultats plus avantageux que par le passé.

« Il me rend compte qu'il est parvenu à enrôler 34 hommes

---

1. On trouvera à l'appendice B un rapport au ministre de la guerre, du 10 mai 1809 et une longue lettre du même jour, par laquelle le ministre donne au général de Kindelan de minutieuses instructions qui semblent un modèle de précision, ne laissant dans l'ombre aucun des nombreux détails de la délicate et complexe opération dont il l'avait chargé. Nous avons cru devoir reproduire intégralement ces documents malgré leur longueur en raison de l'intérêt technique que l'étude des mesures prescrites nous a paru présenter.

2. Les mesures jugées les plus efficaces furent prises pour décider les prisonniers espagnols à entrer au service de la France. Le commandant Lopez, dont nous avons reproduit la relation de l'insurrection en Seeland, et dont nous reprendrons plus tard le manuscrit, était alors interné à Besançon, où il servait d'interprète à 550 prisonniers ; il rapporte en ces termes les efforts qui furent faits pour agir sur leur esprit : « Monseigneur l'archevêque de Besançon [a] monta deux fois à la citadelle, harangua les Espagnols, s'appuyant sur l'abdication de Bayonne, et leur démontra qu'ils ne pouvaient, sans se mettre en état de rébellion, refuser de prendre du service. Les prisonniers ajoutèrent foi aux assertions et aux raisonnements du Prélat, et tous ceux qui avaient l'aptitude nécessaire ou qui n'avaient pas encore droit à leur congé prirent du service dans le régiment Joseph-Napoléon ; quelques-uns en prirent aussi dans la Légion portugaise... »

3. Archives nationales, AF, IV, 1117.

a. Mgr Lecoz, né à Plonévez-Porzay (Finistère), le 22 décembre 1740. (Sur ce prélat, Voir *Mes Campagnes*, du colonel Pion des Loches, chap. II, p. 122.)

d'une colonne de prisonniers de guerre, qui traversait Avignon, pour se rendre à Embrun ; il ajoute qu'il en eût déterminé un plus grand nombre à prendre du service, sans les idées fausses et absurdes qu'on a cherché à inspirer à ces malheureux ; après les avoir harangués, les uns lui ont répondu qu'ils voulaient avant tout le salut de leur âme, et qu'ils seraient damnés, s'ils manquaient au serment qu'ils avaient prêté à Ferdinand ; les autres, qu'il n'y avait plus de Français au delà des Pyrénées et qu'une armée espagnole, assiégeait Bayonne ; d'autres, que le Roi n'était plus à Madrid, et qu'il avait été conduit prisonnier en Angleterre ; enfin, tous étaient persuadés qu'il y avait en Espagne une armée auxiliaire, envoyée par l'Empereur du Maroc. »

III

Le régiment fut définitivement organisé le 21 février 1810. La pensée de Napoléon en créant ce corps avait été, nous l'avons vu, de l'envoyer en Espagne et de le mettre à la disposition de son frère. Pour des raisons tenant à la composition même du régiment, ce projet restait en suspens.

Le 6 avril, l'Empereur avait prescrit au ministre de la guerre de demander au roi Joseph s'il jugeait qu'il pût l'employer en Espagne ; en même temps il avait demandé des renseignements sur l'esprit du régiment, voulant juger lui-même de l'opportunité de renvoyer dans son pays d'origine, alors si profondément troublé, un corps nouvellement formé d'éléments pour le moins douteux.

Le général de Kindelan ayant sollicité l'autorisation d'aller passer quelques semaines à Paris [1], le Ministre, connaissant sa parfaite loyauté, le consulta sur les sentiments du régiment qu'il avait placé sous ses ordres.

La réponse du général fut telle que ce projet, si tant est qu'il ait jamais été sérieusement conçu, ce dont il est permis de douter, fut définitivement abandonné.

Malgré une lettre pressante du roi d'Espagne, qui d'ailleurs ne faisait que répondre à la lettre du duc de Feltre, en demandant que le régiment lui fût envoyé le plus tôt possible [2], l'Empereur ordonna au ministre de faire connaître à son frère que d'après les comptes qui lui avaient

---

1. *A M. Barnier, commissaire-ordonnateur, chef de la 4ᵉ division du Ministère de la guerre.*

Avignon, le 21 mars 1810.

Monsieur,

Personne plus que moi ne désire certainement avoir l'honneur d'être présenté à l'Empereur dans une occasion aussi célèbre et marquante que celle du mariage de S. M.; je n'ai pas osé en demander la permission tant que j'ai cru que ma présence était indispensable au régiment; mais à présent qu'il est organisé, que la confection de l'habillement dont on commence à s'occuper doit employer au moins trois mois, qu'il y a un nombre d'officiers et de sous-officiers en état d'être instructeurs et que la traduction des deux premières écoles est imprimée, je crois que je pourrais faire sans inconvénient une courte absence durant laquelle le major pourrait me suppléer; avant de me déterminer à demander à S. E. la permission, je prends la liberté de vous consulter. Y aurait-il inconvénient à ce que je la prie de me l'accorder pour 40 ou 50 jours, je ne voudrais pas faire une démarche qui pût être mal vue; si vous croyez que celle-ci n'est sujette à aucun inconvénient, je vous prie de me le dire; peut-être même, dans ce cas, pourriez-vous avoir la bonté de faire connaître à M. le duc de Feltre mes désirs et me faire envoyer de suite la permission, ce serait un service que vous me rendriez, le temps presse et il m'en faudra pour pouvoir faire broder et confectionner mes uniformes à Paris..... »

2. Cette lettre, datée de Séville le 2 mai 1810, était ainsi conçue :

« Monsieur le Duc, j'ai reçu la lettre par laquelle vous me proposez de la part de S. M. I. et R., de faire entrer en Espagne le régiment espagnol formé à Avignon; je juge cette opération fort utile : elle détruira la croyance généralement répandue que les régiments espagnols sont destinés à servir au delà des Pyrénées, et cette croyance rend difficile la formation de tout nouveau corps. Je vous prie, Monsieur le Duc, de remercier S. M. I. et R., et de vouloir bien hâter l'envoi en Espagne de ce régiment....

« JOSEPH. »

(Archives nationales, AF, IV, 1108.)

été rendus, ce régiment était animé d'un si mauvais esprit que ses officiers même avaient demandé son éloignement des frontières d'Espagne. « Le roi Joseph, ajoutait l'Empereur[1], peut juger par là combien sont impolitiques et inconsidérées les levées qu'on fait en Espagne, qu'ainsi je ne les approuve pas. »

En conséquence, autant pour éviter les inconvénients qui pouvaient résulter, au point de vue de la discipline, de leur réunion dans une même garnison que pour réaliser des économies en en faisant sortir quelques-uns du territoire de l'Empire, l'Empereur donna des ordres pour que les bataillons du régiment Joseph-Napoléon fussent dispersés, le 5ᵉ bataillon et le dépôt devant seuls rester à Avignon[2].

Le ministre rendit compte à l'Empereur de ces dispositions par le rapport suivant, à la date du 3 mai 1810 :

Sire[3],

J'ai l'honneur de rendre compte à Votre Majesté que, pour me conformer à sa décision du 25 avril, relative au régiment espagnol *Joseph-Napoléon*, j'ai donné les ordres ci-après, savoir :

1° Au premier bataillon de ce régiment, de partir d'Aix le 11 mai, pour être rendu le 19 à Grenoble ; il recevra de nouveaux ordres dans cette place, pour continuer sa marche le 21 et se diriger sur Saint-Jean-de-Maurienne, où il arrivera le 25 du même mois. Ce bataillon, fort d'environ 840 hommes présens, sera employé aux travaux des routes de la Maurienne ;

2° Au deuxième bataillon, fort d'environ 800 hommes présens,

---

1. *Correspondance de Napoléon Iᵉʳ*, nᵒ 16513, t. XX.

2. Pour tout ce qui concerne la suite donnée à la demande de permission du général de Kindelan, et la décision de disperser les bataillons du régiment Joseph-Napoléon, voir à l'appendice C.

3. Archives nationales, AF, IV, 1108.

de partir d'Avignon le 14 mai, pour se rendre à Flessingue, où il arrivera vers le 27 juin et sera employé aux travaux de fortifications de cette place. Ce bataillon se rendra d'abord à Lyon, puis à Dijon et à Lille, et recevra, dans chacune de ces places, de nouveaux ordres pour la continuation de sa marche jusqu'à Flessingue ;

3° Au troisième bataillon, fort d'environ 800 hommes, de partir d'Avignon le 17 mai, pour être rendu le 26 du même mois à Lyon, où il sera employé aux travaux de Perrache.

J'ai pris des mesures pour que chacun de ces bataillons n'ait connaissance de l'emploi auquel il est destiné, qu'à son arrivée, soit à Saint-Jean-de-Maurienne, soit à Flessingue, soit à Lyon ; j'ai seulement fait entendre que ce mouvement avait pour but d'améliorer leur sort, en les employant d'une manière utile ; et j'ai donné d'ailleurs, tous les ordres nécessaires pour le maintien de la discipline et pour prévenir la désertion.

Quant au quatrième bataillon, fort d'environ 800 hommes, comme il n'est pas encore entièrement habillé, c'est celui que j'ai cru devoir réserver, pour l'envoyer, aussitôt qu'il sera prêt, à San-Remo, qui se trouve dans la 8ᵉ division militaire, et où il sera employé aux travaux de la Corniche.

J'ai invité le ministre directeur de l'administration de la guerre à donner les ordres les plus pressans pour qu'il soit pourvu, sans aucun retard, au complettement des fournitures d'effets d'habillement et d'équipement qu'attend encore ce 4ᵉ bataillon, afin qu'il puisse être mis en marche, dans le courant de ce mois, pour San-Remo.

J'aurai l'honneur de rendre compte à Votre Majesté du mouvement de ce bataillon.

Ce régiment est beau et les officiers ont été choisis avec quelque soin.

Dans le but de réduire les dépenses que nécessitait le nombre considérable de prisonniers de guerre espagnols[1]

---

1. Un état des prisonniers de guerre espagnols internés en France, à la date du 15 juillet 1809, présente les chiffres suivants : Officiers, 1,111 ; troupe,

qu'il avait à entretenir, l'Empereur cherchait à les utiliser le plus possible. « Vous pouvez, écrivait-il au général Clarke le 17 mars [1], vous pouvez envoyer des prisonniers espagnols dans les campagnes pour servir chez les cultivateurs. Un bataillon du régiment espagnol a été destiné à travailler aux fortifications de Flessingue, dirigez-le sur Anvers où il servira aux fortifications de cette ville. En place, envoyez à Flessingue un millier de prisonniers espagnols non armés pour travailler aux fortifications. Envoyez également à

13,085. Le 28 avril 1810, ces chiffres étaient presque doublés : 2,545 officiers, 23,112 sous-officiers et soldats. Le 1er décembre de la même année, la situation des dépôts des prisonniers de guerre espagnols était de 3,404 officiers et 29,214 sous-officiers et soldats.

Ces prisonniers, dont le nombre allait croissant, n'étaient pas sans être embarrassants, quoique pour la plupart ils fussent employés à des travaux publics, constructions de routes, desséchements de marais dans la Charente-Inférieure, les Deux-Sèvres, la Manche, etc. Nous avons relevé parmi les nombreuses pièces qui les concernent, et qui sont conservées aux Archives nationales, une réclamation de 150 moines espagnols internés à la citadelle d'Embrun, où, assimilés à des combattants, peut-être à juste titre, ils ne touchaient que 3 sous par jour et la ration de pain ; ils demandaient le traitement de 350 fr. par an comme les sous-lieutenants (23 avril 1810). — 500 Espagnols envoyés à Ostende refusaient de travailler. On dut les mettre en prison à la caserne, au pain et à l'eau (13 août 1810).

De nombreux cas d'évasion s'étant produits dans les dépôts du Midi de la France, on dut, en septembre 1810, faire passer les prisonniers dans le Nord ; seul le dépôt de Tarascon ne fut point évacué, il fournissait les ouvriers du canal de Beaucaire. D'après un rapport du 16 février 1811, tous les prisonniers de guerre espagnols étaient à cette date transférés dans le Nord.

De même qu'en Danemark où un grand nombre de femmes avaient suivi les soldats du corps de La Romana, quelques-unes avaient accompagné les prisonniers en France. « On rend compte à S. M., dit un rapport du 15 novembre 1811[a], qu'il y a dans les dépôts de prisonniers espagnols, 825 femmes de cette nation, qui sont presque toutes mariées, et dont la conduite est bonne. Plusieurs s'occupent comme blanchisseuses des prisonniers. »

Rien que pour le traitement accordé aux officiers espagnols prisonniers en France, la dépense annuelle était, à la date du 15 janvier 1812, de 3,111,050 fr.

(Archives nationales, AF, IV, 1157 et 1158.)

a. Ce rapport avait été établi à la suite d'une lettre de l'Empereur en date du 31 août 1811 : « Des femmes espagnoles arrivent en foule avec les prisonniers, écrivait Napoléon au général Clarke.... faites faire un recensement de celles qui existent, afin de prendre une mesure contre elles. »

(L. LECESTRE : *Lettres inédites de Napoléon Ier*, no 804, t. II.)

1. L. LECESTRE : *Lettres inédites de Napoléon Ier*, no 613, t. II.

Breskens un millier de ces prisonniers espagnols non armés pour travailler aux fortifications. *Utilisez partout les prisonniers espagnols, pour qu'ils viennent à ne plus rien coûter.* »

En réponse à cette lettre, le ministre rendait compte à l'Empereur, le 24 mai [1], du point où en était à cette date l'exécution de ses ordres :

« Le 1er bataillon du régiment Joseph-Napoléon s'est mis en marche pour Saint-Jean-de-Maurienne où il arrivera le 25 mai.

« Le 2e bataillon, d'abord destiné à Flessingue, est parti pour Anvers où il arrivera le 27 juin ; il se trouve en ce moment à Lyon, d'où il doit continuer sa marche le 25 mai.

« Le 3e bataillon arrivera le 26 mai à Lyon pour les travaux de Perraché.

« Le 4e bataillon, destiné pour San-Remo, n'est point encore parti d'Avignon, attendu le retard qu'a éprouvé son habillement. »

Aucune destination n'avait été donnée au 5e bataillon ; par une lettre du 5 août [2] l'Empereur ordonna qu'il fût dissous et, ne perdant pas de vue les services qu'il attendait des Espagnols, « faites-moi connaître, écrivait-il au ministre, ce que font le 1er bataillon de ce régiment qui est dans la Maurienne et le second qui est à Anvers ; *fournissent-ils des travailleurs?*..... [3] »

---

1. Archives nationales, AF, IV, 1108.

2. *Correspondance de Napoléon Ier*, n° 16763, t. XXI.

3. Extrait d'un rapport du ministre de la guerre à l'Empereur, en date du 4 novembre 1810 :

« Le général Chambarlhac, commandant la 24e division militaire, a inspecté les ouvrages des fortifications d'Anvers, il a été parfaitement satisfait des progrès et de la solidité des travaux.... Le meilleur esprit règne parmi les troupes de cette garnison et le général Chambarlhac compte les Espagnols au nombre de celles dont il a été satisfait... »

Le général Clarke répondit à cette lettre par le rapport suivant du 14 août[1] :

Sire,

J'ai l'honneur de rendre compte à Votre Majesté, en exécution de son ordre du 5 de ce mois, que le premier bataillon du régiment espagnol Joseph-Napoléon, fort de 759 hommes, est à Saint-Jean-de-Maurienne, où il est employé aux travaux des routes, sur ce point.

Que le 2e bataillon, fort de 778 hommes, est à Anvers, où il est employé aux travaux des fortifications.

Et que le 3e bataillon, fort de 752 hommes, est à Lyon, où il était destiné à être employé aux travaux de Perrache. Mais ces travaux ayant été interrompus, j'ai supplié Votre Majesté, par un rapport du 28 juillet, de me faire connaître si son intention était de donner à ce bataillon une destination nouvelle.

Je demande, à cet égard, les ordres de Votre Majesté.

Quant au 4e bataillon de ce corps, fort de 808 hommes, il est destiné à être envoyé à San-Remo dès que son habillement sera terminé, pour être employé aux travaux de la Corniche. Mais j'ai autorisé le général commandant la 8e division militaire à diriger ce bataillon, dès qu'il sera prêt, sur Monaco, au lieu de San-Remo ; attendu que Monaco est une place fermée, où il y a de bonnes casernes ; tandis qu'à San-Remo l'on serait obligé de disséminer le bataillon chez les habitans, soit de la ville, soit des environs, ce qui, sur une côte où se montrent fréquemment les Anglais, offrirait beaucoup d'inconvénient pour l'espèce d'hommes qui le composent.

De Monaco, le bataillon enverra, pour les travaux, des détachements qui seront établis sur les lieux, de la manière la plus avantageuse au bien du service, et qui seront relevés tous les quinze jours.

J'ai l'honneur de soumettre cette mesure à l'approbation de Votre Majesté.

---

1. Archives nationales, AF, IV, 1108.

Je donne, en ce moment, des ordres pour dissoudre le 5ᵉ bataillon de ce régiment, conformément aux intentions de Votre Majesté, énoncées dans son ordre du 5 de ce mois.

Si j'en crois le général Kindelan, qui a été élevé en France, ce corps a pris de la discipline et sert bien.

Tout en ordonnant d'utiliser les Espagnols qu'il avait à son service et de les répartir autant que possible au dehors des frontières de l'Empire pour n'en avoir pas l'entretien à sa charge [1], l'Empereur se rappelait le danger qu'il y avait à les employer sans prendre à leur égard les plus minutieuses précautions :

« Je reçois votre lettre du 4 août, écrivait-il au ministre [2], je crains fort que le bataillon espagnol que vous mettez à Monaco ne soit débauché et ne déserte. Je préférerais que vous le fissiez partir pour Alexandrie, où on le ferait travailler aux travaux de la place. Vous recommanderiez au commandant d'Alexandrie d'avoir soin que ce bataillon ne demeurât point dans la citadelle. Vous pourriez envoyer le bataillon qui est à Lyon au Fort-Napoléon, si les travaux de Perrache ne doivent point commencer..... Donnez ordre

---

1. La pièce suivante, sans date, ni signature, mais qui fut certainement établie au moment où les mesures de dispersion des bataillons furent proposées, montre bien que c'est en grande partie par raison d'économie qu'elles furent ordonnées :

Économies à proposer à Sa Majesté.

« Envoyer le bataillon disponible du régiment Joseph-Napoléon en Italie pour y remplacer un bataillon du régiment de La Tour d'Auvergne qui serait dirigé sur le 7ᵉ corps de l'armée d'Espagne. *Il y aurait un bataillon de moins par cet échange.* »

Dans le même ordre d'idées, nous citerons ce fragment d'une lettre de l'Empereur, en date du 21 septembre 1810 : « ...l'idée d'envoyer des Espagnols à Corfou est mauvaise. Donnez ordre que les Espagnols qui sont à Toulon soient renvoyés dans l'intérieur et attachés à un bataillon du régiment Joseph-Napoléon. Il faut bien se garder de les envoyer à Corfou, *ils ne feraient qu'y consommer des vivres et trahiraient à la première occasion...* »
(*Correspondance de Napoléon Iᵉʳ*, nᵒ 16939, t. XXI.)

2. *Correspondance de Napoléon Iᵉʳ*, nᵒ 16800, t. XXI.)

que tous les Espagnols qui se trouvent dans la Légion portugaise qui est à Metz en soient ôtés et se dirigent sur le bataillon du régiment espagnol qui est à Anvers [1]..... »

Trois jours après, par un rapport du 19 août [2], le ministre rendait compte à l'Empereur de l'exécution de ces ordres : « Je donne ordre, écrivait-il, de diriger d'Avignon sur Alexandrie [3], aussitôt que son habillement sera terminé, le 4e bataillon du régiment espagnol Joseph-Napoléon, fort d'environ 800 hommes, qui devait d'abord se rendre à Monaco ou San-Remo, pour les travaux de la Corniche..... »

Conformément à l'ordre de l'Empereur, du 5 août, le 5e bataillon fut dissous le 1er septembre, et à la date du 22 de ce mois, le dépôt du régiment recevait l'ordre de fournir au 1er bataillon, dans la Maurienne, 90 hommes, au 3e bataillon, à Lyon, 160 hommes, et au 4e bataillon, à Alexandrie, 60 hommes, pour les porter respectivement à leur complet de 840 hommes, au moyen des sous-officiers et soldats du 5e bataillon dissous.

Cependant les bataillons n'avaient pas encore leurs destinations définitives, ainsi qu'il résulte du rapport suivant que le ministre de la guerre adressa à l'Empereur, le 25 septembre [4] :

Sire,

J'ai l'honneur de rendre compte à Votre Majesté que, conformément à sa décision du 22 de ce mois, j'ai donné l'ordre au 1er bataillon du régiment espagnol Joseph-Napoléon, qui est à

---

1. Voir *La Légion portugaise*, chap. VIII.
2. Archives nationales, AF, IV, 1108.
3. « Le 4e bataillon arrivera à Alexandrie le 17 septembre 1810, et ne sera pas établi dans la citadelle, mais sera étroitement surveillé. Il était, à son départ d'Avignon, fort de 18 officiers et de 794 sous-officiers et soldats. » (Archives nationales, AF, IV, 1108.)
4. Archives nationales, AF, IV, 1108.

Saint-Jean-de-Maurienne, de se rendre à Turin, où il arrivera le 12 octobre, et d'où il sera transporté sur le Pô, jusqu'à Borgo-Forte.

S. A. I. le prince vice-roi d'Italie fera parvenir à ce bataillon de nouveaux ordres pour continuer sa marche sur Palma-Nova, Mantoue et Marghera près Venise, où il sera employé aux fortifications.

Votre Majesté m'ayant fait connaître en même tems que son intention est que le 3ᵉ bataillon du régiment espagnol Joseph-Napoléon, qui est à Lyon, soit envoyé dans les places du Nord, où l'on fait des travaux, j'ai donné ordre à ce bataillon de se rendre à Maëstricht, où il arrivera le 5 novembre, pour être ensuite réparti dans la place de Juliers, où il y a de très grands travaux à faire, ainsi qu'à Venloo et à Maëstricht.

Je soumets cette disposition à l'approbation de Votre Majesté.

En septembre 1810, il ne restait donc plus en France que le dépôt, toujours stationné à Avignon ; il reçut à son tour, le 24 octobre, l'ordre de se rendre à Maëstricht pour y arriver le 21 décembre et y tenir garnison [1].

Avant d'accompagner, dans les deux chapitres suivants, les bataillons du régiment Joseph-Napoléon de leurs garnisons de Hollande et d'Italie jusqu'à leur entrée en campagne dans les 1ᵉʳ et 4ᵉ corps de la Grande-Armée, et comme résumé de l'étude que nous venons de faire de l'organisation du régiment, nous croyons devoir reproduire les quelques états suivants qui permettent de suivre d'un coup d'œil les situations successives du corps depuis sa formation jusqu'à la fin de 1810.

---

1. Le général de Kindelan ayant reçu le 1ᵉʳ novembre l'ordre de passer une revue d'inspection des 2ᵉ et 3ᵒ bataillons en Hollande, adressa le 14 décembre au ministre de la guerre un rapport dont nous croyons devoir reproduire un extrait comme témoignage de la loyauté et de la conscience avec lesquelles le général espagnol servait l'Empereur. Voir à l'appendice D.

BATAIL-LONS.	EMPLACEMENTS.	PRÉSENTS.		DÉTACHÉS.		AUX HÔPITAUX.		EN CONGÉ.		EN JUGEMENT.		TOTAUX.		
		Officiers.	Sous-offic. et soldats.	Officiers.	Sous-offic. et soldats.	Officiers.	Sous-offic. et soldats.	Officiers.	Sous-officiers et soldats.	Officiers.	Sous-officiers et soldats.	Officiers.	Sous-officiers et soldats.	Effectif.
De janvier à juillet 1809. (Ce régiment doit être organisé à Avignon par M. le maréchal de camp Kindelan.)														
»	»	»	126	»	»	»	»	»	»	»	»	»	126	126
De juillet à septembre 1809. (5 bataillons s'organisant à Avignon. Dépôt de recrutement à Besançon.)														
5 bat.	Avignon	54	754	»	»	»	28	»	»	»	11	54	793	} 837
Dépôt.	Besançon	4	6	»	»	»	»	»	»	»	»	4	6	
Du 15 septembre au 1er octobre 1809.														
5 bat.	Avignon	37	1,007	4	20	»	28	»	»	»	1	79	1,056	} 1,071
Dépôt.	Besançon	4	11	»	»	»	»	»	»	»	»	4	11	
Du 15 décembre 1809 au 1er janvier 1810.														
1er bat. 2e bat. Dépôt.	Avignon	70	1,569	32	20	»	45	»	»	»	»	102	1,640	1,742
Du 1er au 15 avril 1810.														
1er bat.	Aix	22	791	»	»	»	28	»	»	»	»	22	819	
2e bat.	Avignon-Carpentras	20	797	»	7	»	16	»	»	»	1	20	821	
3e bat.		21	700	»	1	»	15	»	»	»	»	21	815	} 4,190
4e bat.	Avignon	19	797	»	»	»	14	»	»	»	»	19	811	
5e bat.		18	588	»	3	»	235	»	»	»	4	18	830	
Du 1er au 15 juin 1810.														
1er bat.	Saint-Jean-de-Maurienne	21	774	»	3	»	34	»	»	»	1	22	812	
2e bat.	Anvers	20	795	»	»	»	17	»	»	»	1	20	813	
3e bat.	Lyon	20	796	»	»	»	26	»	»	»	»	20	821	} 4,068
4e bat.	Avignon	19	758	»	»	»	22	»	»	»	1	19	781	
5e bat.	Avignon	20	539	»	3	»	194	»	»	»	4	20	740	
Du 1er au 15 septembre 1810.														
1er bat.	Saint-Jean-de-Maurienne	21	722	1	2	»	25	»	»	»	»	22	749	
2e bat.	Anvers	20	758	1	»	»	34	»	»	»	8	21	796	
	Détachement venant de la Légion portugaise	»	539	»	»	»	66	»	»	»	17	»	622	} 4,430
3e bat.	Lyon	19	607	1	»	»	79	»	»	»	3	21	689	
4e bat.	Alexandrie	19	746	»	»	»	21	»	»	»	»	19	766	
Dépôt.	Avignon	16	435	»	»	»	179	»	»	»	2	18	616	
Du 1er au 15 décembre 1810.														
1er bat.	Mantoue et Palma-Nova	20	724	»	»	»	18	»	»	»	»	20	742	
2e bat.	Anvers	21	1,289	»	»	»	80	»	»	»	13	21	1,390	4,155 plus 1 cheval d'officier, 1 cheval de troupe.
3e bat.	Maëstricht	17	743	»	»	»	70	»	»	»	»	19	814	
4e bat.	Alexandrie	19	646	»	»	»	41	»	»	»	1	20	688	
Dépôt.	Maëstricht (21 décembre)	18	425	»	»	»	»	»	»	»	»	16	425	

(Archives nationales, AF, IV, registres 560 à 567.)

IV

Dès la fin de 1810, l'Empereur se préoccupait de l'attitude de la Russie ; certains travaux exécutés sur la Dwina avaient attiré son attention : « On ne peut se dissimuler, écrivait-il à la date du 5 décembre[1], que ces ouvrages, étant des ouvrages de campagne, montrent de mauvaises dispositions dans les Russes. Après avoir fait la paix avec la Porte, voudraient-ils la faire avec l'Angleterre, et violer ainsi le traité de Tilsit ?..... ce serait incontinent la cause de la guerre. »

Le même jour, l'Empereur ordonnait au duc de Cadore de lui fournir, à partir du 15 décembre, des livrets de situation des troupes de la Confédération du Rhin, de l'armée russe et de l'armée autrichienne[2].

Dans sa pensée, la guerre avec la Russie était résolue.

Les préparatifs de cette gigantesque expédition ne devaient pas tarder à recevoir un commencement d'exécution ; nous n'en retiendrons que ce qui se rapporte au régiment Joseph-Napoléon désigné pour y prendre part.

Dès le 16 avril 1811 en effet, l'Empereur écrivait au maréchal Davout, prince d'Eckmühl, commandant l'armée d'Allemagne, à Hambourg, la lette suivante[3] :

« Mon cousin, je vous envoie deux beaux bataillons espagnols, formant 2,000 hommes, avec un général. Les soldats sont bons ; ils ont été engagés de bonne volonté, et voilà

---

1. *Correspondance de Napoléon Ier*, n° 17187, t. XXI.
2. *Idem*, n° 17188, *ibid.*
3. *Correspondance de Napoléon Ier*, n° 17611, t. XXII.

deux ans qu'ils sont sous les armes. Je pense qu'ils se battront comme les Portugais[1] et qu'ils auront peu de déserteurs, en ayant soin de ne pas les mettre aux avant-postes ni dans des places fortes de premier ordre. Il est probable qu'ils seront entourés d'embaucheurs ; il sera donc bon d'établir une surveillance secrète sur ces bataillons. La police doit avoir les yeux sur eux ; elle prendra beaucoup d'agents anglais. »

Deux jours plus tard, le 18 avril, le ministre de la guerre rendait compte à l'Empereur que ses ordres relatifs aux bataillons du régiment Joseph-Napoléon qu'il destinait à l'armée d'Allemagne, seraient promptement exécutés : « Je verrai demain, ajoutait Clarke, si on m'en laisse la minute, le général Kindelan à ce sujet..... Le général Kindelan, qui a été élevé en France, et sur lequel je crois qu'on peut compter, pense qu'on peut employer avec avantage ces bataillons en Allemagne. Il en fera sortir tout ce qui ne serait pas bon ou suspect, et on les placera dans une ville ouverte, au dépôt[2]........ »

Le 22 avril, le ministre adressait un nouveau rapport à l'Empereur[3] :

J'ai vu hier le général Kindelan, il a quitté son lit, où il était retenu par un violent rhumatisme, il partira incessamment pour Nimègue afin d'y passer en revue les deux bataillons du régiment Joseph-Napoléon qui s'y rendent ; il en fera sortir, pour les envoyer au dépôt, les officiers trop vieux ou dont les dispositions paraîtraient équivoques, il en sera de même à l'égard des

---

1. La 13ᵉ demi-brigade d'élite, formée de grenadiers et de voltigeurs de cette légion, avait tenu à Wagram une conduite des plus honorables. Voir la *Légion portugaise*.

2. Archives nationales, AF, IV, 1118. La suite de ce rapport a trait à un projet de formation d'un second régiment espagnol. Voir à l'appendice E.

3. Archives nationales, AF, IV, 1118.

soldats. Pendant que ces deux bataillons se rendront en Allemagne, *le général Kindelan, pourra passer quelques jours à Aix-la-Chapelle, pour soigner sa santé, et serait rendu à son poste à la fin de mai, ou plus tôt si cela était nécessaire.*

Le général Kindelan, élevé au collège de Sorrèze, est d'origine irlandaise ; il est né en Galice, je le crois discret et prudent et dans de bons sentiments pour le gouvernement dont il paraît fort content.

Les Espagnols qui sont dans le sens de l'insurrection, sont fort emportés contre lui. Je pense qu'il servira fidèlement dans les troupes de Votre Majesté, surtout si on a quelqu' égard pour son rang de lieutenant-général.

Les bataillons espagnols désignés pour faire partie de l'armée d'Allemagne étaient les 2e et 3e bataillons du régiment Joseph-Napoléon stationnés à Anvers et à Maëstricht.

Le régiment était en effet toujours divisé en 2 groupes, les 1er et 4e bataillons ayant été, comme nous l'avons vu, envoyés en Italie [1]. En raison de la grande distance qui les séparait, ces deux groupes ne furent pas réunis, et nous devrons les suivre successivement pour la clarté de notre étude.

---

1. Le livret des armées donne la situation suivante du régiment Joseph-Napoléon, du 1er au 15 mars 1811 :

BATAILLONS.	EMPLACEMENTS.	PRÉSENTS.		HÔPITAUX.		JUGEMENT.		TOTAUX.		EFFECTIF.
		Officiers.	Sous-off. et soldats.	Officiers.	Sous-off. et soldats.	Officiers.	Sous-off. et soldats.	Officiers.	Sous-off. et soldats.	
1er	Mantoue et Palma-Nova . .	20	724	»	18	»	»	20	742	4,155 plus 1 cheval d'officier, 1 cheval de troupe.
2e	Anvers	21	1,288	»	89	»	13	21	1,390	
3e	Maëstricht. . .	19	646	»	41	»	1	20	688	
4e	Alexandrie . .	17	743	»	70	»	»	19	814	
Dépôt.	Maëstricht (21 décembre). .	16	425	»	»	»	»	16	425	

(Archives nationales, AF, IV, registre 568*.)

Une première organisation fut donnée par l'Empereur à l'armée d'Allemagne à la date du 19 avril 1811 [1].

Elle devait se composer de trois corps :

1º Corps d'observation de l'Elbe ;

2º Corps d'observation du Rhin ;

3º Corps d'observation d'Italie.

Le corps d'observation du Rhin devait recevoir les 2e et 3e bataillons du régiment Joseph-Napoléon (2e brigade, 1re division).

Cette formation n'était d'ailleurs que projetée, ne devant recevoir son exécution qu'au mois de juin [2].

Le 24 mai [3], l'Empereur prescrivait au ministre de la guerre de lui préparer, suivant une direction générale dont il lui traçait les grandes lignes, une nouvelle organisation, au 1er juillet, des différents corps d'observation ; un corps d'observation de réserve était ajouté aux trois corps déjà formés.

Dans ce nouveau plan, les 2e et 3e bataillons du régiment Joseph-Napoléon étaient affectés à la 3e division du corps d'observation du Rhin, qui devait au 1er juillet prendre le nom de corps d'observation de l'Océan ; les 1er et 4e bataillons étaient désignés pour faire partie de la 3e division du corps d'observation d'Italie.

Nous suivrons d'abord les bataillons de Hollande, qui furent les premiers désignés pour recevoir une affectation précise.

Par son ordre du 24 mai réglant l'organisation de l'armée d'Allemagne en quatre corps, l'Empereur avait prescrit la formation de camps pour la réunion des divisions du corps

---

1. *Correspondance de Napoléon Ier*, nº 17630, t. XXII.
2. *Idem,* nº 17634, *ibid.*
3. *Idem,* nº 17747, *ibid.*

d'observation du Rhin [1]. La 3e division dont faisaient partie les bataillons espagnols devait être organisée au camp d'Utrecht.

Ces deux bataillons avaient été réunis à Nimègue [2], et le 27 juillet, Napoléon envoyait dans cette ville un de ses officiers d'ordonnance, le capitaine de Mortemart, pour les voir et lui « rendre compte de l'esprit qui animait ce corps, ainsi que de ce qu'on en disait [3] ».

De son côté le ministre de la guerre prescrivait au major de Tschudy de lui adresser un rapport général sur le régiment Joseph-Napoléon. Ce rapport [4] fut établi à la date du 6 septembre ; nous en citerons les extraits suivants :

Esprit, discipline, tenue, instruction et administration de ce corps. — L'esprit de ce corps est généralement bon et ne pouvait manquer de l'être. Celui qui en est colonel n'a pas laissé de doute sur son opinion politique en se refusant à suivre le marquis de La Romana. Tous les officiers qui composent ce régiment, quoiqu'ils eussent antécédemment suivi leur général en chef s'ils l'eussent pu faire, sont actuellement persuadés qu'ils eussent pris un mauvais parti pour l'intérêt de leur patrie et le leur ; ils sont convaincus de la nullité des efforts que peuvent faire les Anglais pour se maintenir dans la Péninsule ; ils voient clairement que l'anarchie a régné partout où ces derniers ont été, tandis que les provinces soumises à S. M. C. commencent à jouir de la tranquillité et du bonheur ; ils ont d'ailleurs pour les vertus de leur souverain, l'admiration qu'elles méritent et sont contents de leur sort, désirant cependant quelqu'avancement.

----

1. *Correspondance de Napoléon Ier*, nos 17747, 17846, 17912, 17930, t. XXII.
2. Mouvements des troupes du 16 au 30 avril 1811 :
Régiment Joseph-Napoléon : le 2e bataillon quitte Anvers pour Nimègue ; le 3e bataillon quitte Maëstricht pour Nimègue...
(Archives nationales, AF, IV, 1112.)
3. *Correspondance de Napoléon Ier*, no 17960, t. XXII.
4. Archives administratives de la guerre.

Ces officiers se sont portés avec zèle, dès le principe de l'organisation du corps, à faire partager aux soldats les sentiments qu'ils professent, et ces soldats qui ont été tous enrôlés volontairement sont contents de leur sort ; ils sont, comme tous les Espagnols, extrêmement soumis et attachés à leurs officiers. Aussi tous les officiers généraux qui ont connu ce corps ont rendu à son excellente discipline la justice qu'elle mérite.

La comptabilité de ce corps est arrêtée définitivement pour le dépôt jusqu'au 1er janvier de cette année et jusqu'au 2e trimestre 1810 inclusivement pour les bataillons de guerre. Les notes des sous-inspecteurs et inspecteurs aux revues qui ont eu la police du régiment font foi de la régularité et de la stricte économie de son administration.

La tenue de ce régiment est brillante et son instruction aussi avancée qu'elle peut l'être pour le temps qu'on y a employé et l'éloignement où les bataillons ont été les uns des autres. M. le général Kindelan y a apporté et apporte encore tous les jours beaucoup de talent et d'activité.

La masse d'habillement devait à celle de linge et chaussure à la fin du 2e trimestre 1811 la somme de 17,204 fcs 42c qu'il serait urgent que S. E. le Ministre Directeur de l'Administration de la Guerre remboursât, sans quoi le conseil d'admon principal ne pourra pas remettre aux 2e et 3e bataillons le montant de leur masse de linge et chaussure, lorsqu'ils sortiront de la Division.

Il est également dû à ce corps plusieurs effets d'habillement qui ont été sollicités par le conseil d'admon près S. E. le Ministre Directeur de l'Admon de la Guerre........

(Suivent des notes sur tous les officiers du régiment.)

Observations. — L'on voit qu'à l'exception de cinq à six mauvais sujets, ou sujets douteux, on peut généralement compter sur l'esprit qui anime ce corps d'officiers. On pourrait encore augmenter leur zèle pour la cause qu'ils ont embrassée en leur offrant quelque avancement par la formation d'un second régiment de leur nation. Ces corps pourraient être employés avantageusement partout ailleurs qu'en Espagne où les soldats déserteraient, non pour prendre le parti opposé, mais pour rentrer dans leurs foyers où ils se croiraient à l'abri des poursuites.

Cet inconvénient cessera du moment où la gendarmerie sera organisée en Espagne et où l'on aura les moyens de rendre les familles responsables de la désertion de leurs enfants.

Le 13 octobre, les 2e et 3e bataillons quittaient Nimègue pour le camp d'Utrecht sous le commandement du général de Kindelan : « Nous y arrivâmes le 15, écrivit le général au ministre de la guerre à la date du 28 octobre [1], et fûmes cantonnés [2] dans des villages à trois lieues de cette ville ; nous y sommes restés jusqu'au 26 que nous reçûmes l'ordre de rentrer à Utrecht pour nous préparer à la revue que l'Empereur devait passer le 29 aux troupes du camp ; mais l'arrivée de Sa Majesté ayant été annoncée le 27 au matin, nous partîmes de suite pour nous rendre aux Bruyères d'Amelford où Sa Majesté devait passer la revue et faire manœuvrer les troupes, ce qui a eu lieu. Après quelques manœuvres, l'Empereur s'est dirigé vers les bataillons de Joseph-Napoléon qui étaient formés à la 2e ligne ; Sa Majesté ayant été accueillie aux acclamations réitérées de *Viva el Emperador*, Elle a passé la revue aux deux bataillons, a fait avec la plus grande bonté plusieurs questions à des sous-officiers et soldats et a fait exécuter des évolutions aux deux bataillons. J'ose espérer que Sa Majesté a été satisfaite de la tenue, de l'instruction et du bon esprit de la troupe ; nous avons fait nos plus grands efforts pour nous rendre dignes de cet honneur, et si quelque chose peut avoir manqué, ce

---

1. Archives administratives de la guerre.

2. « ... Je désire que le camp d'Utrecht se forme dans la première quinzaine d'août ; mais au lieu de camper les troupes, je désirerais les faire cantonner... »

(*Correspondance de Napoléon Ier*, n° 17930, t. XXII.)

n'est certainement pas la volonté. Ce jour sera pour tous les individus des deux bataillons de Joseph-Napoléon, le plus heureux de leur vie ; il redouble l'admiration et l'amour que chacun portait déjà dans son cœur à l'Empereur...... »

Le même jour, le général de Kindelan adressait au commissaire ordonnateur Barnier, chef de la 4e direction du ministère de la guerre, la lettre suivante [1] :

Monsieur,

L'Empereur a passé hier en revue les troupes de ce camp dont faisaient partie les 2e et 3e bataillons du régiment Joseph-Napoléon ; j'ose me flatter que S. M. a été satisfaite du bon état de ces bataillons ; si cela est ainsi, je serai payé avec usure de tous les soins que je me suis donnés pour qu'ils pussent mériter cet honneur. S. M. est entrée dans tous les détails et a fait avec la plus grande affabilité plusieurs questions à des officiers et soldats ; elle m'a demandé particulièrement si je croyais qu'il y aurait du danger à les faire rentrer en Espagne ; je lui ai répondu que je n'oserais en répondre, que je craindrais la séduction aussitôt qu'ils seraient sur le territoire natal. Quelles étaient leurs conversations entr'eux ? Qu'ils s'entretenaient très souvent de leur patrie, de leurs familles et de l'espoir d'y rentrer bientôt et d'y trouver la paix et la tranquillité rétablies. Ce qu'ils pensaient de l'issue de ces affaires ? Sire, il n'y a qu'une seule opinion sur cet article au régiment, comme il ne peut y en avoir qu'une dans le monde entier, c'est que le génie et la force de V. M. expulseront au plus tôt de la presqu'île nos implacables ennemis, qu'elle soumettra tout le pays et assurera son bonheur. S. M. me demanda s'il y avait des emplois vacants, dans l'intention sans doute d'y pourvoir, je lui répondis que non, parce qu'il n'y en avait effectivement pas alors ; mais un moment après et à l'instant où S. M. nous quittait, un capitaine qui remplissait provisoirement les fonctions de chef de bataillon lui demanda la grâce d'être confirmé dans le grade qu'il exerçait

---

1. Archives administratives de la guerre.

provisoirement et S. M. daigna le lui accorder. Le prompt départ de S. M. ne me permit pas de lui demander le remplacement des emplois qui devenaient vacants par cette nomination ; je suis assuré qu'elle l'aurait accordé, mais comme il serait malheureux pour des officiers qui ont été témoins de la bienveillance de S. M. et qui en auraient ressenti les effets, d'être privés de cet avantage par un hasard imprévu, j'en ferai la proposition au Ministre et j'espère que S. E. voudra bien l'accueillir favorablement.

Toutes les troupes qui sont ici entrent dans des cantonnements et l'on me dit que je retourne avec mes bataillons à Nimègue. Dans cet état de choses, les bataillons étant complètement équipés, assez bien instruits, ayant chacun un chef de bataillon à sa tête et la mauvaise saison ne donnant pas lieu à de fréquents exercices, je crois que ma présence à Nimègue n'est pas nécessaire et je désirerais profiter de ces circonstances pour aller passer quelque temps à Paris. Je suis souffrant..... si je ne me fais pas traiter à temps par un médecin habile, je serai bientôt absolument inutile, c'est ce qui me fait désirer de profiter de l'hiver pour confier ma guérison à de bonnes mains à Paris. J'espère que S. E. voudra bien m'en accorder la permission ; s'il venait à y avoir un mouvement, je rejoindrais au plus tôt les bataillons en poste.

A la suite de la revue qu'il en avait passée, Napoléon ordonna le 30 octobre la dissolution du camp d'Utrecht ; « Donnez ordre au régiment espagnol, écrivit-il au major général Berthier [1], de se diriger sur Minden où il sera sous les ordres du prince d'Eckmühl et fera partie du corps d'observation de l'Elbe. » Le même jour, l'Empereur informait le maréchal Davout de cette décision [2] : « Mon cousin, lui écrivit-il,..... je donne ordre que deux superbes bataillons espagnols, forts de 1,600 hommes, partent du camp

---

1. *Correspondance de Napoléon Ier*, n° 18216, t. XXII.
2. *Idem,* n° 18220, *ibid.*

d'Utrecht pour se rendre à Minden. Vous les placerez avec la division Friant ; j'espère qu'on en sera content..... »

Au mois de novembre 1811, les relations de la France avec la Suède s'étant aigries, Napoléon avait décidé de faire occuper la Poméramie suédoise, et par une singulière coïncidence les Espagnols allaient se retrouver à quelques lieues de Stralsund où ils avaient combattu quatre ans auparavant sous le maréchal Brune.

En exécution des ordres qu'il venait de recevoir de l'Empereur, le maréchal Davout écrivit en effet au général Friant, le 10 novembre, une lettre [1] dont nous extrayons ce qui suit :

« ..... Un régiment espagnol est destiné à être attaché à votre division. Il est en route pour Rostock où il sera rendu du 20 au 25 de ce mois. Je désire que vous l'établissiez à Rostock pour qu'il soit sous vos yeux.

« Vous devez bien vous attendre à ce que des émissaires chercheront à travailler cette troupe, et ils pourraient y réussir si ce régiment n'était pas sous vos yeux. Prenez des mesures, de concert avec les officiers du régiment, pour que vous soyez instruit de la moindre tentative que l'on ferait vis-à-vis de leurs troupes, et si un émissaire ou un habitant même osait insinuer de mauvais conseils, sur le rapport que ces officiers vous en feront, faites-en une prompte justice..... »

Suivent de longues et minutieuses instructions au sujet de la surveillance à exercer sur les cantonnements des troupes au point de vue des tentatives qui semblaient probables en vue de favoriser la désertion des troupes dans le Mecklembourg.

---

1. *Correspondance du maréchal Davout* (éditée par de Mazade), n° 998, t. III.

« Il faut recommander, poursuivait le maréchal, aux généraux et officiers qui sont à Rostock de bien accueillir et traiter les officiers espagnols, et qu'on les fréquente beaucoup. Au surplus, le talent particulier que vous avez pour vous attirer l'affection des troupes étrangères [1] rend inutiles les recommandations que je pourrais vous faire à cet égard. Je me rappelle que les Portugais que j'ai vus à Paris ne juraient que par vous.

« Il sera bon, lorsque les Espagnols seront arrivés, d'organiser, pour les dimanches et fêtes, une messe militaire où iraient les Français et les Espagnols ; s'il y a une église catholique à Rostock (ce que j'ignore), vous vous en servirez ; sinon, vous vous arrangerez avec les autorités locales pour qu'on en mette une à votre disposition pour les fêtes et dimanches.

« Je vous recommande, mon cher Général, de tenir secrète l'arrivée à Rostock de ce régiment espagnol et de n'en parler que lorsque vous le saurez avoir passé l'Elbe.

« J'ai envoyé au-devant, pour le conduire à Rostock, le chef de bataillon Laroche. Vous lui demanderez des renseignements sur l'esprit du corps, principalement des officiers.

« Il est inutile de vous recommander que toutes les mesures contre la désertion soient ignorées de ceux qu'elles concernent. Il est toujours nuisible de montrer de la défiance. On ne doit donner connaissance que de la peine capitale qu'encourraient ceux qui déserteraient....... »

« J'ai désiré, écrivait de nouveau le maréchal Davout au général Friant, le 28 novembre [2], j'ai désiré, mon cher Général, faire la connaissance du général qui accompagne le

---

1. La 13e demi-brigade d'élite formée de la Légion portugaise avait été placée sous les ordres du général Friant en janvier 1810.
2. *Correspondance du maréchal Davout,* n° 1006, t. III.

régiment espagnol de Joseph-Napoléon : J'en ai été fort satisfait. Je lui ai parlé de ces deux bataillons. Il paraît qu'ils ne sont pas très instruits. Beaucoup de soldats espagnols parlent français ; il faut que les nôtres les traitent bien. Recommandez aussi que les officiers français voient beaucoup les officiers espagnols, et enfin qu'on ne néglige rien de ce qui doit fortifier la bonne harmonie avec les alliés.

« Il y a avec ces deux bataillons un aumônier qui paraît être animé d'un bon esprit. Traitez-le bien et entretenez-le par de bons procédés dans ces dispositions. C'est par lui que vous pourrez être informé des intrigues que seraient dans le cas de faire quelques étrangers pour séduire les Espagnols. Veillez à ce qu'il ait un bon logement chez quelqu'un de sûr.

« Je vous ai parlé d'une messe militaire pour les Français et les Espagnols, les dimanches et jours de fête. Prenez vos arrangements avec l'aumônier pour que ce soit lui qui la dise. N'oubliez pas de faire chanter le *Domine, salvum fac imperatorem,* etc., et de faire faire la prière.

« Il ne faut pas mettre ce régiment dans une de vos 3 brigades. Vous donnerez des ordres directs au général espagnol. Ces deux bataillons n'ont point eu de déserteurs en route. Ils ont seulement eu quelques malades.

« Le premier agent de séduction ou d'embauchage qui vous tombera sous la main, faites-en prompte justice. »

Le général de Kindelan ayant amené à Rostock les deux bataillons du régiment, écrivit de cette ville, le 12 décembre, au ministre de la guerre, la lettre suivante [1] :

Monseigneur,

Ayant été à Hambourg pour avoir l'honneur de me présenter à M. le maréchal Prince d'Eckmühl, j'ai représenté à S. E. ce

---

1. Archives administratives de la guerre.

que ma position avait de pénible pour moi, eu égard à ce que les deux bataillons du régiment Joseph-Napoléon que je commande étant entrés dans la ligne, je n'aurai d'autres considérations que celle de colonel, quoiqu'ayant le grade de général de division [1] et, qu'en outre, ni mon âge, ni la faiblesse de ma santé ne me permettent point, malgré tous mes efforts, de donner tous les soins qu'exigent les détails de l'administration d'un corps ; S. E. entrant dans ces raisons, m'a fait l'honneur de me dire de les lui représenter en lui écrivant sur cet objet et de demander que l'Empereur veuille bien désigner un colonel ou un major pour commander sous ma surveillance les deux bataillons du régiment Joseph-Napoléon qui sont actuellement sous mes ordres et qu'elle ferait connaître à V. E. ma demande, ce que j'ai fait, et j'ai l'honneur d'en rendre compte à V. E.

Permettez-moi, Monseigneur, de vous assurer que ma demande n'est nullement fondée sur un motif d'ambition et que dans quelque position que je puisse me trouver, je me croirai toujours trop honoré, si j'ai l'occasion de donner à l'Empereur des preuves de mon dévouement ; mais à 56 ans et souffrant continuellement de rhumatismes, les soins des détails et de l'administration d'un corps sont au-dessus de mes forces et voilà la seule cause de ma demande.

Les deux bataillons du régiment Joseph-Napoléon que je commande ont été destinés à la 2e division de l'armée d'Allemagne sous les ordres de M. le général cte Friant et restent cantonnés dans cette ville.

Le ministre de la guerre prit en considération cette demande et les raisons qu'elle faisait valoir ; en conséquence, le général de Kindelan fut autorisé à rentrer en France, où il fut employé à diverses missions [2] ; il ne prit pas part à la campagne de Russie.

---

1. Le général de Kindelan avait alors le grade de lieutenant-général qui lui avait été conféré par le roi d'Espagne Joseph-Napoléon.

2. Voir à l'appendice E.

Le régiment [1] se trouvant ainsi sans chef, le général Friant adressa au maréchal Davout, à la date du 2 janvier, le rapport suivant [2] :

Mon Général,

Je fais dans ce moment passer une revue du régiment espagnol par le général Grandeau, tant de l'armement, habillement, équipement que du petit équipement.

Cet officier général me fournira incessamment un état de tout ce qui manque à ce corps, afin d'être de niveau, s'il est possible, avec les régiments de ma division.

Je vous prie de me faire venir, pour administrer et commander ce régiment, le major que le général Kindelan vous a déjà demandé.

Je ne vous dissimule pas que je n'ai aucune confiance dans le chef de bataillon que ce général m'a laissé pour le commandement de ce corps, et d'après l'opinion qu'il m'a donnée de lui, j'ai lieu de le présumer Espagnol dans toute la force du terme ; il a surtout une tête propre à se laisser séduire par de mauvais conseils.

Hier un soldat du 15e a été assassiné d'un coup de couteau par un soldat espagnol ; on remue ciel et terre pour en découvrir l'auteur que je ferai fusiller de suite. Il est défendu à tous les sous-officiers et soldats de porter des couteaux. Des instructions sont données aux officiers à cet égard.

A la suite de cette demande, le 19 janvier 1812, le major de Tschudy, promu colonel, prit le commandement du régi-

---

1. Nous relevons sur le livret d'organisation des quatre corps de la Grande Armée du 3 au 12 janvier 1812, la situation suivante :

RÉGIMENT JOSEPH-NAPOLÉON.	OFFICIERS.	SOUS-OFF. et soldats.	HÔPITAUX.	EFFECTIF.	TOTAUX.
2e bataillon : Ducer, chef de bataillon	23	927	105	1,055	
3e bataillon : Llanza, id. . .	21	921	66	1,088	2,063

La division Friant se composait du 15e léger, des 33e et 48e de ligne et du régiment espagnol.

2. Archives administratives de la guerre.

ment Joseph-Napoléon [1] ; en fait, il n'eut sous ses ordres que les 2e et 3e bataillons, affectés à la division Friant [2].

Ce même jour, l'Empereur ordonnait au maréchal Davout de la diriger sur la Poméranie [3], de sorte que le général

---

1. Extrait d'un rapport du ministre de la guerre à l'Empereur, en date du 22 février 1812 :

« Sire,

« Votre Majesté avait accordé un congé à M. le général de Kindelan ; pendant qu'il se rendait à Paris pour consulter sur le mauvais état de sa santé, Votre Majesté donna le commandement du régiment Joseph-Napoléon à M. de Tschudy, homme sûr, major de ce régiment qui fut, à cet effet, promu au grade de Colonel... »

(Archives administratives de la guerre.)

2. La lettre suivante que le colonel de Tschudy écrivit au ministre de la guerre nous a paru intéressante au point de vue de l'organisation des équipages d'administration et de l'artillerie que pour cette campagne l'Empereur avait prescrit de fournir aux régiments d'infanterie :

« Stralsund, le 21 février 1812.

Le Conseil d'administration principal du régiment Joseph-Napoléon à S. E. Monseigneur le duc de Feltre, Ministre de la guerre.

« Monseigneur,

« Son Excellence M. le Ministre Directeur de l'administration de la guerre nous annonce par sa lettre du 5 janvier que l'Empereur, par un décret du 29 décembre 1811, a ordonné qu'il fût fourni pour le 1er du courant aux bataillons de guerre que nous administrons des équipages d'administration et d'artillerie.

« Il nous mande que les dix voitures d'artillerie nous seront délivrées par les soins de Votre Excellence, et qu'elle devra régler et nous faire connaître le cadre et les dispositions de notre compagnie d'équipages en nous indiquant aussi les places où nous devrons prendre les pièces et voitures d'artillerie qui nous sont destinées.

« Nous avons l'honneur de prier Votre Excellence de vouloir bien nous faire connaître dans le plus bref délai possible son intention à cet égard et de vouloir bien nommer pour notre compagnie d'artillerie deux officiers français qui aient servi dans cette arme, vu qu'il n'en existe aucun dans le régiment que nous administrons et qu'il est d'ailleurs d'absolue nécessité pour la bonne administration et économie de cette compagnie que l'officier qui la commandera entende parfaitement le français et ait des connaissances dans le service.

« Daignez agréer, etc.,

« Signé : LLANZA,   Signé : DUCER,
« *Chef de bataillon.*   *Chef de bataillon.*

« *Le Colonel commandant le régiment,*
« Signé : DE TSCHUDY. »

(Archives administratives de la guerre.)

3. *Correspondance de Napoléon Ier*, no 18447, t. XXIII.

Friant pût, « vingt-quatre heures après en avoir reçu l'ordre, partir avec sa division et se porter sur la Vistule [1] ».

Un mois après, le corps d'observation de l'Elbe [2], tout entier réuni dans la main de son chef, devait être prêt en deux jours à passer l'Oder à Stettin [3].

En exécution de ces ordres, le major général, Prince de Neuchâtel, rendait compte à l'Empereur, le 3 mars, que les 9 et 10 du même mois le général Friant arriverait à Stettin avec sa division [4].

Après avoir accompagné jusqu'à l'Oder les 2e et 3e bataillons du régiment Joseph-Napoléon, nous les quitterons momentanément pour suivre les mouvements des 1er et 4e bataillons que nous avons laissés dans leurs garnisons d'Italie à la fin de 1810.

V

Dans les premiers mois de 1811, les 1er et 4e bataillons du régiment Joseph-Napoléon tenaient respectivement garnison à Palma-Nova et à Alexandrie ; comme les bataillons stationnés en Hollande, ils devaient être compris dans les formations ordonnées par Napoléon en vue de la guerre contre la Russie.

Le 24 avril 1811, en effet, le ministre de la guerre rendait

---

1. *Correspondance de Napoléon Ier, n° 18494, t. XXIII.

2. A la date du 1er avril 1812, le corps d'observation de l'Elbe devait prendre le nom de 1er corps de la Grande-Armée ; restant sous les ordres du prince d'Eckmühl, il comprenait les 1re, 2e, 3e, 4e, 5e et 7e divisions. (*Correspondance de Napoléon Ier, n° 18544, t. XXIII.)

3. *Correspondance de Napoléon Ier, n° 18511, t. XXIII.

4. Archives nationales, AF, IV, 1642.

compte à l'Empereur [1] qu'en exécution de ses instructions
du 20 du même mois, il venait de donner ordre « au 1er bataillon du régiment Joseph-Napoléon qui, d'après un ordre
du 18 avril [2], devait se rendre de Palma-Nova à Vicence,
ainsi qu'au 4e bataillon du même régiment [3], qui, d'après le

------

1. Archives nationales, AF, IV, 1111.

2. Extrait d'un ordre de l'Empereur, en date du 18 avril 1811.

« Donnez l'ordre au bataillon espagnol qui est à Palma-Nova, et à celui qui
est à Alexandrie de se diriger, l'un sur Vicence, l'autre sur Bolzano.

« Il faudrait avoir un major en second pour commander ces deux bataillons. »

En marge : « L'ordre s'expédie en ce moment au bureau du mouvement. »

    (Archives administratives de la guerre.)

3.   Du 12 mai 1811.

    Sire,

J'ai l'honneur de rendre compte à Votre Majesté, que le général Porson, en
m'annonçant le départ du 4e bataillon du régiment espagnol Joseph-Napoléon
d'Alexandrie, pour se rendre dans les environs de Mantoue, fort de 833 hommes
(dont 109 détachés aux hôpitaux), ajoute que ce bataillon, dans sa marche
précédente d'Avignon sur Alexandrie, et pendant son long séjour dans cette
dernière place, n'a pas perdu un seul homme par la désertion, qu'il s'est très
bien comporté à Alexandrie.

J'ai cru devoir mettre sous les yeux de Votre Majesté ces détails très sa-
tisfaisants.

                    Le Ministre de la guerre,
                      Duc de Feltre.

    (Archives nationales, AF, IV, 1111.)

A rapprocher de cette appréciation favorable donnée par le ministre au
4e bataillon, les observations suivantes du major de Tschudy, sur le 1er bataillon : « Ce bataillon est celui qui réunit le plus grand nombre d'officiers de
mérite, parce que M. le général de Kindelan, voulant en donner le commandement à son fils, choisit ce qu'il crut avoir de mieux en officiers, sous-officiers
et soldats sur la totalité de ce qui existait alors au régiment. »

(Rapport du 6 septembre 1811 du major de Tschudy, archives administratives de la guerre.)

Cependant, et quoique la plupart des rapports constatent que la discipline
ne laissait rien à désirer dans les bataillons d'Italie du régiment Joseph-Napoléon, nous croyons devoir reproduire un rapport adressé au ministre le
27 avril 1812, et qui signale quelques actes d'insubordination à la charge de
trois officiers. Après avoir pris l'avis du général de Kindelan et du major
commandant les deux bataillons espagnols, le ministre se contenta de les
faire permuter de bataillons. Ces trois officiers, conduits au dépôt à Maëstricht
sous l'escorte de la gendarmerie, passèrent aux bataillons de Hollande avec
lesquels ils firent la campagne de 1812. (Voir à l'appendice F.)

même ordre, devait se rendre d'Alexandrie à Bolzano, de se diriger tous deux du côté de Mantoue pour être cantonnés hors de cette place, à Villafranca, Borghetto, Roverbella, etc., où ils devaient arriver du 10 au 15 mai. »

Le lendemain même, 25 avril, en vue de leur réunion, le ministre nommait au commandement des deux bataillons le major en second Doreille [1] venant du 13e de ligne.

Nous avons vu plus haut que, par son ordre du 24 mai 1811 affectant à la 3e division du corps d'observation du Rhin les 2e et 3e bataillons du régiment Joseph-Napoléon, l'Empereur avait placé les 1er et 4e bataillons dans la 3e division (général Partouneaux) du corps d'observation d'Italie ;

------

[1].   DOREILLE (Jean-Baptiste),
            Né le 2 juin 1773, à Tarascon (Bouches-du-Rhône).

Enrôlé volontaire, le 25 avril 1789, au régiment de Barrois-Infanterie (devenu 91e régiment en 1791). Grenadier, le 21 mai 1789 ;

Élu capitaine au 1er bataillon de grenadiers des Bouches-du-Rhône, le 26 septembre 1793 ;

Passé à la 12e demi-brigade d'infanterie légère, le 1er janvier 1797 ;

Nommé chef de bataillon, le 31 juillet 1806 ;

Passé au 13e régiment de ligne, le 12 septembre 1806 ;

Major en second, le 15 avril 1811 ;

Désigné pour commander les 1er et 4e bataillons du régiment Joseph-Napoléon, le 25 avril 1811.

Tué à Krasnoë (Russie), le 18 novembre 1812.

Campagnes.

1792 et 1793, armée des Alpes ; 1794 et 1795, armées des Pyrénées ; 1796, 1797, 1798, armée d'Italie ; 1799, 1800 et 1801, armées d'Helvétie et du Rhin ; vendémiaire an XIV, 1805, Grande-Armée ; 1807, Frioul ; 1809, armée d'Allemagne ; 1810 et 1811, Italie ; 1812, Russie.

Blessures.

Blessé d'un coup de feu devant Brenil, en Piémont, en 1792 ;

Coup de mitraille aux reins le 26 novembre 1793, devant Toulon ;

Coup de feu à la jambe gauche à Saint-Sébastien de la Mouga, en 1794 (armée des Pyrénées-Orientales) ;

Coup de sabre sur l'épaule droite, le 11 mars 1795, à l'affaire de Bazalou, même armée ;

Blessé à Wagram, le 6 juillet 1809.

Décorations.

Membre de la Légion d'honneur, le 14 mars 1806 ;

Officier de la Légion d'honneur, le 27 juillet 1809.

comme pour les bataillons venant de Hollande, cette formation ne fut que provisoire pour ceux d'Italie.

Le 16 décembre, en effet, l'Empereur donnait de nouvelles instructions au prince Eugène ; les deux bataillons espagnols passaient à la 2e division, général Broussier [1].

Comme dans le Nord, des camps avaient été formés en Italie pour l'organisation des divisions ; le vice-roi passa en revue [2] les 1er et 4e bataillons du régiment Joseph-Napoléon

---

1. « Mon Fils, voilà l'organisation que je désirerais donner au corps d'observation d'Italie..... la 2e division sera composée de..... deux bataillons espagnols..... Les Espagnols sont portés au grand complet..... »
(*Correspondance de Napoléon Ier*, no 18340, t. XXIII.)

2. « Lors de la dernière revue que j'ai passée, Monsieur le Duc de Feltre, dans les derniers jours du mois d'octobre, des troupes du camp de Montechiaro, plusieurs demandes m'ont été présentées par des officiers et autres militaires attachés aux 1er et 4e bataillons du régiment espagnol Joseph-Napoléon ; je vous les transmets ci-joint avec l'analyse de chacune d'elles afin que vous soyez à portée de prononcer sur leur objet.
« Sur ce, je prie Dieu, Monsieur le Duc de Feltre, qu'il vous ait en sa sainte et digne garde.
« Monza, ce 21 novembre 1811.
                                        « Eugène NAPOLÉON. »
(Archives administratives de la guerre.)
Parmi ces demandes, la suivante, adressée au ministre de la guerre par le major Doreille, et la réponse qui lui fut faite nous ont paru intéressantes à citer ; la situation des officiers français nommés à des emplois dans les régiments étrangers s'y trouvant nettement définie :

Au camp de Montechiaro, le 20 septembre 1811.

Doreille, major en second au régiment espagnol Joseph-Napoléon,
à S. E. le Ministre de la guerre.

Monseigneur,
J'ai l'honneur de soumettre à la décision de V. E. la question de savoir si par mon passage dans le régiment espagnol, j'ai cessé d'être compté parmi les militaires français et dans le cas contraire si je dois ou non porter la cocarde distinctive de ma nation ou celle espagnole.
J'attends de votre justice la solution de ma demande à laquelle je m'empresserai de me conformer.
J'ai l'honneur, etc.   DOREILLE.

Le Ministre de la guerre à M. Doreille, major en second, détaché au
régiment espagnol de Joseph-Napoléon, à Vérone.

Paris, le 4 novembre 1811.

Vous me demandez, Monsieur, si par votre passage au régiment espagnol de Joseph-Napoléon, vous cessez de compter parmi les militaires français.
Ce serait par erreur que vous vous considéreriez comme faisant partie de

à la fin du mois d'octobre 1811 au camp de Montechiaro, au moment même où l'Empereur voyait du camp d'Utrecht les 2e et 3e bataillons venant de Nimègue.

Par son ordre du 3 mars 1812, dont, en suivant les 2e et 3e bataillons, nous avons cité ce qui concernait le corps d'observation de l'Elbe qui devait devenir 1er corps, l'Empereur donnait la dénomination de 4e corps au corps d'observation d'Italie dont les divisions devaient prendre, à la date du 1er avril, les nos 13, 14 et 15 [1].

Les deux bataillons espagnols se trouvèrent placés dans la 14e division sous les ordres du général Broussier [2].

Dès la fin de janvier 1812, Napoléon avait prescrit au vice-roi d'Italie diverses mesures tendant à placer ses troupes en ordre de marche par brigades, la tête de colonne à Bolzano, les dernières brigades à Bassano et à Vérone [3].

Les premiers ordres de mouvement ne tardèrent pas à être donnés [4], et le 7 février le prince Eugène rendait compte que la division Broussier serait arrivée du 8 au 10 dans les

---

ce corps ; vous n'y êtes que détaché pour commander les deux bataillons employés en Italie, sans avoir cessé, pour cela, d'appartenir à l'armée française.   *Le Ministre.*

(Archives administratives de la guerre.)

1. *Correspondance de Napoléon Ier*, no 18544, t. XXIII.

2. A la date du 12 janvier 1812, les 1er et 4e bataillons du régiment Joseph-Napoléon présentaient la situation suivante :

RÉGIMENT JOSEPH-NAPOLÉON.	OFFICIERS.	SOUS-OFF. et soldats.	HÔPITAUX.	EFFECTIF.	TOTAUX.
1er bataillon : Kindelan, chef de bataillon	21	702	29	752	
4e bataillon : O'Donnell, id.	18	773	29	820	} 1,572

(Archives nationales, AF, IV, 1642.)

La 14e division, général Broussier, ancienne 2e division, était composée du 18e léger, des 9e, 35e et 53e de ligne et du régiment Joseph-Napoléon.

3. *Correspondance de Napoléon Ier*, no 18465, t. XXIII.

4. « Donnez ordre au vice-roi de faire partir, du 16 au 20 (février), tout son corps d'armée pour se rendre à Ratisbonne... » (Lettre de Napoléon au Major général de la Grande Armée, prince de Neuchâtel ; *Correspondance de Napoléon Ier*, no 18488, t. XXIII.)

positions qui lui avaient été assignées ; le régiment Joseph-Napoléon à Trente et ses environs.

Un rapport du Major général, prince de Neuchâtel, adressé à l'Empereur le 9 février [1], exposant dans ses grandes lignes le plan général des mouvements des quatre corps de la Grande Armée, nous croyons devoir en reproduire les passages essentiels :

Sire,

J'ai eu l'honneur de rendre compte à Votre Majesté, par un rapport d'aujourd'hui, des ordres que j'ai adressés au Prince Vice-Roi pour mettre en mouvement du 16 au 20 février toutes les troupes du corps d'observation d'Italie et les faire diriger sur Ratisbonne.

Je soumets à l'approbation de Votre Majesté les projets d'instructions que, d'après les dispositions contenues dans sa lettre du 8 [2], j'ai préparés pour MM. les maréchaux prince d'Eckmühl, duc de Reggio et duc d'Elchingen, commandant les 1er, 2e et 3e corps de la Grande Armée.

Je mande à ces maréchaux que le mouvement du corps d'armée d'Italie détermine celui de tous les autres corps, qu'il en est le pivot et qu'ils doivent en conséquence faire sur-le-champ leurs dispositions pour préparer celui des troupes sous leurs ordres.

J'écris au prince d'Eckmühl que le mouvement de son corps d'armée doit avoir lieu cinq jours après celui du corps d'observation d'Italie.

Qu'en supposant que le Prince Vice-Roi commence son mouvement le 18 février, il faut qu'il fasse le sien le 23 ; que l'intention de Votre Majesté est donc qu'il fasse passer à la fois l'Oder à Stettin le 23 février à ..... la 2e division qui est dans la Poméranie suédoise.....

Le mouvement du 1er corps et par suite celui de la division

---

1. Archives nationales, AF, IV, 1642.
2. *Correspondance de Napoléon Ier*, n° 18488, t. XXIII.

Friant, où se trouvaient les 2ᵉ et 3ᵉ bataillons du régiment Joseph-Napoléon, étaient donc subordonnés à celui du 4ᵉ corps. Ce rapport du Major général nous a fourni l'occasion de relier les mouvements des deux groupes que nous sommes obligé d'étudier successivement.

Il résulte du tableau de marche du 4ᵉ corps que les 1ᵉʳ et 4ᵉ bataillons partirent de Mezzo-Lombardo et de Mezzo-Tedesco le 23 février, suivant un itinéraire qui devait les amener le 14 mars à Ratisbonne [1].

. Le 21 février, le maréchal Berthier rendait compte à l'Empereur de l'exécution de ses ordres [2].

----

1. Extrait du tableau de marche du 4ᵉ corps, adressé de Milan, le 15 février, au Major général de la Grande Armée, par le général de division comte Vignolle, chef d'état-major de l'armée d'Italie :

14ᵒ division. — 2ᵒ brigade. — Régiment espagnol Joseph-Napoléon.
2 bataillons.

Le 23 février, départ de Mezzo-Lombardo et Mezzo-Tedesco ; le 23 février, Branzol ; le 24 février, Bolzer ; le 25 février, Kolmann ; le 26 février, Brixen ; le 27 février, Nerzing ; le 28 février, Steinach ; le 29 février, Hall ; le 1ᵉʳ mars, séjour ; le 2 mars, Schwatz ; le 3 mars, Rattenberg ; le 4 mars Koffstein ; le 5 mars, Wispachen ; le 6 mars, Arbling ; le 7 mars, Munich ; le 8 mars, séjour ; le 9 mars, Freysingen ; le 10 mars, Landshut ; le 11 mars, séjour ; le 12 mars, Ergotsbach ; le 13 mars, Eggmühl ; le 14 mars, Ratisbonne.
(Archives nationales, AF, IV, 1642.)

2.   *Rapport à Sa Majesté l'Empereur et Roi.*
                Paris, le 21 février 1812, à 2 heures après midi.
        Sire,
Je reçois à l'instant une lettre de S. A. I. le prince vice-roi d'Italie [a], qui m'informe des dispositions qu'il a faites pour le mouvement de l'armée d'Italie sur Ratisbonne, en exécution des ordres de Votre Majesté, que je lui avais transmis le 9 de ce mois.
Les premières colonnes ont dû commencer leur mouvement les 19 et 20. L'ar-

a. Le prince Eugène avait adressé de Milan, au Major général le 15 février, la lettre suivante :

« L'armée traverse le mauvais pays du Tyrol par brigades, et aux débouchés dans la plaine, c'est-à-dire à Munich, on se forme par divisions ; la queue pressant un peu la marche arrivera à très peu de distance de la tête, à Ratisbonne ; l'armée part dans le meilleur état possible..... »
(Archives nationales, AF, IV, 1642.)
Voir, sur le rapport du vice-roi, la lettre que l'Empereur lui adressa le 29 février. (*Correspondance de Napoléon Iᵉʳ,* nᵒ 18354, t. XXIII.)

Mais quelques jours plus tard, l'ordre de marche de la division Broussier était modifié ; le 26 février, en effet, le Major général prescrivait de lui faire quitter à Insprück la route de Ratisbonne pour la diriger par Augsbourg sur Nuremberg [1].

Lorsque cet ordre parvint à Munich, les troupes de la division Broussier avaient déjà dépassé Insprück [2]. Elles furent dirigées directement sur Nuremberg, où elles arrivèrent le 15 mars.

Glogau était le point de concentration du 4e corps de la Grande Armée. La division Broussier quitta Nuremberg le

---

mée traverse le Tyrol, par brigade, et aux débouchés en Bavière, elle se forme et marche sur Ratisbonne par division. Le Prince Vice-Roi annonce que cette armée part dans le meilleur état possible, et que toutes les mesures sont prises pour qu'à Ratisbonne et à Dresde, elle trouve à se rafraîchir soit en chevaux, soit en souliers, etc. . . . .

La 14e division, avec son artillerie, train, sapeurs, équipages militaires et la 11e brigade de cavalerie légère de la division Kellermann, marche aussi en trois colonnes qui seront réunies à Munich le 8 mars ; elle arrivera le 14 mars à Ratisbonne.

1.   *Rapport à Sa Majesté l'Empereur et Roi.*

                        Paris, le 26 février 1812.

... J'ai donné l'ordre à la division Broussier et à la 11e brigade de cavalerie légère qui marche avec elle, de se diriger par Augsbourg sur Nuremberg..... La division Broussier et sa cavalerie légère arriveront du 13 au 15 mars à Nuremberg où elles ont l'ordre de prendre aussi 5 séjours.....

     (Archives nationales, AF, IV, 1642.)

2. Le maréchal Junot ayant reçu, le 8 février, le commandement du corps d'observation d'Italie sous les ordres du vice-roi[a], fut avisé trop tard du changement de direction à prescrire à la 14e division ; le Major général en rendit compte à l'Empereur par le rapport suivant du 11 mars :

« Je reçois à l'instant une lettre de M. le duc d'Abrantès datée de Munich le 5 mars, il m'annonce l'arrivée de mon aide de camp qui était porteur des ordres pour détourner à Insprück les colonnes de l'armée d'Italie de leur marche sur Munich.....

« La division du général Broussier n'a pu être détournée à Insprück, ayant déjà dépassé cette ville à l'arrivée des ordres, mais elle se rend directement à Nuremberg, où elle doit arriver vers le 15 mars.... »

     (Archives nationales, AF, IV, 1642.)

a. « Mon Cousin, donnez ordre au duc d'Abrantès d'être rendu de sa personne à Vérone, le 15 février. Il aura le commandement du corps d'observation d'Italie sous les ordres du vice-roi... »

     (*Correspondance de Napoléon Ier*, no 18489, t. XXIII.)

20 mars [1], arriva le 4 avril à Dresde et y reçut son ordre de marche pour se rendre à Glogau où elle devait arriver du 16 au 18 avril.

De son côté, le prince Eugène, arrivé le 12 mai dans cette place, y passa ce même jour la revue des troupes placées sous ses ordres [2].

VI

Nous avons amené le régiment Joseph-Napoléon sur l'Oder : les 2e et 3e bataillons, venant de Hollande, à Stettin, où ils arrivèrent en mars 1812 [3] ; ces deux bataillons placés dans la 2e division (général Friant) du 1er corps d'armée (maréchal Davout); les 1er et 4e bataillons, venant d'Italie, à Glogau, où ils arrivèrent en avril [3], ces derniers placés dans la 14e division (général Broussier) du 4e corps d'armée (prince Eugène, vice-roi d'Italie).

---

1. Extrait d'un rapport du Major général adressé à l'Empereur, le 16 mars :

« Je reçois à l'instant une dépêche du duc d'Abrantès, datée de Ratisbonne le 12 mars, par laquelle ce général m'instruit des ordres qu'il a donnés pour la marche ultérieure sur Glogau des différentes colonnes de l'armée d'Italie.

« Je joins ici son tableau de mouvement qui indique la marche jusqu'à Dresde ; il ne l'a pas portée plus loin parce qu'il attend d'être sur les lieux pour tracer de la manière la plus convenable, l'itinéraire de Dresde à Glogau qu'au surplus il évalue à 12 journées de marche.

« La 14e division d'infanterie et la 11e brigade de cavalerie légère partant de Nuremberg le 20 mars, arriveront le 4 avril à Dresde, et du 16 au 18 à Glogau..... »

(Archives nationales, AF, IV, 1642.)

2. LABAUME : *Relation de la campagne de Russie.*

3. « La 2e division (général Friant) arrivera à Stettin les 9 et 10 mars conformément aux intentions de Votre Majesté.

« Le 30 avril, les 13e et 14e divisions seront sur l'Oder, à droite et à gauche de Glogau. » (Rapports du maréchal Berthier, major général, à l'Empereur. Archives nationales, AF, IV, n° 1642.)

Le régiment devait rester ainsi divisé en deux groupes de deux bataillons chacun pendant toute la campagne de 1812.

Le colonel de Tschudy n'eut jamais sous ses ordres directs que les 2ᵉ et 3ᵉ bataillons, les 1ᵉʳ et 4ᵉ restant commandés par le major en second Doreille.

Il nous reste à suivre ces bataillons groupés deux à deux de l'Oder à Moscou, puis pendant la retraite de Russie. Cette troupe ayant eu la rare fortune de laisser de ses services une relation détaillée dont manquent, pour cette époque, beaucoup de nos régiments, nous ne saurions mieux faire que d'en extraire le récit des marches et des combats auxquels elle prit part ; le mémoire manuscrit du commandant Lopez, dont nous avons reproduit déjà quelques pages relatives aux événements de Danemark en 1808, suit pas à pas les bataillons espagnols du 1ᵉʳ corps pendant la campagne et la retraite de Russie, puis les débris du régiment Joseph-Napoléon reconstitué à deux bataillons pendant la campagne de 1813 jusqu'à la dissolution du corps, par une mesure générale s'appliquant à toutes les troupes étrangères au service de la France, en exécution du décret du 25 novembre 1813.

Nous passons donc la plume au commandant Lopez, et nous bornerons désormais à accompagner son récit de quelques notes puisées pour la plupart dans nos principales archives, en l'appuyant parfois de l'autorité du colonel de Tschudy qui a laissé, de son côté, une courte relation [1]

---

1. Grâce à une très obligeante communication dont nous sommes heureux de remercier ici M. Martinien, employé aux Archives historiques de la guerre, nous avons eu sous les yeux cette plaquette de quelques pages, imprimée à Namur en 1813, signée du colonel de Tschudy, et ayant pour titre : *Précis historique des actions où se sont trouvés les 2ᵉ et 3ᵒ bataillons du régiment Joseph-Napoléon avec la 2ᵉ division du 1ᵉʳ corps de la Grande Armée dont*

des actions de guerre auxquelles il a pris part avec les deux bataillons qu'il commandait.

En le prenant pour guide, nous rencontrerons plusieurs fois sur notre route les 1er et 4e bataillons qui, moins heureux que leurs camarades du 1er corps, n'ont point laissé de journal de marche, leur chef, le brave major Doreille, ayant été tué à Krasnoë, le 18 novembre 1812. Les deux bataillons d'Italie firent, au 4e corps, honneur au drapeau du régiment. Nous en avons trouvé dans les mémoires du temps des témoignages que nous ne manquerons pas de citer.

Les quelques lignes qui, dans le manuscrit du commandant Lopez, précèdent le récit de la campagne de Russie, présentant le meilleur résumé qui se puisse faire des trop longues pages dans lesquelles nous avons essayé de reconstituer l'historique de la formation et de l'organisation du régiment Joseph-Napoléon jusqu'à son incorporation dans la Grande Armée, nous n'hésitons pas à les reproduire :

« Le régiment Joseph-Napoléon, écrit le commandant Lopez, formé en 1809, se trouva composé de la manière suivante :

« Trois officiers français : le major, un adjudant-major et le quartier-maître.

« Un sous-officier français comptable par compagnie.

« Les officiers, pris exclusivement parmi les restes de la division de La Romana, excepté un des frères O'Donnel, venu d'Espagne comme chef de bataillon [1], et qui de Russie

---

ils ont fait partie pendant la dernière campagne. Le récit du colonel de Tschudy complète par certains détails celui du commandant Lopez ; il ne nous paraît d'ailleurs pas douteux que celui-ci n'ait eu connaissance du travail de son chef.

1. O'Donnel (Alexandre), chef de bataillon au service d'Espagne par décret du 9 avril 1809 ; arrivé à Avignon porteur d'un ordre du roi d'Espagne pour

retourna en Espagne en qualité de colonel du régiment *Impérial-Alexandre* [1].

« Les sous-officiers et les soldats furent pris d'abord parmi les restes de La Romana, et le complément parmi ceux faits prisonniers de guerre en Espagne.

« Dès que le 1er bataillon fut organisé, on le dirigea sur Alexandrie sous le commandement du jeune Kindelan [2], âgé de 21 ans.

---

servir en cette qualité dans le régiment Joseph-Napoléon ; placé dans ce corps pour y remplir provisoirement les fonctions de capitaine par décision ministérielle du 15 novembre 1809 ; nommé chef de bataillon par décret du 25 avril 1810, en remplacement de M. Ramirez Arellano.

(Archives administratives de la guerre.)

1. Sur le chef de bataillon O'Donnel et le régiment espagnol *Impérial-Alexandre,* voir à l'appendice G.

2. Baron de Kindelan (Joseph-Marie du Transit-Antoine-François d'Assise-Laurent-Raymond-Xavier-Vincent-Ferrer-Dominique de Gusman), fils de Jean et de Marie-Josèphe Menezès de Lozada, né le 12 août 1787, à Zamora (Espagne).

Cadet au régiment d'Ultonia-Infanterie, le 17 avril 1797 ; sous-lieutenant, le 27 septembre 1798 ; lieutenant, le 26 juillet 1805 ; aide de camp du maréchal de camp de Kindelan, son père, commandant en second la division espagnole du marquis de La Romana ; capitaine, le 25 novembre 1807 ; autorisé le 3 décembre 1808 à se rendre à Bordeaux pour y attendre les ordres de S. M. C. ; nommé capitaine au régiment espagnol Joseph-Napoléon, le 21 mai 1809 ; chef de bataillon, le 4 juillet 1809 ; major, le 31 mars 1812 ; major commandant le régiment de pionniers espagnols, le 24 décembre 1813 ; licencié avec ce corps, le 17 avril 1814 ; aide de camp du général Kindelan, le 23 juin 1814 ; major du 6e régiment étranger, le 8 mai 1815 ; admis au traitement de réforme et traité comme réfugié espagnol, le 29 septembre 1815, après le licenciement de ce régiment ; naturalisé Français par ordonnance du 17 janvier 1816 ; nommé lieutenant-colonel, le 27 mars 1816, à la légion royale étrangère (devenue légion de Hohenlohe) ; lieutenant-colonel de la légion départementale du Loiret, le 17 juin 1817 ; passé au 48e régiment d'infanterie de ligne, le 17 novembre 1820 ; passé au 14e régiment d'infanterie de ligne, le 9 mai 1823 ; colonel du 40e régiment d'infanterie de ligne, le 30 juillet 1823.

Au mois de mai 1829, le colonel de Kindelan dans l'obligation de solliciter sa mise à la réforme pour cause de maladie, s'exprimait ainsi : « Dans cette fâcheuse position, la loyauté me force à solliciter le traitement de réforme, car un sentiment de délicatesse me prescrit de ne plus occuper une place quand une cause quelconque empêche de remplir dans toute leur étendue les devoirs qu'elle impose. »

Admis au traitement de réforme, le 22 mai 1830.

Décédé à Brest, le 29 septembre 1833.

Campagnes.

1805, embarqué sur l'escadre combinée et sous les ordres de l'amiral Gra-

« Le 4ᵉ bataillon, commandé par O'Donnel, reçut quelque temps après la même direction.

« Le 2ᵉ bataillon, commandé par don Ramon Ducer[1], ex-capitaine du régiment d'Asturies, fut dirigé sur Anvers.

« Le 3ᵉ bataillon, commandé par don Rodrigo Medrano[2],

---

bina, il assista à la bataille de Trafalgar; 1807 et 1808, en Danemark et dans la Poméranie suédoise, était au siège de Stralsund; 1810 et 1811, en Italie; 1812, Russie; 1814, en France; 1815, armée de la Loire; 1823, 1824, 1825, 1826 et 1827, Espagne (a exercé le commandement supérieur de Figuières).

Décorations.

Chevalier de Saint-Louis, le 18 août 1819; chevalier de la Légion d'honneur, le 14 février 1815; officier de la Légion d'honneur, le 17 août 1822; chevalier de l'ordre espagnol de Saint-Jacques, le 10 août 1805; décoré de l'ordre royal d'Espagne, le 12 décembre 1809; chevalier de 2ᵉ classe de l'ordre de Saint-Ferdinand d'Espagne, le 18 novembre 1823.

Créé baron par ordonnance du 27 janvier 1827.

(Archives administratives de la guerre.)

1. Le chef de bataillon Ducer fut nommé à ce grade le 8 novembre 1809, sur la proposition du général de Kindelan qui avait adressé le 16 septembre précédent le rapport suivant au ministre de la guerre : « Cet officier (Ducer [Ramon]) sert dans le grade de capitaine depuis 1794; par rang d'ancienneté, il n'est que le 4ᵉ, mais les trois capitaines qui le devancent, en raison de leur âge et de la faiblesse de leurs dispositions, n'étant pas aussi en état que lui de remplir convenablement cet emploi d'officier supérieur, j'ai jugé à propos de lui donner la préférence; il a toujours honorablement servi, soit en paix, soit en guerre; il s'est toujours parfaitement bien conduit et possède en outre toutes les dispositions personnelles convenables pour l'emploi auquel je le propose. »

Le chef de bataillon Ducer commanda d'abord le 1ᵉʳ bataillon qu'il conduisit à Alexandrie, puis le 2ᵉ à Anvers.

Il fit avec ce bataillon la campagne de Russie au 4ᵉ corps et fut tué à l'affaire du 10 septembre 1812.

Nous n'avons pu retrouver ses états de services.

2. Le chef de bataillon Medrano ne conduisit pas le 3ᵉ bataillon en Russie; âgé et fatigué, il resta au dépôt et fut remplacé, sur la proposition du général Kindelan à la revue que l'Empereur passa du régiment au camp d'Utrecht, par le capitaine Llanza, promu chef de bataillon.

Le major de Tschudy avait donné en septembre 1811 les notes suivantes au chef de bataillon Medrano :

« Medrano (Rodrigue), chef de bataillon; cet officier a fourni une longue et honorable carrière militaire, est trop âgé actuellement pour faire un service actif et attend au dépôt, par ordre de M. le général de Kindelan, le moment où il pourra jouir de la retraite à laquelle il a droit. »

Dans le même rapport le capitaine Llanza était noté ainsi qu'il suit :

« Llanza (Raphaël), capitaine de grenadiers, a du zèle pour son métier, a surtout beaucoup d'honneur, de bravoure et de délicatesse, il a beaucoup de tenue et de caractère, et sera un bon chef de bataillon; il a été recommandé

ex-major du régiment de Guadalaxara, fut envoyé à Lyon, et de là à Maëstricht où le rejoignit le bataillon de dépôt qui était resté à Avignon.

« Les 2ᵉ et 3ᵉ bataillons allèrent ensuite se réunir à Nimègue (12 mai 1811) sous le commandement du général Kindelan, qui les conduisit à la fin de l'été à Utrecht; ils furent passés en revue par l'Empereur à trois lieues de cette ville et dirigés immédiatement après sur Rostock, pour faire partie de la division Friant, avec le 15ᵉ léger, les 33ᵉ et 48ᵉ de ligne (corps d'observation de l'Elbe que commandait le maréchal Davout, prince d'Eckmühl).

« Les relations commerciales qu'entretenait la Suède avec l'Angleterre décidèrent Napoléon à faire occuper la Poméranie suédoise [1]. En conséquence, on fit partir de Rostock, dans les premiers jours de janvier 1812, le 15ᵉ léger, ainsi que les 2ᵉ et 3ᵉ bataillons Joseph-Napoléon, ayant le lieutenant-général comte Friant à leur tête, pour aller s'emparer de Stralsund ; après deux jours de marche, nous arrivâmes vers minuit devant cette place où nous avait précédés l'adjudant-commandant Galichet, et nous entrâmes de suite, par capitulation dans une ville déjà prise par les Français en 1807, et qui me rappelait les revers qu'y avait éprouvés le célèbre Charles XII après sa défaite à Pultawa et son retour imprévu de Bender, ainsi que les dangers qu'avait partagés avec lui, tant dans cette ville que dans l'île de Rügen, l'ambassadeur de France Colbert, comte de Croissy, lieutenant-

---

pour cette place par M. le général Kindelan et commande par intérim le 3ᵒ bataillon. »

Cet officier supérieur commanda le 3ᵉ bataillon au 1ᵉʳ corps pendant toute la campagne de Russie. Blessé à l'affaire de Krasnoë, le 18 novembre 1812, il resta au pouvoir de l'ennemi.

1. Voir *Correspondance de Napoléon Iᵉʳ*, nᵒˢ 18378, 18444, 18447, 18516, 18702, t. XXIII.

général des armées, auquel Charles disait, dit-on, quelquefois : *Veni, maledicamus de rege*[1].

« Le dépôt du régiment Joseph-Napoléon qui était resté à Maëstricht fut, à cette même époque, dirigé sur Namur où il resta jusqu'à la fin de la campagne de 1813.

« Vers la fin de janvier 1812, les garnisons suédoises de Stralsund et de l'île de Rügen furent faites prisonnières de guerre et dirigées sur la France ; alors la division Friant quitta la Poméranie pour se rendre à Dantzig, passant par Anklam et par Stettin.

« Vers ce même temps, les cabinets des Tuileries et de Saint-Pétersbourg ne pouvant s'accorder sur les bases du système continental, ni sur d'autres points d'intérêt relatif[2], l'empereur Napoléon fit porter une partie de son armée de l'Oder sur la Vistule. Les 2e et 3e bataillons Joseph-Napoléon partirent de Dantzig avec la division Friant, devenue 2e du 1er corps destiné à agir contre la Russie. Ce corps d'armée, fort de six divisions (environ 70,000 hommes), fut passé en revue par Napoléon, le 18 juin 1812, au camp baraqué établi à trois lieues de Gumbinnen. Le lendemain, il se mit en mouvement et arriva le 23 sur la rive gauche du Niémen, entre Tilsit et Kowno.

« Les 1er et 4e bataillons Joseph-Napoléon partis d'Alexan-

---

1. Nous avons cru devoir reproduire cette digression du commandant Lopez à qui nous laissons la responsabilité de ce témoignage d'érudition ; la présence du régiment espagnol à Stralsund aurait pu cependant rappeler au commandant que plusieurs de ses camarades qui y entraient avec lui en janvier 1812 avaient honorablement pris part dans le régiment de Guadalaxara au siège de cette place, en 1807, avec la division Molitor. Un souvenir donné à la première affaire où les Espagnols combattirent dans le Nord, sous le drapeau français, eût paru peut-être plus à sa place dans cette relation qu'une allusion à Charles XII... Il est vrai qu'en 1807 Lopez appartenait au régiment des Asturies qui était à Hambourg avec La Romana lorsque le régiment de Guadalaxara assiégeait Stralsund sous les ordres de Kindelan.

2. Voir *Correspondance de Napoléon Ier*, nos 18431 et 18458, t. XXIII.

drie sous le commandement du major en second Doreille,
sortant, je crois, du 13e de ligne, ainsi que des chefs de bataillon O'Donnel et Kindelan [1], arrivèrent en même temps [2]
sur les bords du fleuve avec l'armée d'Italie commandée
par le prince Eugène.

« Le lendemain 24, l'armée passa le Niémen [3].....

« ..... La 2e division du 1er corps (général Friant) fut dé-
tachée tout entière à l'avant-garde commandée par le roi de
Naples [4] ; elle arriva le 29 devant Vilna, en prit possession
sans combat et en partit le 1er juillet se dirigeant sur Polotsk,
où nous arrivâmes le 23 du même mois vers 10 heures du
soir, mourant de faim et exténués de fatigue, tant étaient
rapides nos mouvements, poursuivant quelques milliers de
cosaques que les Russes, en se retirant, avaient laissés derrière leur armée pour nous observer [5].

---

1. Le chef de bataillon de Kindelan, ayant été promu major le 31 mars 1812,
se rendit à cette date au dépôt à Namur et ne prit pas part à la campagne
de Russie. Le capitaine Sansot, promu chef de bataillon le 2 août 1812, prit à
cette date le commandement du 1er bataillon.

2. Le corps d'armée d'Italie n'arriva sur le Niémen que le 29 juin à Pilony,
lieu désigné pour son passage : « En y arrivant, dit Labaume, dans sa *Relation
de la campagne de Russie,* nous trouvâmes le vice-roi, le duc d'Abrantès et
tout l'état-major, qui, par un temps pluvieux, étaient occupés à faire construire
un pont..... Le lendemain 30, ... la 14e division, commandée par le général
Broussier, effectua paisiblement son passage..... »

C'est à Pilony que le 4e corps eut à subir le violent orage qui, à Wilna, fit
tant souffrir les autres corps d'armée et surtout la cavalerie.

3. Voir l'ordre pour le passage du Niémen.

(*Correspondance de Napoléon Ier,* no 18857, t. XXIII.)

Nous avons pris la liberté de sauter ici quelques considérations historiques
sur la Pologne qui sont étrangères à notre sujet.

4. « Mon Cousin, donnez ordre au prince d'Eckmühl que la division Friant
soit à la disposition du roi de Naples..... Donnez ordre au roi de Naples de
partir avec..... la division Friant, de chasser l'ennemi..... et de le suivre dans
sa retraite..... »

(*Correspondance de Napoléon Ier,* no 18874, t. XXIII.)

5. A la suite des marches forcées que dut fournir l'infanterie soutenant l'a-
vant-garde de cavalerie commandée par Murat, et des fatigues auxquelles le
commandant Lopez fait allusion, un certain nombre de soldats restèrent en
arrière.

Le capitaine Coignet rapporte dans ses *Cahiers* que, pour ramener ces isolés

« Les 2ᵉ et 3ᵉ bataillons Joseph-Napoléon et un bataillon du 48ᵉ de ligne, sous les ordres du colonel de Tschudy, gardèrent Polotsk jusqu'à l'arrivée du 3ᵉ corps ; après lui en avoir fait remise, ils allèrent rejoindre la division le 27 près Witepsk ; ils se trouvèrent en deuxième ligne à l'affaire qui eut lieu devant cette place et à laquelle prirent une part plus active les 1ᵉʳ et 4ᵉ bataillons du même régiment qui faisaient partie de l'armée d'Italie [1].

« Après avoir passé à gué, au pas de charge, la Dwina, en amont de la ville, la division Friant tout entière alla camper à trois lieues au delà de Witepsk et y resta jusqu'au 9 août, jour où elle se mit de nouveau en mouvement à l'avant-garde, jusqu'au Dnieper, près d'Orcha, et de là jusqu'à Smolensk, où elle rentra momentanément au 1ᵉʳ corps.

« Les 2ᵉ et 3ᵉ bataillons Joseph-Napoléon se trouvèrent le 17 à la bataille et à la prise de cette place, formant la gauche de leur division et la droite de la première du 1ᵉʳ corps. La division Friant se trouva tout entière sous le feu de l'artille-

---

à leurs régiments, l'Empereur en fit former à Vilna trois bataillons de 700 à 800 hommes chacun : le bataillon dont Coignet reçut le commandement le 16 juillet comprenait 133 Espagnols du régiment Joseph-Napoléon. Nous ne pouvons que prier le lecteur de se reporter au pittoresque récit que fait le capitaine de la difficile mission qu'il avait reçue. Sa conversation avec le colonel de Tschudy au moment où il dut lui rendre compte que 62 soldats du régiment avaient été fusillés en route est particulièrement caractéristique.

En écrivant qu'il ramenait ces isolés au 3ᵉ corps, le capitaine Coignet fait erreur en ce qui concerne le régiment Joseph-Napoléon qui comptait au 1ᵉʳ corps. La suite du récit du commandant Lopez explique comment cette erreur a pu se produire : le colonel de Tschudy étant resté à Polotsk pour faire remise de cette place au 3ᵉ corps, Coignet a pu croire qu'il en faisait partie. (Voir *Les Cahiers du capitaine Coignet*, 7ᵉ cahier.)

1. « La division Broussier (à laquelle appartenaient les 1ᵉʳ et 4ᵉ bataillons Joseph-Napoléon) étant ce jour-là d'avant-garde, traversa sur un mauvais pont un petit ruisseau qui nous séparait de cette plaine, et fut se mettre en position sur une hauteur, faisant face au plateau occupé par les Russes..... Cette division, formée en carré, présentait à l'ennemi un front inexpugnable, et devant lequel venaient se briser tous les efforts qu'on tentait pour l'entamer..... »

(E. LABAUME: *Relation de la campagne de Russie*.)

rie de la place, tandis que les compagnies de voltigeurs commandées par le général de brigade Grandeau chassaient les Russes des fossés et de dessus le rempart.

« Cette division partit de cette place le lendemain 18 avec le 1er corps et arriva sur le soir, au pas accéléré, au secours de la division Gudin sérieusement engagée dans un bois que traversait la route, où l'on se battait corps à corps, sans qu'il fût possible d'exécuter aucun mouvement en ordre. L'arrivée de la division Friant fit cesser le feu et décida l'ennemi à abandonner la position qui était couverte de cadavres.

« Le lendemain 19, la division Friant suivit le 1er corps jusqu'au champ de bataille de la Moskowa où nous arrivâmes le 5 septembre au soir ; une forte redoute de fortification passagère qui défendait l'aile gauche de la première ligne de l'armée russe ayant été enlevée, le général Friant ordonna au colonel de Tschudy, de Joseph-Napoléon, de s'établir avec ses deux bataillons entre cette redoute et un village qui brûlait à peu de distance sur sa gauche, afin de couvrir la division.

« A peine ces deux bataillons se trouvaient-ils ainsi établis en carré que le 111e de ligne, qui se trouvait déployé au delà du village, à peu de distance de la première ligne ennemie, fut chargé et rompu par la cavalerie russe, laquelle, poursuivant les fuyards, fut attirée sur notre carré par les coups de fusil de nos voltigeurs, et comme l'obscurité l'avait empêchée de nous voir, elle reçut à bout portant le feu de deux faces [1].

---

1. « ..... Mais vers la gauche le 111e s'étant trop avancé fut chargé tout à coup par les cuirassiers de Douka, et mis un moment en péril. Il se forma sur-le-champ en carré, et arrêta par une grêle de balles les vaillants cavaliers qui l'avaient assailli. Un régiment espagnol d'infanterie (le régiment Joseph-

« On entendit alors quelques voix qui disaient : « Ne tirez
« pas, ne tirez pas, nous sommes Français », mais la fusil-
lade continuant toujours, cette cavalerie que nous avions vu
arriver à la lueur des flammes se retira au galop, laissant
plusieurs morts sur place [1].

« Le lendemain 6, toute l'armée prit position [2], et le 7, de
grand matin, les deux bataillons Joseph-Napoléon soutinrent les batteries du général Balthus qui canonnaient l'extrême gauche de la première ligne ennemie [3] ; vers 1 heure

---

Napoléon) accourut bravement au secours de son camarade, mais il n'eut aucun effort à faire, le 111e ayant suffi à lui tout seul pour se dégager..... »
(THIERS : *Histoire du Consulat et de l'Empire*, t. XIV, livre XLIV.)

1. Le colonel de Tschudy rapporte les péripéties de ce combat très honorable pour lui et ses deux bataillons dans les termes suivants :
« ..... Ce même jour, vers les 7 heures du soir, le colonel du régiment reçut
de M. le général Friant l'ordre de se porter avec ses deux bataillons au village qui brûlait à la gauche de la redoute qui avait été emportée, afin de
couvrir la droite de la 2e division et occuper un espace considérable de terrain
qui se trouvait entre la redoute et le village, et par lequel l'ennemi aurait pu
passer sans être aperçu et venir inquiéter son bivouac. Les deux bataillons
arrivèrent au moment où le 111e de ligne, qui se trouvait en bataille en avant
du village, venait d'être chargé par la cavalerie ennemie, avait été rompu et
avait perdu une partie de son artillerie. Le colonel forma le carré avec ses
deux bataillons (qui à cette époque se réduisaient à 400 combattants), il le
masqua en partie par les dernières maisons du village en flammes, et jugeant
que la position était avantageuse pour recevoir l'ennemi, il l'envoya amorcer
par une compagnie de voltigeurs qui eut ordre de l'attirer en se retirant par
le village en feu jusqu'à la hauteur du carré. Ce que le colonel avait prévu
arriva : l'ennemi, ne croyant poursuivre qu'une poignée de tirailleurs, se
trouva sur le carré sans l'avoir aperçu et reçut à bout portant le feu de ses
deux faces. Cette cavalerie se retira en désordre, laissant devant le front du
carré 10 morts, parmi lesquels le chef qui les commandait, et dut avoir un
grand nombre d'hommes et de chevaux blessés ; les bataillons ne perdirent
pas un seul homme, et l'ennemi ne fit plus de mouvement pendant la nuit.
Ce fut la première action particulière du régiment, dont malheureusement
M. le général comte Friant ne fit qu'un rapport verbal à M. le prince d'Eckmühl ;
s'il l'eût donné par écrit, tel qu'il l'avait d'abord donné au colonel, cette action
serait venue à la connaissance de S. M. »

2. « Napoléon, pour ne pas donner à l'ennemi le secret de son plan d'attaque, avait décidé qu'on passerait la journée du 6 dans les mêmes positions
qu'on occupait le 5. On ne devait prendre son rang dans la ligne de bataille
que pendant la matinée du 7 et tout à fait à la pointe du jour..... »
(THIERS : *Histoire du Consulat et de l'Empire*, t. XIV, livre XLIV.)

3. Le régiment perdit à cette affaire 2 tués et eut 34 blessés, dont 2 officiers :

de l'après-midi, ils passèrent à la gauche de la division du général Friederichs destinée à prendre l'ennemi à revers, et un peu avant la nuit, ils rentrèrent à la division au moment où le général Friant venait d'être grièvement blessé et porté sur un brancard à l'ambulance [1].

« Le jour suivant, 8, la division Friant, commandée par le général Dufour, passa de nouveau à l'avant-garde. Le même jour, elle eut à repousser plusieurs charges de cavalerie en débouchant d'un bois dans une plaine en deçà du bourg de Mojaïsk, où elle établit son bivouac.

« Le 9, au matin, nous fûmes salués par le canon tiré des hauteurs de Mojaïsk dont les premiers boulets tombèrent dans nos carrés (nous avions ainsi passé la nuit); nous nous emparâmes de ce bourg, nous repoussâmes plusieurs charges de cavalerie dont une très sérieuse, ayant le roi de

---

le lieutenant Lavega et le sous-lieutenant Montnel. (Récit du colonel de Tschudy.)

1. Pendant la journée du 7 septembre, les 1er et 4e bataillons suivirent la fortune de la division Broussier. Cette division était placée au centre du 4e corps, ayant à sa gauche la division Delzons qui venait de s'emparer de Borodino, et à sa droite les divisions Morand et Gérard que l'Empereur avait détachées du 1er corps et mises sous les ordres du vice-roi.

« Elle avait traversé la Kologha et était parvenue à se loger dans un ravin voisin de la grande redoute, d'où l'ennemi faisait un feu horrible..... Le vice-roi et son état-major, malgré le feu épouvantable de l'ennemi, restèrent à la tête de la division Broussier..... et, courant sur la redoute, entrèrent par sa gorge, et massacrèrent sur leurs pièces les canonniers qui les servaient..... »
(LABAUME : *Relation de la campagne de Russie*, livre IV.)

Dans son ouvrage, *Moscou et Sévastopol*, M. A. Rambaud consacre un chapitre à « l'obélisque de la Grande Redoute » qui domine maintenant le champ de bataille de Borodino. Sur l'une des huit faces de la colonne, une inscription mentionne l'Espagne au nombre des pays ayant fourni un contingent à « l'armée des vingt nations », nom qu'une tradition populaire a donné à l'armée de Napoléon : « L'Espagne, ajoute l'éminent historien, doit être fort étonnée de se trouver ici, elle qui nous faisait alors une guerre acharnée. Pourtant le régiment espagnol Joseph-Napoléon figura à l'attaque des flèches Bagration. »
(A. RAMBAUD : *Moscou et Sévastopol*, II, chap. IV.)

Naples à notre tête, et nous fîmes près de cinq lieues en avant [1].

« Le 10, dans l'après-midi, le colonel de Joseph-Napoléon, baron de Tschudy, reçut l'ordre de précéder la tête de l'avant-garde avec ses deux bataillons et un bataillon du 33e de ligne, afin de traverser un taillis, dont le versant nous était opposé, de déboucher dans une plaine en deçà du hameau de Zelkowo et d'en chasser l'ennemi qui se disposait à y bivouaquer. Cette troupe, ainsi aventurée sans que la cavalerie pût la secourir qu'après avoir fait un très long détour et en se faisant foudroyer, se trouva exposée aux feux concentriques de plusieurs pièces masquées, ainsi qu'à la mousqueterie d'une ligne très étendue de tirailleurs ; cette colonne, formée par pelotons, ne put pas se déployer ; elle eut à soutenir plusieurs charges de cavalerie : à la première charge, elle forma un triangle imparfait qui, n'ayant pas d'espace intérieur, fut de suite réduit à une masse compacte, et éprouva une perte qui fut, pour les deux bataillons espagnols seulement, de 14 officiers, 340 sous-officiers et soldats tués ou blessés.

« Le 15e léger vint sur les 6 heures avec le général Castex au secours de cette avant-garde ainsi compromise ; elle fut alors dégagée et effectua sa retraite sur le taillis en deçà duquel elle rejoignit l'avant-garde principale. Cette affaire, engagée un peu légèrement et pas très bien conduite, nous coûta très cher, et passa presque sous silence dans les rapports [2].

---

1. Les deux bataillons perdirent à cette affaire 7 hommes, dont 2 tués et 5 blessés.

(Relation du colonel de Tschudy.)

2. « Le 10 au matin, écrit le colonel de Tschudy, le colonel reçut l'ordre de former avec ses deux bataillons et 300 hommes du 33e de ligne la première avant-garde pour marcher avec la cavalerie légère commandée par le général

« Du 10 au 14, jour de notre entrée à Moscou, il n'y eut que des escarmouches ; nous faisions 5 à 6 lieues par jour aux avant-postes, et, le soir, nous couchions régulièrement en carré, ayant alternativement deux rangs debout et un rang assis.

« Le 14, toute l'avant-garde traversa Moscou et nous allâmes bivouaquer au delà, en dehors du faubourg **N.**-E. Le 17, cette avant-garde se mit de nouveau en mouvement, poursuivant l'ennemi dans diverses directions et enfin sur celle de Kalouga [1].

Castex. Arrivé à 3 heures de l'après-midi devant le village où toute l'armée prit position le 11, il se trouva engagé avec toute l'infanterie de l'arrière-garde ennemie et exposé au feu de son artillerie sans avoir de canons pour y répondre ; dans cette position, la cavalerie ennemie ayant chargé deux fois fut repoussée avec pertes, mais les deux bataillons et celui du 33e perdirent d'autant plus de monde que, constamment menacés par cette cavalerie, il eût été imprudent de se déployer ; on se battit en carré et seul jusqu'à 6 heures du soir, que le 15e léger fut envoyé au secours de cette position d'avant-garde, et fut lui-même en peu de temps presque anéanti ; les deux bataillons du régiment Joseph-Napoléon qui, à cette affaire, se trouvaient au nombre de 300 combattants, eurent 19 tués dont un chef de bataillon et un officier, et 246 blessés parmi lesquels le colonel, le 2e chef de bataillon et 8 officiers [a] ; le colonel eut à cette affaire deux chevaux tués sous lui ; il ne dut pas revenir 43 hommes du bataillon du 33e de ligne qui faisait tête de colonne. On ne perdit pas un pouce de terrain, mais cette affaire n'eut d'autre avantage que de faire voir combien nos troupes étaient en courage supérieures à celles de l'ennemi..... »

a. Officiers tués : Ducer, chef de bataillon ; Carel y Murcio, lieutenant. — Officiers blessés : de Tschudy, colonel ; Llanza, chef de bataillon ; Roberty, Retamar, Gutcerez, Ordonez, Torregrossa, capitaines ; Cardena, Corbalan, Biedma, lieutenants.
(Tableau annexé à la relation du colonel de Tschudy.)

1. « L'armée se reposa à Moscou, mais l'avant-garde, dont la 2e division du 1er corps faisait partie, resta deux jours campée en avant de cette ville et repartit avec le roi de Naples pour poursuivre l'ennemi, d'abord sur la route de Woldimir, puis sur celle de Polotsk, enfin sur celle de Kalouga ; les deux bataillons du régiment s'étaient, pendant les deux jours de repos devant Moscou, renforcés d'un bon nombre de traînards qui n'avaient pu suivre les marches forcées à la suite de la cavalerie, de manière que, malgré les pertes précédentes, ils se trouvaient encore forts de 300 hommes. »
(Relation du colonel de Tschudy.)
Pendant la marche sur Moscou, le 4e corps continuait à flanquer la gauche de l'armée par la route de Zwenigorod. Lors de l'installation de l'armée à Moscou, la 14e division s'établit au village situé entre le château de Peterskoë et Moscou.

« Dans toutes ces directions, l'avant-garde eut tous les jours à livrer des combats quelquefois acharnés ; le 4 octobre, après avoir combattu jusqu'à la brune, elle fut ramenée [1].

« Le roi de Naples vint à son secours, elle repassa la petite rivière de la Czernisna, trois lieues au delà du château du comte Rostopschine, gouverneur de Moscou, et conserva cette position jusqu'au 18 au matin. Elle fut alors obligée de battre en retraite en présence de l'ennemi qui avait manœuvré pendant une partie de la nuit pour l'envelopper et s'emparer du seul défilé par lequel elle pouvait se replier sur la division Friederich, qui se trouvait à deux ou trois lieues en arrière. Ce défilé n'ayant pu être occupé que par de la cavalerie, nos troupes s'en emparèrent sans difficulté. L'infanterie se mit en bataille à son entrée, avec quelques batteries, et protégea ainsi la retraite des autres armes, se

---

1. « Le 4 octobre, vers les 6 heures du soir, après avoir, pendant toute la journée, été exposée au feu de l'artillerie de l'ennemi, la division se trouva engagée avec son infanterie, bien supérieure en nombre, qu'elle repoussa d'abord ; mais elle fut ensuite contrainte de reprendre sa position, où elle se rallia, et d'où elle ne bougea plus. Cette affaire peut se comparer à celle du 10 septembre, les deux bataillons perdirent 7 tués, parmi lesquels un officier [a], et 78 blessés, dont un officier [b], et le colonel eut, à cette affaire, encore un cheval tué sous lui.

« Le lendemain, le roi de Naples, désirant obtenir quelques récompenses pour la 2e division, ordonna au général Dufour qui la commandait en l'absence du général comte Friant, blessé le 7 septembre, de proposer les sujets qui s'étaient le plus distingués : le général, dans son rapport, dit qu'il devait particulièrement au colonel du régiment Joseph-Napoléon et à ses deux bataillons d'avoir pu rallier sa division à l'affaire du 4 octobre ; en conséquence, il renouvela la demande qu'il avait faite après la bataille du 7 septembre de la croix de la Légion d'honneur pour le colonel et plusieurs officiers et sous-officiers ; il demanda de plus le titre de baron pour le colonel, en récompense de l'affaire du 4 octobre ; mais ces deux bataillons, privés par les localités du bonheur d'être passés en revue par S. M., n'ont encore obtenu aucune des grâces demandées pour eux. »

a. Vasquez, lieutenant.
b. Cuesta, sous-lieutenant.
   (Relation du colonel de Tschudy).

retirant elle-même la dernière. Les tirailleurs de la Vistule faisaient partie de cette avant-garde ; nous perdîmes nos fourgons qu'on avait fait partir de grand matin avec une faible escorte, avant que nous eussions commencé le mouvement de retraite[1].

« Le lendemain 19, la 2e division (33e et 48e de ligne, 15e léger, 2e et 3e bataillons Joseph-Napoléon) rejoignit le 1er corps sur la route de Moscou à Malojaroslawetz. Le 24, avant d'arriver à cette position où le 4e corps fit des prodiges de valeur[2], nous eûmes à traverser un pays boisé,

---

1. « Depuis cette époque (5 octobre) jusqu'au 18 octobre, il y eut une espèce de suspension d'armes entre l'avant-garde et l'ennemi ; ce repos fit encore renforcer les deux bataillons du régiment Joseph-Napoléon de quelques hommes restés en arrière et sortis des hôpitaux. Le 18, à la pointe du jour, le général Kutusow, commandant l'armée ennemie, attaqua, avec 80,000 hommes, l'avant-garde commandée par S. M. le roi de Naples, se composant de la cavalerie, de la 2e division du 1er corps et de la division Claparède ; ces deux divisions d'infanterie formaient à peine un régiment complet ; l'ennemi avait manœuvré toute la nuit pour tourner la position de l'avant-garde et lui couper le passage du seul défilé par lequel elle pouvait se replier sur la 4e division, commandée par le général Friederich, à 5 lieues en arrière, gardant le point intermédiaire entre elle et l'armée. Le général russe commit la faute de ne faire garder ce défilé que par de la cavalerie et une batterie barrant la route pour y arriver ; la 2e division emporta cette position contre la cavalerie au pas de charge et se mit en bataille en avant du défilé ; le roi de Naples fit alors porter en avant d'elle une batterie qui fit taire celle de l'ennemi, et dans cette position, la cavalerie et les équipages ayant passé derrière la 2e division se retirèrent en bon ordre par le défilé et cette division soutint sa retraite,

« L'ennemi ne prit que quelques caissons de vivres, de comptabilité et d'ambulance, au lieu de prendre toute l'avant-garde comme il se l'était promis ; la division et les deux batteries qui en faisaient partie ne perdirent pas un seul homme dans cette affaire. »
(Relation du colonel de Tschudy.)

2. Les 1er et 4e bataillons Joseph-Napoléon ne prirent pas part à la bataille de Malojaroslawetz qui fut livrée par le 4e corps et où se distingua la 14e division. Ces deux bataillons étaient alors détachés sous les ordres de l'adjudant-commandant de Bourmont sur la route de Moscou à Mojaïsk pour défendre les convois engagés sur cette route contre les hourras des Cosaques.

Le maréchal de Castellane, alors chef d'escadron, aide de camp du général de Narbonne à l'état-major de l'Empereur, reçut le 20 octobre la mission de suivre sur cette route le mouvement des troupes chargées de la retraite : « Nous avons, rapporte le maréchal dans son journal à la date du 20 octobre, nous avons fait 10 lieues par des chemins de traverse pour arriver à ce châ-

offrant plusieurs clairières d'où sortaient à l'improviste des masses de Cosaques pour tomber sur les flancs de la colonne des voitures lorsque son escorte était faible ; ils parvinrent à enlever plusieurs pièces et faillirent mettre la main sur l'Empereur [1], ainsi que sur le roi de Naples.

« Après l'affaire de Malojaroslawetz, on changea de route,

---

teau du prince Galitzine [a], occupé par l'adjudant-commandant Bourmont, fort aimable homme, le même qui a servi dans les chouans ; il sert dans l'armée de l'Empereur depuis deux ans, n'a pas encore la croix ; on l'a demandée pour lui. Il a sous ses ordres deux bataillons du régiment espagnol Joseph-Napoléon et deux régiments de chevau-légers bavarois..... »

« Nous nous rendons de Malowiasma à Koubinskoë, continue le maréchal à la date du 22 octobre ; peu après notre arrivée, les Cosaques se sont montrés. Ils ont fait un hourra sur un convoi de blessés, les isolés l'escortant se sont mal conduits ; le colonel de Bourmont a fait prendre les armes..... j'ai porté l'ordre au colonel bavarois de charger avec sa brigade ; il m'a répondu que les chevaux épuisés ne pouvaient pas galoper. Il nous a servi pendant cette expédition à fatiguer par jour 50 hommes d'infanterie à protéger son fourrage, à manger des moutons du troupeau rassemblé par les Espagnols, à leur grand déplaisir. J'ai demandé au régiment Joseph-Napoléon 50 hommes de bonne volonté pour nous porter à une demi-lieue en avant et sauver un plus grand nombre d'hommes ; ces 50 grenadiers ont marché au pas de course vers l'ennemi ; nous avons délivré 100 hommes bien armés cachés dans les bois, sans avoir tiré un coup de fusil..... Le 27, je séjourne à Wéréja. Je déjeune au bivouac du major Doreille, Provençal, commandant le régiment Joseph-Napoléon. Ce brave homme, ne sachant pas le français [b], est un bon militaire, d'une grande activité ; son régiment, composé d'Espagnols anciens soldats, est excellent..... »

(*Journal du maréchal de Castellane*, t. I, chap. v.)

a. Près de Malowiasma.

b. Il peut paraître étrange que le maréchal de Castellane, après avoir indiqué l'origine provençale du major Doreille, qui était en effet né à Tarascon en 1773, ajoute, sans paraître s'en étonner le moins du monde, qu'il ne savait pas le français. Le français, en effet, devait être une langue bien peu usitée dans la ville natale du major Doreille à la fin du siècle dernier. Nous nous souvenons personnellement que près de cent ans après sa naissance, en 1870, étant sous-lieutenant au 6e régiment de chasseurs, nous entendions les enfants de Tarascon s'écrier dans leur langue sonore en voyant le régiment rentrer de la manœuvre : « Voilà les Français qui passent. » Ils voulaient dire par là, voilà les soldats qui parlent français.

1. « Pendant qu'on était aux prises avec l'ennemi pour lui disputer la position de Malojaroslawetz, plus de 6,000 Cosaques fondirent sur le quartier général de l'Empereur établi à Ghorodnia, et enlevèrent 6 pièces parquées non loin de ce village. Aussitôt le duc d'Istrie se porta au galop avec toute la cavalerie de la garde, et parvint à reprendre l'artillerie qui avait été surprise..... »

(LABAUME : *Relation de la campagne de Russie*, livre VI.)

et on se dirigea sur Mojaïsk, Wiasma et Smolensk ; la division ci-devant Friant fit la retraite avec le 1er corps jusqu'à cette dernière place ; après être restée deux ou trois jours dans cette position, l'armée se remit en marche. Le maréchal Ney ayant été chargé du commandement de l'arrière-garde, pour assurer la retraite, et son corps d'armée étant très réduit, obtint, pour le renforcer, la 2e division du 1er corps dont faisaient partie les 2e et 3e bataillons du régiment Joseph-Napoléon.

« Cette arrière-garde partit de Smolensk le 16 novembre, 24 heures après l'armée ; elle marcha sans obstacle jusqu'au 18, près de Krasnoë [1]. Dès que la tête de colonne fut aperçue par l'armée russe qui avait pris position en deçà d'un ravin, son général [2] envoya un parlementaire au maréchal Ney pour le sommer de se rendre, le maréchal retint le parlementaire qui fut confié à la garde du 48e de ligne que commandait le colonel Pelet, actuellement [3] directeur du Dépôt de la guerre, et ordonna au général Ricard de passer le ravin à la tête de la 2e division du 1er corps dont il avait pris le commandement à Smolensk, et d'attaquer les lignes ennemies que le brouillard nous empêchait de reconnaître.

« Nous passâmes le ravin, essuyant la mitraille des batte-

---

1. « ..... Quantité d'officiers distingués par leur mérite périrent dans cette sanglante journée ; je regrette de ne pouvoir me rappeler que du major Doreille, si connu par sa valeur..... »
(LABAUME : *Relation de la campagne de Russie*, livre VIII.)

« ..... Le régiment Joseph-Napoléon a perdu (à Krasnoë) son major Doreille. Détaché avec lui au commencement de la retraite, cet officier supérieur m'avait raconté qu'il avait eu ses six frères tués depuis le commencement des guerres de la Révolution ; il était le seul soutien de sa vieille mère dans la misère..... »
(*Journal du maréchal de Castellane*, chap. v.)

2. Kutusow.

3. Nous rappelons que le mémoire du commandant Lopez fut écrit en 1840, et remis au maréchal Soult, alors ministre de la guerre.

ries ennemies dont nous prîmes deux pièces ; blessé à la tête dès le commencement de l'action, le général Ricard ne continua pas moins à commander, se multipliant partout, et électrisant le soldat par le cri de « Vive l'Empereur »[1].

« Cependant le maréchal Ney, resté en observation au delà du ravin, voyant cette division presque anéantie, ainsi que la difficulté de se faire jour à travers les lignes ennemies, ordonna un mouvement de retraite, amusa l'ennemi jusqu'à la brune, et alors, par un changement de direction à droite de la route, nous conduisit sur le Borysthène que nous passâmes sur la glace pendant la nuit.

« Nous fîmes notre retraite avec le 3e corps par des chemins hors des lignes de communication jusqu'à Orcha, ayant continuellement à lutter contre les ennemis, les éléments, la faim et la fatigue. Ce fut à Orcha que nous rejoignîmes l'armée vers 2 heures du matin, après avoir rencontré à peu de distance la division Broussier dont la vue nous remplit d'allégresse[2]. Cette retraite seule eût suffi pour immorta-

---

1. « A cette affaire, le général de division Ricard, qui commandait la 2e division avec les deux bataillons Joseph-Napoléon qui n'étaient plus que de 35 files, enleva encore à l'ennemi deux pièces de canon. Les deux bataillons perdirent à cette affaire 76 hommes tant tués que blessés, dont 8 officiers [a] et 54 soldats restés au pouvoir de l'ennemi, et 8 officiers [b], dont le colonel, et 5 hommes qui suivirent le 3e corps dans la retraite et formèrent avec le reste des deux bataillons une demi-compagnie qui servit de garde aux drapeaux et les escorta continuellement. »
(Relation du colonel de Tschudy.)

a. Herrera et Llanza, chefs de bataillon (le chef de bataillon Herrera avait été promu à ce grade le 25 septembre 1812 en remplacement du chef de bataillon Ducer, tué le 10 septembre); Abren, aide-major; Gonzalès, capitaine; Canut, Zambrena, Oliver, lieutenants; Chanzarel, sous-lieutenant.

b. De Tschudy, colonel; Sales, chirurgien-major; Sordanis, officier payeur; Martinez, Hernandez, capitaines; Corvalan, Sanchez, Serez, lieutenants.

2. Le vice-roi alla en effet le 20 novembre à Orcha au-devant du maréchal Ney pour le dégager après les trois jours de combat qu'il venait de livrer.
(Voir LABAUME: *Relation de la campagne de Russie,* livre IX.)
Les deux fractions du régiment Joseph-Napoléon qui, pas plus dans la retraite que dans la marche vers Moscou, n'avaient été réunies, avaient donc

liser le maréchal Ney ; son courage et son activité prévoyante furent admirables ; ce fut le plus beau fait de la campagne.

« Après notre arrivée à Orcha, nous rentrâmes au 1er corps; nous passâmes la Bérésina avec lui (6 décembre) et nous arrivâmes le 10 du même mois à Vilna, d'où je fis seul une marche rétrograde de 19 verstes, pour chercher un drapeau qu'un sergent-major avait laissé dans le bivouac et avec lequel je revins sur les 2 heures de matin à Vilna ; je le portai jusque sur les bords du Rhin. Nous partîmes de Vilna sur les 4 heures du matin, nous dirigeant sur Kowno, puis sur Gumbinnen et de là sur Thorn, point de réunion du 1er corps [1]. Après avoir passé quelques jours dans

---

fini par se rencontrer près d'Orcha. Le hasard rapprocha également vers ce moment la Légion portugaise du régiment espagnol.

Nous trouvons en effet dans les Souvenirs d'un officier de la légion mention de cette rencontre de soldats combattant côte à côte dans l'armée de Napoléon, si loin de leurs pays d'origine qui soutenaient alors contre nous une guerre acharnée :

« Le 19 novembre, écrit l'officier portugais, nous rencontrâmes les restes du régiment espagnol Joseph-Napoléon, corps qui, au début de la campagne, avait un effectif de 3,200 hommes, et qui, à présent, ne comptait plus que 4 officiers et 110 hommes. »

(Theotonio BANHA : *Apontamentos para a historia da Legião portugueza;* Lisbonne, 1865.)

1. Le 27 décembre, le prince Eugène réunit à Marienwerder les restes du 4e corps. « Après bien des recherches, on parvint à ramasser environ 1,200 échappés..... »

(LABAUME : *Relation de la campagne de Russie.*)

Après la campagne, les deux fractions du régiment continuèrent donc à être séparées ; un rapport du colonel de Tschudy au ministre, daté de Bromberg le 3 janvier 1813, fait ressortir les inconvénients qui résultèrent de cette séparation :

« ..... Je crois devoir faire observer aussi que l'on tirera toujours un plus grand parti de ce régiment en le réunissant à un seul corps d'armée qu'en le séparant comme il l'a été pendant la dernière campagne; il s'en est suivi des promotions arbitraires faites par le major en 2e dans les deux bataillons qui se trouvaient au 4e corps, ce qui a donné lieu à des réclamations qui sont venues jusqu'à S. M.; il est encore résulté de cette séparation que les deux bataillons qui font partie du 1er corps et qui n'ont pas eu le bonheur d'être passés en revue par S. M., n'ont obtenu aucune des grâces qui ont été demandées pour eux en récompense des affaires des 5, 7 et 10 septembre, 4 octobre et 18 novembre, tandis que ceux qui faisaient partie du 4e corps

cette place où tous les officiers subalternes furent armés de mousquetons, nous partîmes pour Coblentz où nous arrivâmes au mois de mars 1813, après avoir fait une marche rétrograde [1] depuis Francfort-sur-le-Mein jusqu'à Erfurt et retour.

« Les débris des 2ᵉ et 3ᵉ bataillons Joseph-Napoléon, composés alors de 14 officiers [2], 50 sous-officiers et soldats re-

---

ont reçu sept décorations sans avoir eu autant d'occasions de répandre leur sang pour S. M.; cette différence a établi une espèce de jalousie qui n'existerait pas si le régiment eût été réuni. »

Voir à l'appendice H.

(Archives administratives de la guerre.)

1.   *Ordre de l'Empereur daté de Paris, le 4 mars 1813.*

« ..... Monsieur le Duc de Feltre, donnez ordre que le cadre du régiment Joseph-Napoléon qui est à Erfurt, se rende au dépôt à Maëstricht et contremandez le départ des 750 hommes qui devaient partir le 25 mars. Par ce moyen, on organisera au dépôt un bon bataillon et bien en règle..... »

Extrait d'un rapport fait à S. M. l'Empereur et Roi par le ministre de la guerre, le 5 mars 1813 :

« Votre Majesté me prescrit, par son ordre du 4 de ce mois, de faire venir à son dépôt à Maëstricht, le cadre du régiment Joseph-Napoléon qui est à Erfurt, et de contremander le départ des 750 hommes qui devaient se mettre en marche du dépôt le 25 mars.

« J'ai l'honneur de rendre compte à V. M. que cette époque du 25 mars est celle de l'arrivée à Erfurt des 750 hommes qui sont partis de Maëstricht, le 1ᵉʳ mars, et ont séjour, aujourd'hui 5, à Cologne.

« Mes ordres pour les faire rétrograder ne pourraient les atteindre qu'à Coblentz, où ils seront les 9 et 10 mars.

« Si l'intention de V. M. est que je les fasse, en effet, rétrograder sur leur dépôt, j'écrirai à Erfurt pour faire revenir le cadre à Maëstricht.

« Je demande à cet égard les ordres de Votre Majesté. »

Il est écrit en marge de ce rapport :

« Retenir ces 700 hommes à Coblentz. Donner ordre à Erfurt que tous les cadres de ce régiment soient dirigés sur Coblentz par la route la plus courte. Ce régiment se réorganisera ainsi à Coblentz; lorsqu'il sera réorganisé, il fera partie du 2ᵉ corps du Rhin et sera à la disposition du duc de Raguse.

« Paris, le 6 mars 1813.

                              « Signé : NAPOLÉON. »

(Archives administratives de la guerre.)

2. D'après un état nominatif fourni par le colonel de Tschudy à la date du 5 mars 1813, les officiers des 2ᵉ et 3ᵒ bataillons présents étaient bien au nombre de 14, nombre porté à 16 en y comprenant le colonel et l'officier payeur.

Le 5ᵉ bataillon, dissous le 1ᵉʳ septembre 1810, avait été reconstitué comme

çurent l'ordre de s'arrêter aux environs de Coblentz (en mai) où l'on forma un seul bataillon au lieu de quatre dont le régiment avait été composé [1].

« Les officiers, ainsi que les sous-officiers et soldats rentrant de Russie, des officiers, sous-officiers et soldats venant du dépôt, et des prisonniers de guerre assermentés [2] formèrent ce bataillon.

« Les débris des 1er et 4e bataillons, restés à Glogau, ainsi qu'un détachement des 2e et 3e bataillons, ceux-ci restés à Stettin, devaient servir à former les compagnies

---

dépôt le 26 septembre 1812 ; commandé par le major de Kindelan, il comptait, y compris le major, 4 officiers.

Nous reproduisons à l'appendice I cet état nominatif qui présente les mutations survenues depuis le commencement de la campagne de Russie jusqu'au 5 mars 1813.

1. Une décision de l'Empereur en date du 6 mars 1813 prescrivit de réduire le régiment Joseph-Napoléon à deux bataillons, un bataillon de guerre et un bataillon de dépôt.

(Archives administratives de la guerre.)

Voir à l'appendice J les rapports au ministre et les ordres de détail pour l'exécution de cette décision.

2. Le colonel de Tschudy, consulté par le ministre de la guerre, dès la fin de 1812, sur la possibilité de réorganiser le régiment Joseph-Napoléon, lui adressa de Bromberg, le 3 janvier 1813, un rapport dont nous extrayons ce qui suit :

« ..... Il existe dans les dépôts de prisonniers de guerre espagnols trois classes de sujets qu'il importe de distinguer, la première composée de vieux soldats, la seconde de paysans appelés par la Révolution à prendre les armes et la troisième, enfin, de voleurs et assassins échappés des prisons et galères ouvertes au moment même de cette Révolution. Les deux premières classes peuvent fournir de bons soldats ; mais il suffirait de quelques individus de la dernière pour perdre entièrement l'esprit d'un corps, ce qui serait à craindre si le recrutement du régiment Joseph-Napoléon se faisait par d'autres que les officiers mêmes de ce régiment, intéressés à ce qu'il réponde en tout aux vues de S. M.; car il est à observer que les mauvais sujets sont toujours les premiers à s'offrir pour contracter un enrôlement..... »

Le colonel proposait dans ce rapport de transporter le dépôt à Metz et d'y réorganiser les quatre bataillons de guerre, « auxquels, écrivait-il, on pourrait ajouter deux bataillons de troupes légères catalanes, en changeant le nom de régiment en celui de légion. »

(Archives administratives de la guerre.)

Voir, sur le recrutement du régiment Joseph-Napoléon au commencement de 1813, à l'appendice K.

de grenadiers et de voltigeurs [1], dès qu'on pourrait les dégager. Le commandement de ce nouveau 1er bataillon [2]

---

1. Par un rapport en date du 6 février 1813 [a], le ministre de la guerre avait rendu compte à l'Empereur qu'il avait donné connaissance de ses ordres concernant le régiment Joseph-Napoléon au vice-roi, en lui prescrivant de faire diriger sur Erfurt tout ce qui restait de ce régiment à la Grande-Armée. Le prince Eugène ayant représenté qu'il ne serait pas prudent de faire rentrer en ce moment les 160 hommes du régiment qui faisaient partie de la garnison de Glogau, le ministre proposa à l'Empereur, qui approuva cette disposition à la date du 6 mars, d'organiser à Glogau le noyau des compagnies de grenadiers et de voltigeurs du bataillon de guerre Joseph-Napoléon avec la portion du régiment qui se trouvait dans cette place [b]. A la date du 17 mars, le général de division comte Marchand, chef d'état-major du Major général prince de Neuchâtel rendit compte, de Magdebourg, au ministre de la guerre que ses ordres concernant cette organisation seraient exécutés aussitôt que les circonstances le permettraient [c].

a. Archives nationales, AF, IV, n° 1098.
b. Archives administratives de la guerre. (Voir à l'appendice J.)
c. Idem.

2. Extrait d'un rapport à S. M. l'Empereur et Roi, du 2 avril 1813 :
« J'ai l'honneur de rendre compte à Votre Majesté, qu'en exécution de son ordre en date du 29 mars, j'ai donné ordre au 1er bataillon du régiment de Joseph-Napoléon, fort d'environ 800 hommes, qui est à Coblentz, de partir de cette place le 9 avril, pour se rendre à Mayence, où il arrivera le 11 du même mois, pour, de là, rejoindre le 2e corps d'observation du Rhin et être attaché à la 2e division. »
(Archives administratives de la guerre.)
Le maréchal Kellermann, duc de Valmy, commandant à Mayence les 5e, 25e et 26e divisions militaires (armée de réserve du Rhin) depuis le mois d'août 1812, avait été chargé dès le mois de janvier 1813 d'armer et d'organiser dans cette place le 1er corps d'observation du Rhin ; il écrivit à l'Empereur, à la date du 30 mars 1813, la lettre suivante :
« Sire,
« Je reçois la dépêche que Votre Majesté m'a fait l'honneur de m'écrire le 27 courant relativement au bataillon espagnol qui est à Coblentz ; je mets sous les yeux de Votre Majesté la situation de ce bataillon, comprenant celle de son cadre rentré de l'armée à Mayence, le 25 de ce mois. J'ai déjà précédemment donné des ordres pour qu'il fût entièrement organisé et Votre Majesté peut dès à présent donner des ordres pour sa mise en marche..... »
La situation de ce bataillon était la suivante : 18 officiers, 844 hommes de troupe.
Extrait d'une lettre du duc de Valmy, datée de Mayence le 7 avril :
« ..... Le 1er bataillon du régiment espagnol Joseph-Napoléon ayant 12 officiers et 768 sous-officiers et soldats part demain pour Mayence pour rejoindre la division Bonet [a] à Fulde ; j'ai passé à l'instant la revue de ce bataillon, il est superbe et en parfait état..... »
(Archives nationales, AF, IV, n° 1658.)
a. 2e division du 2e corps d'observation du Rhin.

fut donné à M. Dimpre [1], qui sortait des capitaines du 5e léger.

« Ce nouveau 1er bataillon fit la campagne de 1813 en Saxe et en Silésie, dans la 2e division du 6e corps d'armée [2]

------

1. Dimpre (Nicolas-Romain-Isidore), né le 5 août 1775, à Rouen (Seine-Inférieure).

Enrôlé au 2e bataillon de volontaires nationaux de la Seine-Inférieure, le 2 août 1792; caporal, le 20 juin 1794; passé à la 197e demi-brigade de ligne, le 28 juin 1794; fourrier, le 18 août 1794; passé à la 58e demi-brigade d'infanterie de ligne, le 22 septembre 1796; sergent, le 1er décembre 1797; sergent-major, le 21 décembre 1798; sous-lieutenant, le 15 décembre 1804; lieutenant au 5e régiment d'infanterie légère, le 11 septembre 1806; capitaine, le 3 décembre 1808; chef de bataillon, le 15 février 1813.

Désigné, le 23 février suivant, pour conduire de Maëstricht à Coblentz un détachement de 800 hommes destiné à compléter le 1er bataillon du régiment Joseph-Napoléon.

Chargé d'organiser et de commander provisoirement ce bataillon en mars 1813. A fait avec son bataillon la campagne de Saxe et s'est particulièrement distingué à la bataille de Leipzig.

Placé au 4e léger le 6 janvier 1814; a fait avec ce corps la campagne de France. Mis en non-activité le 1er août suivant.

Chef de bataillon à la légion départementale des Basses-Pyrénées le 5 août 1817. Mis en congé au mois de novembre 1820 et retraité le 21 août 1822.

Major de la garde nationale de Rouen.

Décédé dans cette ville, le 19 janvier 1827.

Campagnes : 1792, armée du Nord; 1793, 1794, 1795 et 1796, armée des côtes de Brest, de Cherbourg et de l'Ouest; 1797, 1798, armée d'Italie; 1799, 1800 et 1801, armées d'Angleterre et d'Italie; vendémiaire an XIV, 1805, Grande Armée; 1808, 1809, 1810, 1811 et 1812, armée d'Aragon (Espagne).

Blessures : coup de feu à la jambe gauche, le 15 juin 1809, au combat de Maria; coup de feu à la cuisse droite, à l'assaut de Lerida, le 13 mai 1810; coup de feu à la cuisse droite, le 6 mars 1811, à l'affaire de Perillo, près de Tortose; coup de feu à la main droite, le 11 février 1814, à la bataille de Montmirail.

M. Dimpre était officier de la Légion d'honneur et chevalier de Saint-Louis, du 20 août 1823.

Lorsque Mme Dimpre, née, en 1788, Joséphine Asuar (Espagnole), sollicita la pension de veuve, qu'elle obtint le 2 mai 1827, elle fit connaître qu'elle habitait Lerida à l'époque où cette ville fut prise d'assaut par les Français en 1810, que son frère et sa sœur furent tués dans cette affaire et qu'elle était près de subir le même sort, lorsque M. Dimpre, alors capitaine au 5e léger, la sauva en la prenant sous sa protection et quelque temps après l'épousa.

2. Le 2e corps d'observation du Rhin, sous les ordres du maréchal Marmont, duc de Raguse, dont la 2e division, général Bonet, se forma à Mayence, prit à la date du 12 mars 1813 la dénomination de 6e corps de la Grande Armée. La division Bonet avait reçu, à la date du 7 avril, l'ordre de se rendre à Fulde.

Tout en employant dans cette division le bataillon espagnol nouvellement

avec les 37e léger, 27e de ligne et 4e régiment de canonniers de la marine ; il combattit le 2 mai à Lützen, à Bautzen les 20 et 21 du même mois ; à Meissen et, entre cette ville et Grossheim, soutinrent l'arrière-garde, avant de repasser l'Elbe, avec un bataillon du 27e de ligne et la cavalerie du général Bordesoulle ; ainsi qu'à Leipzig et à Hanau (16, 17, 18 et 31 octobre)[1].

---

formé, l'Empereur, malgré l'épreuve qu'il avait faite du régiment Joseph-Napoléon pendant la campagne de Russie, n'avait pas oublié les événements de Danemark en 1808 : « Donnez des ordres, écrivait-il de Mayence le 17 avril au maréchal Marmont, pour que le bataillon espagnol ne soit point envoyé en détachement et qu'on l'ait toujours sous la main, à l'abri de la séduction. Il ne faut point l'employer au service d'avant-garde ni d'escorte, mais le tenir toujours ensemble et au milieu des bataillons français..... »

(*Correspondance de Napoléon Ier*, n° 19868, t. XXV.)

Déjà à la date du 7 avril, Napoléon avait adressé de Paris au duc de Raguse la lettre suivante :. « Mon cousin, j'ai ordonné qu'un bataillon espagnol se rendît à la division Bonet. Comme le général Bonet connaît l'esprit des Espagnols, il faudra qu'il exerce sur eux une grande surveillance. »

(*Mémoires du maréchal Marmont*, t. V, livre XVI.)

1. Les très intéressants *Mémoires* du major Gallardo de Mendoza récemment publiés par M. Roger Peyre dans les *Miscellanea Napoleonica*, du baron A. Lumbroso, sont à consulter, surtout en ce qui concerne la campagne de 1813 et le licenciement du régiment. Tout serait à citer de ces bien curieuses pages. Nous nous bornerons à reproduire les quelques lignes suivantes sur les journées de Leipzig. Gallardo de Mendoza était alors capitaine de la 3e compagnie du bataillon dont Lopez était adjudant-major :

« ..... Le 16 octobre, la canonnade commença à 8 heures du matin, très sérieuse. Ce fut une terrible journée ! Nous étions adossés à Leipzig, formés en carrés par bataillon, et entourés d'un ennemi innombrable · Russes, Autrichiens, Prussiens, nous assaillaient tous en masse.

« Nous paraissions être un contre quatre, et de plus affaiblis, découragés..... Nous soutînmes le feu des Prussiens une partie de l'après-midi avec le 37e léger et le 4e d'artillerie de marine. Vers le soir, nous avançâmes au pas de charge pour les chasser d'une hauteur ; ils reculèrent, mais arrivés sur la crête, nous découvrîmes de nombreuses lignes avec de l'artillerie qui nous obligèrent à battre en retraite. Notre brigade [a] se replia tout près de Leipzig.

« La nuit tombait et nous campâmes. Notre adjudant-major Lopez était blessé et moi contusionné à la jambe par une balle morte.....

« ..... Le 17 octobre se passa en préparatifs pour la dernière scène de cette tragédie.

« La brigade fit mouvement et alla camper près d'un ruisseau qui nous séparait des Suédois.....

« ..... Le 18 au matin, nous vîmes Bernadotte passer la revue de ses Sué-

a. Général Jamin.

« Ce bataillon obtint cinq croix pendant la campagne, dont deux, celles du capitaine de grenadiers et la mienne, avaient déjà été demandées deux fois en Russie[1].

« Il obtint aussi quelque avancement par suite des pertes éprouvées pendant la campagne, et je fus nommé capitaine adjudant-major[2] le 8 juillet 1813, neuf jours après avoir été décoré.

« Quelque temps après l'organisation de ce premier bataillon, on en forma un deuxième à Namur[3] et on le dirigea

---

dois et la canonnade recommença sur toute la ligne ; nous étions entourés d'un cercle de feu. Nous avions un petit bois à notre droite, où successivement on nous envoya en tirailleurs, compagnie par compagnie, pour arrêter l'ennemi. Nous nous battîmes toute la journée, et notre brigade fut ainsi détruite en détail par l'ennemi qui se renouvelait constamment et par les boulets qui nous arrivaient sur les flancs. Nous perdîmes ici Rivas, Reyno, officiers ; Aliste, adjudant ; Callejas, sergent décoré, et presque tous nos soldats. De 500 que nous étions le matin, nous pûmes à peine réunir 150 hommes à 4 heures du soir, et encore presque tous blessés. Le général Frédéric fut tué, le général Cohorn eut les deux jambes emportées. Le 37e léger et le 4e de marine n'étaient pas mieux traités que nous..... »

(A. Lumbroso : *Miscellanea Napoleonica,* séries III-IV. Rome, 1898.)

1. Par un décret du 28 juin 1813, les officiers du régiment Joseph-Napoléon dont les noms suivent furent nommés chevaliers de la Légion d'honneur : de Tschudy, colonel ; Vasquez, Hernandez, Tierra, capitaines ; Cardona, capitaine adjudant-major ; Corvalan, *Lopez,* lieutenants ; Laborda, sous-lieutenant.

(Archives administratives de la guerre.)

2. De nombreuses promotions furent faites dans le cadre des officiers espagnols, tant au dépôt qu'au bataillon de guerre pendant l'année 1813.

Le décret du 8 juillet 1813, par lequel Lopez, lieutenant du 23 avril, fut promu capitaine, porte les nominations des lieutenants Aragon et Rivas au grade de capitaine, et des sous-lieutenants Duverlie et Verdale au grade de lieutenant.

(Archives administratives de la guerre.)

Voir, au sujet des promotions faites dans les premiers mois de 1813 parmi les officiers étrangers, appendice L.

3.   *Rapport à l'Empereur le 18 mars 1813.*

Votre Majesté, par une décision du 8 février a ordonné que le cadre du régiment espagnol Joseph-Napoléon serait réduit à un bataillon de guerre et un bataillon de dépôt, les ordres d'exécution ont été donnés en conséquence.

Il restait de ce régiment à Glogau. . . . .   160 hommes.
Partis du dépôt pour se rendre à Coblentz.   750   —

Total du bataillon de guerre. . . . . . .   910 hommes.

de suite sur Magdebourg [1] sous le commandement de l'adjudant-major Villalba, rentré de Russie ; cet officier ayant été pris dans une sortie, le jeune capitaine Ordonez [2] lui succéda

---

Le complet du bataillon de dépôt organisé à Maëstricht
à 4 compagnies devra être de. . . . .   484 hommes.
Mais il existe au dépôt en sous-officiers et soldats. . .   1,481   —

Après le bataillon de dépôt formé, il resterait donc
encore disponible au dépôt de ce régiment. . . . . .   997 sous-officiers
                                                        et soldats.

D'après cet exposé, j'ai cru devoir prendre les ordres de V. M. sur la question de savoir s'il n'y aura pas lieu à la création d'un deuxième bataillon de guerre au régiment Joseph-Napoléon, seul moyen d'utiliser les hommes qui existent au dépôt de ce corps.

Décision de l'Empereur.

« Puisqu'on a 1,400 hommes d'habillés au dépôt, si on était sûr d'avoir de bons officiers espagnols, on pourrait essayer de former un deuxième bataillon, mais sous quelque prétexte que ce soit, il ne faut augmenter le dépôt.

« Paris, le 2 avril 1813.

« Signé : NAPOLÉON. »
(Archives administratives de la guerre.)

Pour les mesures d'exécution de cette décision, voir à l'appendice M.

1. Le 2ᵉ bataillon fut mis en route pour Magdebourg le 10 août 1813, et le même jour, le colonel de Tschudy adressait au ministre de la guerre la lettre suivante :

« Monseigneur,

« Le 2ᵉ bataillon de guerre du régiment Joseph-Napoléon part aujourd'hui pour se rendre à Magdebourg et y tenir garnison.

« Je m'étais toujours flatté de l'espoir de le conduire à la 2ᵉ division du 6ᵉ corps où est le 1ᵉʳ et de pouvoir faire une partie de la campagne avec mon régiment réuni.

« Quoiqu'un seul bataillon ne soit pas le commandement d'un colonel, je ne crois cependant pas devoir rester au dépôt, puisque je n'y ai plus de bataillon de guerre.

« En conséquence, j'ai l'honneur de prévenir V. E. que je pars demain *en poste à mes frais* pour rejoindre celui de mes bataillons qui est le plus près de l'ennemi, faire mon possible pour obtenir de S. M. la réunion de mon régiment ou rester à la tête du 1ᵉʳ bataillon.

« Daignez, etc.

« DE TSCHUDY. »

Le colonel de Tschudy écrivit de nouveau au ministre de la guerre, de Metz, le 13 novembre, une lettre que nous croyons devoir reproduire également ; elle est une suite de la précédente, aussi honorable pour le colonel que pour le régiment Joseph-Napoléon.

Voir à l'appendice N.

2. Ordonez (Emmanuel), né le 17 juin 1776 à Cordoue (Espagne). Naturalisé Français par ordonnance du 8 février 1815.

dans le commandement intérimaire et fut, quelque temps
après, nommé chef de bataillon par le général Lemarois,
gouverneur de la place.

« Après la bataille de Leipzig, le 1ᵉʳ bataillon Joseph-Napoléon[1] fit sa retraite sur Mayence avec le 6ᵉ corps que
commandait le maréchal Marmont, duc de Raguse[2].

« Après le passage du Rhin, ce bataillon, ainsi que le
dépôt qui se trouvait à Namur, fut dissous le 24 décembre
par M. le général Tilly[3], par suite d'un décret de l'Empereur[4] portant que les corps étrangers, au service de France,

---

Cadet au régiment d'infanterie de Zamora, le 8 mars 1794.

Sous-lieutenant, le 20 décembre 1794.

A fait les campagnes de 1794 et 1795 sous les ordres du général Urrutia,
de 1798, contre les Anglais à leur débarquement au Ferrol, et celle de 1801,
contre le Portugal.

Lieutenant, le 15 janvier 1804.

A fait partie, en 1807, de l'expédition du Nord sous les ordres du marquis
de La Romana (était au siège de Stralsund).

Désarmé après l'insurrection des Espagnols à Roskilde et interné en France.

Nommé lieutenant au régiment Joseph-Napoléon, le 2 mai 1809.

Capitaine, le 18 juin 1812. A fait la campagne de 1812, en Russie, et a été
blessé à la cuisse gauche, le 10 septembre, devant Mojaïsk.

Nommé provisoirement chef du 2ᵉ bataillon du régiment par le général Lemarois, commandant la place de Magdebourg, le 10 novembre 1813.

A fait les campagnes de 1813 et de 1814 dans cette place assiégée.

Confirmé dans son grade le 5 novembre 1814.

Chef de bataillon au régiment colonial étranger, le 8 février 1815.

Passé au 6ᵉ régiment étranger, le 16 mai 1815.

Mis en demi-solde, le 16 octobre 1815.

Retraité, le 27 avril 1824.

Décoré de l'ordre royal d'Espagne, le 15 mars 1810 et chevalier de Saint-
Louis, le 18 août 1819.

(Archives administratives de la guerre.)

1. Le 2ᵉ bataillon resta à Magdebourg du 15 septembre 1813 au 16 mai 1814 ;
il fut dirigé à cette date sur Strasbourg par le général comte Lemarois, gouverneur de Magdebourg.

(Archives administratives de la guerre.)

2. Voir *Mémoires du maréchal Marmont*, t. VI, livre XIX.

3. Voir à l'appendice O le procès-verbal de la dissolution.

4. Décret du 25 novembre 1813 (voir à l'appendice P).

L'Empereur avait un pressant besoin de fusils et la transformation en bataillons de pionniers des corps étrangers au service de la France a été en grande

seraient créés pionniers jusqu'à nouvel ordre, mais qu'ils ne seraient pas employés comme tels.

« Cette mesure nous accabla, elle nous fit comprendre combien notre position nous demandait de résignation [1]; je n'étais pas encore guéri d'une des trois blessures que j'avais reçues pendant la campagne.

« Le nouveau régiment espagnol, composé de deux bataillons, fut dirigé immédiatement sur Saint-Maixent et sur Niort [2] où ils arrivèrent le 31 janvier 1814 sous le commandement du major Kindelan.

---

partie décidée pour pouvoir disposer de leurs armes en faveur des conscrits français.

Une note de Napoléon au comte Daru, dictée à Saint-Cloud, le 15 novembre 1813, est très explicite à cet égard [a]. Nous prions d'ailleurs le lecteur de se reporter pour tout ce qui concerne la dissolution du régiment Joseph-Napoléon à notre étude sur la *Légion portugaise*, où nous avons exposé en détail l'exécution de cette mesure générale dont l'application fut la même pour tous les corps étrangers.

a. Voir *Correspondance de Napoléon Ier*, nos 20893-20894, t. XXVI.

1. Un tableau indiquant la situation au 4 janvier 1814 de l'opération du désarmement des corps étrangers, donne la situation suivante du bataillon de pionniers formé à Sedan par le général Tilly, le 24 décembre 1813 : 28 officiers, 2,038 sous-officiers et soldats, 1,167 fusils provenant du désarmement. On lit dans la colonne « Observations » :

Le général Tilly rend compte que le désarmement s'est opéré avec facilité, mais que la dénomination de *pionniers* donnée à ce régiment a produit sur les officiers, sous-officiers et soldats une impression qui tenait du désespoir : que d'anciens grenadiers et soldats couverts de blessures reçues dans les dernières campagnes se plaignaient de ce qu'on leur donnait ce *nom* pour récompense des services qu'ils avaient rendus, et disaient hautement qu'ils ne prendraient pas la pioche. (Archives nationales, AF, IV, n° 1120.)

2. 12° DIVISION
MILITAIRE
—

La Rochelle, le 27 janvier 1814.

Monseigneur,

En réponse à la lettre de V. E. du 16 janvier courant, j'ai l'honneur de lui rendre compte que j'ai placé les deux bataillons de pionniers espagnols, qui en font l'objet, le 1er à Saint-Maixent et le 2e à Niort.

J'ai l'honneur, etc.

Le Général de division,
RIVAUD DE LA RAFFINIÈRE.

Au Ministre de la guerre.

(Archives administratives de la guerre.)

« Après l'abdication de Napoléon, les troupes françaises qui se trouvaient bloquées dans les différentes places d'Allemagne rentrèrent en France et, avec elles, les Espagnols qui étaient restés à Glogau, Stettin et Magdebourg, dont j'ai déjà fait mention. Ce fut alors que parut un décret du gouvernement provisoire[1] portant que tous les prisonniers de guerre, ainsi que les corps étrangers[2] qui avaient été créés pionniers par le décret impérial du 25 novembre 1813, rentreraient dans leurs pays respectifs ; c'était un moyen très expéditif pour payer des services qu'on ne voulait point reconnaître, et dont on se fût ainsi débarrassé, si Ferdinand VII n'avait pas défendu en même temps l'entrée en Espagne[3] à tous les officiers généraux, supérieurs et capitaines. Les lieutenants et les sous-lieutenants, ainsi que les sous-officiers et les soldats seuls, pouvaient rentrer dans leur patrie en renonçant à leurs grades et en restant inhabiles à en obtenir d'autres ; il n'était fait aucune distinction entre les officiers envoyés en France par Charles IV, qui n'avaient jamais porté les armes contre l'Espagne et ceux qui, ayant pris le parti de Joseph, s'étaient battus en Espagne même.

« Le licenciement des sous-officiers et soldats[4] rentrés en

---

1. Décret du 23 avril 1814, et instructions ministérielles du 27 du même mois.

2. Voir à l'appendice, P et R.

3. Ces questions sont traitées dans la 3e partie de notre ouvrage *la Légion portugaise*, où nous reproduisons les lettres échangées entre le ministre de la guerre, général Dupont, et le ministre des affaires étrangères Talleyrand au sujet des conventions intervenues entre les cabinets de Madrid et de Paris pour le rapatriement des militaires espagnols. Nous ne pouvons que les rappeler ici.

4.   La Rochelle, le 7 mai 1814.

Monseigneur,

Conformément aux dispositions de la lettre de V. E. du 17 avril dernier, j'ai licencié le régiment de pionniers espagnols qui était à Niort, et j'ai ordonné

France à la fin de 1813 fut effectué à Niort et à Saint-Maixent à la fin du mois d'août 1814.

« Quant aux officiers, ils furent dirigés sur Pau, où ils arrivèrent à la fin du mois de septembre et y furent traités comme des réfugiés.

« Le licenciement des militaires de l'ancien régiment Joseph-Napoléon qui, étant restés dans plusieurs places d'Allemagne, ne furent point compris dans le régiment de pionniers, fut effectué au fur et à mesure de leur rentrée sur le territoire français [1]; il était facultatif aux sous-officiers et aux soldats de rentrer en Espagne ou de se fixer en France.

---

aux militaires qui le composaient de se rendre dans leur patrie ; ils sont partis depuis 15 jours.

Plusieurs officiers, sous-officiers et pionniers, dont je joins ici l'état nominatif, avec les services de MM. les officiers, ont témoigné le désir de continuer leur service en France, d'après l'autorisation que leur en donne la lettre de V. E. précitée. Ce sont de braves militaires dont la plupart sont blessés et plusieurs décorés de l'ordre de la Légion d'honneur. Ils sollicitent instamment de rester en France et j'appelle sur eux l'intérêt de V. E. pour les employer dans les régiments où elle le jugera convenable. Tous ces militaires ont servi dans l'armée française en Russie, plusieurs sont amputés et sont dignes de fixer l'intérêt du Gouvernement. Ils ne seraient pas reçus en Espagne où on leur ferait un crime d'avoir servi la France pendant la guerre avec l'Espagne. Ils attendent à Niort, où je les ai établis en dépôt, la décision de V. E.

J'ai l'honneur, etc.

Le Général commandant la 12e division militaire,
RIVAUD DE LA RAFFINIÈRE.

A. S. E. M. le général comte Dupont, ministre de la guerre.
(Archives administratives de la guerre.)

1. Nous avons pu reconstituer, à l'aide de documents des Archives de la guerre, l'itinéraire suivant :

Le 2e bataillon, qui était à Magdebourg, quitta cette place le 16 mai 1814 et fut dirigé sur Strasbourg par ordre du général Lemarois.

Le général baron Desbureaux, commandant la 5e division militaire, écrivit le 15 juin au ministre de la guerre que ce bataillon venait d'arriver à Strasbourg, sans qu'il en eût été prévenu, et sans qu'il eût reçu des ordres le concernant. « Les officiers, écrivait le général Desbureaux, ne sont pas payés depuis six mois, trois d'entre eux, Français, ne peuvent aller en Espagne, les officiers espagnols, d'autre part, ne peuvent y rentrer sans connaître les sentiments de leur gouvernement à leur égard. »

Le général prit le parti de diriger ce bataillon sur Lyon. Il était en route, lorsque, le 18 juin, il reçut l'ordre de se rendre à Bélfort pour y tenir provisoirement garnison. « Cette détention, écrivit le chef de bataillon Ordonez

« Tandis que, contrairement aux garanties offertes par la Charte, les officiers de l'ex-régiment Joseph-Napoléon, venus en France par ordre de leur Gouvernement et qui avaient eu leur avancement dans l'armée française dont ils faisaient partie intégrante, étaient traités comme des réfugiés, par une singulière anomalie, les restes de la garde de

---

au ministre de la guerre, général Dupont, le 26 juin, a donné lieu à la désertion d'une grande partie du bataillon croyant qu'on voulait le retenir au service de la France. » En présence de cette désertion, le commandant de la place de Bélfort ordonna de désarmer ceux qui restaient; cette opération fut effectuée à 2 heures du matin, et le bataillon fut remis en route deux heures plus tard pour Lyon.

Le 30 juin, à son arrivée à Besançon, le bataillon ne comptait plus que 15 officiers et 172 hommes. Le général comte de Bourmont, commandant la 6e division militaire, se souvenant qu'il avait eu sous ses ordres deux bataillons espagnols en Russie, témoigna à ces malheureux débris du régiment Joseph-Napoléon quelques égards auxquels ils n'étaient plus habitués [a], et les recommanda aux autorités militaires sur la route qu'ils avaient à suivre. Arrivés à Lyon, on les dirigea sur Perpignan, où ils arrivèrent le 30 juillet. Les hommes de troupes rentrèrent en Espagne, et les officiers furent réunis au dépôt des réfugiés espagnols, à Montauban.

[a]. Le général de Bourmont adressa au ministre de la guerre la lettre suivante, à la date du 2 juillet :

« Monseigneur,

« J'ai l'honneur d'adresser à Votre Excellence une demande qui lui est soumise par M. le chef de bataillon Ordonez, commandant le 2e bataillon du régiment espagnol dit Joseph-Napoléon.

« Sur les motifs qu'il m'a exposés, j'ai cru devoir lui permettre de rester à Besançon jusqu'à ce qu'il ait reçu des ordres de Votre Excellence, ordres qui ne peuvent tarder de lui arriver, un officier ayant été envoyé à Votre Excellence par ses camarades, pour lui exposer la situation pénible où ils se trouvent, *j'ai été d'autant plus porté à accueillir la demande des officiers espagnols, que j'ai eu, sous mon commandement en Russie, deux bataillons de cette nation, qui se sont distingués par leur conduite militaire.*

« Je prie Votre Excellence de prendre en considération la demande de M. le chef de bataillon Ordonez et de vouloir bien donner les ordres qu'Elle jugera convenables, dans cette circonstance, en observant que ces officiers espagnols ont d'autant plus besoin de la bienveillance du Roi, que les services rendus par eux à la France les exposent à être bannis de leur patrie et qu'ils ne semblent avoir plus rien à attendre que de la protection qui leur serait accordée par Sa Majesté.

« J'ai l'honneur d'être, etc.

« *Le Lieutenant-général, commandant la 6e division militaire,*
« Le Cte DE BOURMONT. »
(Archives administratives de la guerre.)

Voir, au sujet des débris des 1er et 4e bataillons Joseph-Napoléon qui avaient fait la campagne de Russie au 4e corps, et qui étaient restés à Glogau, et du 2e bataillon formé en avril 1813, qui était resté à Magdebourg, un rapport du major Kindelan au ministre de la guerre en date du 16 février 1814. — Appendice Q.

l'ex-roi Joseph [1], qui étaient des réfugiés, recevaient la solde d'activité à Lorient, à titre de corps colonial [2].

« Lors du débarquement de l'Empereur en 1815, on forma le 6ᵉ régiment étranger à Tours [3]; il fut composé des débris de l'ancien régiment Joseph-Napoléon, ainsi que de ceux de sa garde dont je viens de faire mention. Mais après la seconde abdication de l'Empereur ce régiment fut licencié et les officiers rentrèrent dans la position de réfugiés.

« Les officiers de l'ex-régiment Joseph-Napoléon ne cessèrent de réclamer contre la qualité de réfugiés qu'on leur faisait prendre et qu'ils ne pouvaient accepter [4], vu qu'ils étaient venus en France d'une manière légale, qu'ils avaient servi dans l'armée française et que leurs brevets étaient signés au nom de l'Empereur, par le prince vice-connétable et par le ministre de la guerre de l'Empire. Enfin, en 1817, leurs services ayant été examinés et reconnus, ils furent admis au traitement de demi-solde, et ceux de l'ex-garde du roi Joseph rentrèrent dans la position de réfugiés.

---

1. La garde du roi Joseph et les cadres français de plusieurs régiments espagnols à son service étaient rentrés en France avec l'armée des Pyrénées sous les ordres du maréchal Soult; nous donnons à l'appendice, pièces R, quelques rapports à l'Empereur, et documents relatifs à ces corps, en priant le lecteur de se reporter à l'excellente *Histoire des troupes étrangères au service de France*, de E. Fieffé, t. II, p. 150 et suivantes.

2. Un régiment colonial étranger avait été créé par une ordonnance du roi en date du 16 décembre 1814 pour recevoir les militaires espagnols et portugais à la solde de la France. Ce régiment fut licencié par un décret impérial du 2 mai 1815. Lors de la seconde Restauration, la légion étrangère fut créée par l'ordonnance du 6 septembre 1815; elle devint, le 9 juin 1816, légion de Hohenlohe, puis régiment de Hohenlohe, le 21 février 1821, enfin 21ᵉ régiment d'infanterie légère, le 5 janvier 1831. Le major de Kindelan, qui avait adressé au prince d'Eckmühl, plusieurs demandes pour obtenir le commandement du 6ᵉ régiment étranger, fut nommé lieutenant-colonel de la légion de Hohenlohe, et maintenu dans cet emploi par décision ministérielle du 17 juillet 1816.
                    (Archives administratives de la guerre.)

3. Voir la *Légion portugaise*, IIIᵉ partie p. 371.

4. Voir une lettre adressée de Saumur, le 8 septembre 1815, au ministre de la guerre, maréchal Gouvion Saint-Cyr par les officiers en solde de réforme du 6ᵉ régiment étranger (*Légion portugaise*, IIIᵉ partie, p. 377).

« Quelque temps après, Sa Majesté Louis XVIII rendit une ordonnance portant que les officiers en demi-solde nés en pays étranger, qui, dans les délais de six mois, n'obtiendraient pas des lettres de naturalité, seraient rayés des contrôles de l'armée. Les officiers de l'ex-régiment Joseph-Napoléon, auxquels la porte de leur patrie native était fermée, s'empressèrent de se mettre en mesure de profiter de ce bienfait qui leur donnait une patrie adoptive, à la protection de laquelle ils avaient acquis des titres, moins pour avoir versé leur sang pour elle, que par la perte difficile à réparer des affections de famille.

« A partir de la réalisation de cet acte, les chances de ces officiers devinrent les mêmes que celles des officiers nés français ; conséquemment, je n'ai plus rien à en dire. »

Ici s'arrête le manuscrit que le commandant Lopez, alors chef d'escadron au corps d'état-major et aide de camp du lieutenant-général Colbert, adressa de Rennes, le 20 décembre 1840, au ministre de la guerre.

Si nous avons cru devoir, à l'aide de documents d'archives[1], donner quelque développement à ce qui concerne la formation et l'organisation du régiment Joseph-Napoléon, en raison de l'intérêt technique que nous a paru présenter l'étude détaillée de la création en France d'un régiment espagnol, alors que l'Espagne nous faisait la guerre que l'on sait, nous nous sommes borné, une fois le régiment constitué, à suivre ses étapes de guerre dans le récit qu'en a laissé un de ses plus brillants officiers.

---

1. Nous sommes heureux d'adresser ici tous nos plus sincères remerciements à MM. Martinien et Marleix, employés aux Archives historiques et administratives de la guerre, pour l'extrême obligeance avec laquelle ils ont bien voulu contribuer à nos recherches et en ont grandement facilité le travail.

Nous nous garderons de prendre la parole après le commandant Lopez. Nous demanderons seulement au lecteur bienveillant qui, grâce à lui, a bien voulu nous suivre jusqu'ici, la permission de rappeler en quelques mots sa carrière [1]. Lopez, jeune sous-officier au régiment des Asturies, s'était montré aussi brave que loyal lors de l'insurrection des régiments espagnols dans l'île de Seeland. Le général Fririon reconnut hautement ses services dans une lettre de 1818 que le commandant a jointe à son mémoire et que nous avons reproduite d'après lui [2].

Entré comme sergent-major au régiment Joseph-Napoléon lors de sa formation, il gagna ses épaulettes de sous-lieutenant, de lieutenant et de capitaine pendant les cam-

---

1. Voir page 62.
2. Voir page 71.
Le général Fririon ne devait pas s'en tenir là, et le 8 avril 1823, il écrivait au général vicomte de Caux, conseiller d'État, directeur général au ministère de la guerre la lettre suivante :

« Mon cher Général,

« Je m'adresse à vous avec la confiance que vous accueillerez avec la même bienveillance que votre prédécesseur, le désir que je lui avais exprimé de voir M. Lopez, capitaine au corps royal d'état-major, promu au grade de major ou de chef de bataillon dans la ligne. Cet officier, déjà connu très avantageusement dans le corps royal, est capitaine depuis 10 à 11 ans ; il a passé successivement par tous les grades, il a été sergent-major, adjudant sous-officier, adjudant-major ; il a fait les fonctions d'officier payeur après la retraite de Russie ; il a commandé un bataillon depuis sa formation jusqu'au moment de son licenciement. J'ajouterai que M. Lopez s'est dévoué en Danemarck, pour me sauver, lorsque les Espagnols insurgés avaient tué un des officiers de mon état-major et me menaçaient du même sort.

« Vous voyez, mon cher Général, que cet officier a bien des droits à ma reconnaissance..... Mais je n'insiste que faiblement sur des détails qui me sont personnels, parce que je sais qu'ils ne peuvent être que d'une faible considération, quand il s'agit d'avancement ; je me borne donc à vous recommander le capitaine Lopez sous le rapport de ses qualités personnelles, ainsi que de ses connaissances militaires et administratives qui le mettent, selon moi, en première ligne parmi les officiers de son grade ; c'est à ce titre que je vous prie, mon cher Général, de lui faire conférer le grade de major ou de chef de bataillon dans la ligne, qu'il remplira, je l'espère, de manière à justifier l'intérêt que je vous prie de lui porter.

« Veuillez, etc.   « *Le Lieutenant-général,*
                                          « Signé : Baron N. Fririon. »

pagnes de Russie et d'Allemagne; ces trois grades furent payés de trois blessures reçues à Lützen, à Leipzig et à Hanau; chevalier de la Légion d'honneur en 1813, il reçut, en 1834, la rosette d'officier. Après une longue carrière militaire, définitivement retraité en 1855, le commandant Lopez mourut à Guingamp en 1862, âgé de près de 75 ans.

Comme conclusion de notre étude et comme hommage à la mémoire du vieil officier de Joseph-Napoléon, nous nous bornerons à transcrire la lettre suivante[1] que le ministre de la guerre, maréchal Soult, duc de Dalmatie, lui adressa le 9 janvier 1841 :

« J'ai reçu avec la lettre que vous m'avez écrite, Monsieur, une notice historique sur les troupes espagnoles envoyées en Étrurie et en France pendant les années 1806 et 1807.

« J'ai lu avec intérêt les détails contenus dans cette notice et j'ai reconnu qu'ils pouvaient fournir d'utiles renseignements principalement sur la formation, la composition et la dissolution du régiment Joseph-Napoléon, ainsi que sur les événements de guerre auxquels ce régiment a pris part. Ces renseignements trouveront leur place en tête des matricules du corps, et je ne puis que vous faire mes remerciements sur le travail digne d'éloges auquel vous vous êtes livré dans les moments de loisir qu'a pu vous laisser votre service. Je vous en exprime donc toute ma satisfaction. »

Qu'il nous soit permis d'ajouter à ce haut témoignage le modeste tribut de notre reconnaissance; grâce aux souvenirs du commandant Lopez, nous avons pu donner des dramatiques événements de Seeland le récit d'un témoin oculaire venant à l'appui de celui qu'en a laissé le général

---

1. Archives administratives de la guerre.

Fririon, puis suivre le régiment Joseph-Napoléon jusqu'au jour de sa dissolution, en recueillant l'impression vécue de ces moments si cruels pour de braves officiers étrangers qui avaient vaillamment payé de leur sang l'honneur d'avoir fait partie de la Grande Armée.

APPENDICE

A

Le Ministre de la guerre à M. le maréchal de camp Kindelan,
colonel provisoire du régiment Joseph-Napoléon.

Paris, le 16 mai 1809.

« Général, vous trouverez ci-jointes des lettres pour tous les officiers espagnols que vous avez jugés susceptibles d'être employés dans le régiment de Joseph-Napoléon, par lesquelles je leur annonce leur nomination provisoire à des emplois dans ce régiment.

« Ces officiers sont dès ce moment à votre disposition. Je vous autorise à les envoyer en recrutement en tel nombre que vous jugerez convenable et à diriger les autres sur Avignon, lieu de rassemblement du régiment. Vous aurez l'attention de me faire connaître par états nominatifs, la destination que vous aurez assignée à chacun d'eux ; cette précaution est nécessaire pour que je puisse donner des ordres pour le payement de leurs appointements. Lorsque vous procéderez à l'organisation, vous placerez les officiers dans l'ordre indiqué au tableau que vous m'avez adressé..... »

Nous reproduisons ci-après les états dont il est question dans cette lettre du ministre [1].

---

1. Archives administratives de la guerre.

Régiment d'infanterie espagnol Joseph-Napoléon.

État des officiers devant servir dans ce régiment soumis à l'approbation
de S. M. l'Empereur.

GRADES.	NOMS.	GRADES qu'ils avaient antérieurement et régiments dans lesquels ils servaient.
État-major.		
Nommé pour remplir provisoirement les fonct. de colonel.	Jean Kindelan. . . .	Maréchal de camp et inspecteur général de l'infanterie étrangère.
Major . . . . (*Doit être Français.*)	De Tschudy. . . . . (*Né Français.*)	Chef de bataillon à la Légion portugaise.
Chefs de bataillon . .	Cayetan Ramirez de Arellano	Major du rég. des Asturies.
	Rodrigo Medrano . .	Maj. du rég. de Guadalaxara.
Adjudants-majors, capitaines.	Jean Gamarra. . . .	Lieut. de grenadiers au rég. de Zamora.
	Mathias Cardona . .	Adjudant-major du rég. de Guadalaxara.
	Antoine Villalba. . .	Lieut. du rég. des Asturies.
Adjudants-majors . . (*Doivent être Français.*)	Delaloge	Capit. réformé de la 19e demi-brigade légère.
	Dupont [1]	Lieut. réformé du 101e régim. de ligne.
Quartier-maît., trésor. (*Doit être Français.*)	Jarrot de Saint-Éloy [1].	Ex-capit. quartier-maître au rég. de Bayonne.
Offic. payeur, s.-lieut.	François Fernandez .	S.-lieut. du rég. des Asturies.
Aumônier.	Dominique de Castro.	Aumônier du rég. de Guadalaxara.
Chirurgien-major. . .	Joseph Sales	Chirurg. du rég. d'Algarve-cavalerie.
Aides-chirurgiens . .	Raimond Bayona . .	Chirurg. du rég. de Zamora.
	Laurent Pujades. . .	Chirurg. du rég. des Asturies.
	François Abreu . . .	Chirurg. du rég. des Asturies.
Capitaines de 1re classe.		
De grenadiers. . . .	Raimond Ducer. . .	Capit. de grenadiers au rég. des Asturies.
	Raphaël Llanza . . .	Capit. de Guadalaxara.
	Joseph Vazquez. . .	Capit. de Zamora.
	Joseph Sansot. . . .	Capit. de Bourbon-infanterie.
	Pierre Bataller. . . .	Capit. de Guadalaxara.
	Emmanuel Piferrer. .	Capit. de Guadalaxara.
	Thomas Herrera. . .	Capit. des Asturies.
	Salvador Maseres . .	Capit. des Asturies.

1. Ces deux officiers n'ayant pas accepté furent remplacés par MM. Carle et Robert.

	NOMS.	GRADES qu'ils avaient antérieurement et régiments dans lesquels ils servaient.
	Capitaines de 2e classe.	
	Emmanuel Saliquet .	Capit. du 1er de Barcelone-chasseurs.
	Emmanuel Ordovas .	Capit. de Guadalaxara.
	Emmanuel Bolangero.	Lieut. avec rang de capit. de Zamora.
	Gérard Roberti . . .	Adjudant-maj. avec rang de capit. de Guadalaxara.
De voltigeurs	Pierre Zorilla . . .	Lieut. avec rang de capit. des Asturies.
	François Gonzalez.	Adjudant-maj. avec rang de capit. des Asturies.
	Thomas Nieto. . . .	Lieut. avec rang de capit. de Guadalaxara.
De voltigeurs	Joseph Kindelan. . .	Lieut. avec rang de capitaine d'Ultonia.
	François Ponce . . .	Lieut. de Guadalaxara.
	Joseph Arcos	Lieut. de grenad. de Zamora.
	Capitaines de 3e classe.	
	Joseph Hernandez . .	Lieut. de Guadalaxara.
	François Martinez . .	Lieut. de Guadalaxara.
	François Carrillo . .	Lieut. de grenadiers de la Princesse.
	Thomas Perez. . . .	Lieut. des Asturies.
De voltigeurs	Mathias Retamar . .	Lieut. des Asturies.
	Dominique Tierra . .	Lieut. des Asturies.
	Nicolas Caunedo. . .	Lieut. des Asturies.
	Jean de España. . .	Lieut. de Guadalaxara.
	Antoine Navarro. . .	Lieut. de Guadalaxara.
De voltigeurs	Michel de Buergo . .	Lieut. des Asturies.
	Lieutenants de 1re classe.	
	Louis Gutierrez . . .	Lieut. des Asturies.
	Cristophe Bolaña . .	Lieut. des Asturies.
De grenadiers. . . .	Emmanuel Ordoñez .	Lieut. de Zamora.
	François Viñas . . .	Lieut. des Asturies.
	Mucio Careli	Lieut. des Asturies.
	Basilisso Vasquez . .	Lieut. de Guadalaxara.
	Angel Manzano . . .	Lieut. de Guadalaxara.
De voltigeurs	Paschal Canut . . .	Lieut. de la Princesse.
	Joseph Seguera . . .	Lieut. de Guadalaxara.
	Léandre Zambrana .	Lieut. de Guadalaxara.
	Antoine Casanoves. .	Lieut. des Asturies.
De grenadiers. . . .	Emman. Torregrosa .	Lieut. des Asturies.
	Jean Espinosa. . . .	Lieut. des Asturies.
	Emmanuel Ciria. . .	Lieut. de grenadiers de la Princesse.

	NOMS.	GRADES qu'ils avaient antérieurement et régiments dans lesquels ils servaient.
Lieutenants de 2ᵉ classe.		
De grenadiers. . . .	Policarpe Algarra . .	Lieut. de Guadalaxara.
	Emman. Bustamante.	Sous-lieut. de grenadiers de Guadalaxara.
	Mariano Cherta . . .	Sous-lieut. de grenadiers de Guadalaxara.
	Antoine Vizmes . . .	Sous-lieut. des Asturies.
	François Ochando. .	Sous-lieut. de Guadalaxara.
	Gabriel Cardeña. . .	Sous-lieut. des Asturies.
	Emman. Larreategui.	Sous-lieut. des Asturies.
	François Garcia. . .	Sous-lieut. des Asturies.
	Joseph Salinas. . . .	Sous-lieut. de Guadalaxara.
De voltigeurs	Joachim Caamaño. .	Sous-lieut. de grenadiers de la Princesse.
	Joseph Aragon . . .	Sous-lieut. de Guadalaxara.
De voltigeurs	Ferdinand de la Vega.	Sous-lieut. de Guadalaxara.
	Joseph Labaig. . . .	Sous-lieut. de grenadiers de Guadalaxara.
	Jean Perez	Sous-lieut. de Zamora.
Sous-lieutenants.		
	Raimond Corrales. .	S.-lt de gren. de la Princesse.
	Romuald Tobar . . .	Sous-lieut. de Guadalaxara.
	Antoine Mena. . . .	Sous-lieut. des Asturies.
De grenadiers. . . .	Joseph Montojo . . .	Sous-lieut. des Asturies.
	Vincent Ortiz	S.-lt de gren. de Guadalaxara.
De voltigeurs	Raphaël Alcedo . . .	Sous-lieut. des Asturies.
	Joseph Corvalan. . .	Sous-lieut. de Guadalaxara.
De voltigeurs	François Zayas . . .	Sous-lieut. des Asturies.
	Emmanuel Romero .	Sous-lieut. des Asturies.
	Jaime Sanz	Sous-lieut. des Asturies.
	Antoine Delgado. . .	Sous-lieut. de Guadalaxara.
	Joseph Oliver	Sous-lieut. des Asturies.
	Nicolas Biedma . . .	Sous-lieut. des Asturies.
	Ant.-Marie Alguer. .	Sous-lieut. de Guadalaxara.
	François Nieto Recio.	Sous-lieut. de Guadalaxara.
De grenadiers. . . .	Jean Sanchez	Sous-lieut. des Asturies.
	Joseph Menendez . .	Sous-lieut. de Guadalaxara.
De voltigeurs	Pierre Cuesta	Sous-lieut. de Guadalaxara.
	Antoine Aragon . . .	Sous-lieut. de Guadalaxara.
	Thomas Aldao. . . .	Sous-lieut. des Asturies.
	Antoine Aldao. . . .	Sous-lieut. des Asturies.
	François Montuel . .	Sous-lieut. des Asturies.
	Pierre Aparicio . . .	Sous-lieut. des Asturies.
	Jean Demblans . . .	Sous-lieut. de Guadalaxara.
	Marc Turriel	Sous-lieut. de Guadalaxara.
De voltigeurs	Raphaël Appellaniz .	Sous-lieut. de Guadalaxara.
	Joseph Valdes. . . .	Sous-lieut. de Guadalaxara.
	Jaime Mirambel. . .	Serg. du 1ᵉʳ de Catalogne-chass.

Régiment d'infanterie espagnol Joseph-Napoléon.

État nominatif et graduel des officiers de ce régiment qui sont envoyés
en recrutement.

GRADES.	NOMS.	PLACES où ils sont.	DÉPÔTS où ils sont envoyés.
Capitaine de 2e cl. .	François Gonzalez. .	Strasbourg.	
Lieutenants de 1re cl.	Emmanuel Ordoñez .	Fort l'Écluse.	
	Emmanuel Ciria. .		
Sous-lieutenant . . .	François Zayas . .	Besançon.	Besançon.
	Emman. Torregrosa .		
Lieutenants de 1re cl.	Louis Gutierrez . .		
	Léandre Zambrana. .		
	Raphaël Appelaniz. .	Fort Barraux.	
Sous-lieutenants. . .	Antoine Alguer . .		
	François Nieto Recio.		
Capitaine de 2e cl. .	Michel Buergo. . .	Strasbourg.	
Lieutenants de 2e cl.	Raimond Corrales. .	Fort l'Écluse.	
	Joseph Aragon . .		
	Antoine Delgado. .	Lichtemberg.	Phalsbourg.
	Joseph Menendez .		
Sous-lieutenants. . .	Joseph Corvalan. .	Fort Barraux.	
	Antoine Segueiros. .	Besançon.	
	Jacques Zanz . . .		
Capitaines de 2e cl. .	Gérard Roberti . .	Avesnes.	
	Mathias Retamar . .	Sedan (Château).	
Lieutenant de 1re cl.	François Viñas . .	Besançon.	
Lieutenants de 2e cl.	Emman. Larreategui.		Thionville.
	François Garcia. .	Petite-Pierre.	
	Emmanuel Romero .		
	Marc Turriel . . .	Lichtemberg.	
Sous-lieutenants. . .	Antoine Aragon . .		
	Antoine Mena. . .	Péronne.	Thionville. (Citadelle.)
	Pierre Aparicio . .		
Capitaines de 1re cl.	Thomas Herrera. .		
	Sauveur Mazeres . .	Sedan.	
Lieutenants de 1re cl.	Mucio Careli . . .		
	Antoine Casanoves. .		
	Emmanuel Bolangero.	Strasbourg.	
Capitaines de 2e cl. .	Nicolas Caunedo. .		Luxembourg.
	Emmanuel Ordovas .		
Lieutenants de 1re cl.	Basiliso Vasquez . .	Avesnes.	
	Angel Manzano . .		
Capitaine de 2e cl. .	François Ponce . .	Lichtemberg.	
Sous-lieutenant. . .	Thomas Aldao. . .		
Capitaine de 1re cl. .	Pierre Bataller . .		
Capitaine de 2e cl. .	Thomas Perez. . .	Avesnes.	Mézières.
Lieutenant de 1re cl.	Joseph Seguera . .		
Lieutenant de 2e cl.	Mariano Cherta . .		

GRADES.	NOMS.	PLACES où ils sont.	DÉPÔTS où ils sont envoyés.
Capitaine de 1re cl. .	Raimond Ducer . . .		
Capitaine de 2e cl. .	Pierre Zorilla . . .	Sedan.	Mézières.
Sous-lieutenant. . .	Joseph Oliver		
Capitaine de 1re cl. .	Raphaël Llanza. . .	Paris.	
Capitaine de 2e cl.	Joseph Hernandez . . François Martinez . .		
Lieutenants.	Emman. Bustamante . Joseph Labaig. . . .	Amiens.	Lille. (Citadelle.)
Sous-lieutenant. . .	Vincent Ortiz		
Capitaines	Jean España . . . . Antoine Navarro. . .	Avesnes.	
Sous-lieutenant. . .	Jean Sanchez. . . .		
Capitaine de 1re cl. .	Emmanuel Piferrer. .	Amiens.	
Lieutenant de 1re cl. .	Paschal Canut. . . .	Fort l'Écluse.	
Lieutenant de 2e cl. .	Jean Perez		
Capitaine de 2e cl. .	Dominique Tierra . .		Douai.
Sous-lieutenants. . .	Nicolas Biedma . . . Joseph Valdes. . . .	Avesnes.	
Lieutenant de 2e cl.	Joachim Caamaño. .	Paris.	

Paris, le 18 mai 1809.

Le Maréchal de camp, Colonel provisoire du régiment,

De Kindelan.

B

Rapport fait au Ministre le 10 mai 1809.

On présente à S. E. les mesures d'exécution du décret impérial du 13 février dernier qui crée un régiment espagnol d'infanterie sous le nom *Joseph-Napoléon.*

Les lettres sont adressées :

1º Au général Kindelan ;

On lui indique la marche à suivre pour opérer le recrutement et l'organisation de ce corps ; le recrutement devra se faire dans les places de Mézières, Luxembourg, Thionville, Phalsbourg, Besançon et Lille, où se trouvent les prisonniers espagnols venus du Nord. Les recrues, avant leur départ du dépôt, contracteront un enrôlement provisoire qui devra être ratifié en présence du conseil d'administration à leur arrivée à Avignon ; on en formera des détachements de 20 à 60 hommes qui seront commandés par un officier et qui auront un caporal par 20 hommes et un sergent par 30 ; ils seront de plus escortés en route par la gendarmerie. Aussitôt que le général Kindelan aura pris toutes les mesures nécessaires pour accélérer le recrutement, il devra se rendre à Avignon. Les premières mesures qu'il y prendra seront relatives à la composition du conseil d'administration et à la confection des effets d'habillement et d'équipement. Au fur et à mesure de l'arrivée des recrues, il les formera en compagnies de fusiliers et lorsqu'il aura six compagnies complètes, il procédera à l'organisation du bataillon ; il choisira les hommes susceptibles de servir en qualité de grenadiers et de voltigeurs, et il en agira ainsi successivement pour chaque bataillon de guerre. Lorsque les quatre premiers bataillons seront formés, il procédera à l'organisation définitive qui sera complétée par celle du bataillon de dépôt. Le décret accordant à ce corps un sous-officier français par compagnie, on annonce à ce général qu'il en recevra des 6ᵉ, 13ᵉ, 20ᵉ, 35ᵉ, 42ᵉ, 62ᵉ, 81ᵉ, 92ᵉ, 121ᵉ et 122ᵉ régiments d'infanterie de ligne et 32ᵉ d'infanterie légère ; on les a pris dans les corps les moins éloignés d'Avignon qui présentaient un excédant dans un ou plusieurs grades.

2º Aux conseils d'administration des 11 régiments ci-dessus désignés ;

On leur indique le nombre de sous-officiers que chacun d'eux doit envoyer au régiment espagnol et on leur annonce qu'il est indifférent dans quel grade, pourvu qu'ils choisissent parmi ceux qui ont le plus d'instruction et de connaissances en administration.

3º Aux généraux commandant les 2e, 3e, 4e, 6e et 16e divisions militaires ;

On les prévient du recrutement qui va se faire dans les dépôts de prisonniers espagnols situés dans leur arrondissement et on les engage à le favoriser par tous les moyens qui sont en leur pouvoir.

4º Au général commandant la 8e division militaire ;

On le prévient que le régiment espagnol sera formé à Avignon, que le général Kindelan est chargé de cette opération, et en l'engageant à faciliter cette opération on l'invite à exercer sa surveillance sur les militaires appelés à faire partie de ce corps.

5º A M. le maréchal duc de Conegliano [1] ;

On le prévient également de la levée et de la formation de ce régiment et on l'engage à donner les ordres les plus précis pour que la gendarmerie escorte les détachements de recrues et surveille avec la plus grande exactitude, les militaires de ce corps.

6º A MM. les comtes Dejean [2] et de Cessac [3] ;

On les prévient des mesures prises et on les invite à y concourir, chacun pour ce qui le concerne.

On prie le ministre d'approuver ce travail et de signer ces lettres.

Le chef de la division (4e) prévient également de ces mesures, les chefs des 1re, 2e, 3e, 5e et 6e divisions du ministère.

APPROUVÉ :

BARNIER.

---

1. Premier inspecteur général de la gendarmerie.
2. Ministre directeur de l'administration de la guerre.
3. Ministre d'État, directeur général des revues.

Le Ministre de la guerre au général Kindelan.

Paris, le 10 mai 1809.

Général, je vous ai dernièrement fait connaître les places où sont situés les dépôts de prisonniers de guerre espagnols que vous pourrez admettre dans le régiment Joseph-Napoléon.

Je vous avais indiqué auparavant les mesures préliminaires à l'organisation de ce régiment.

Comme les officiers qui doivent en faire partie sont nommés, je vous engage à faire toutes vos dispositions pour le recrutement et l'organisation de ce corps.

Vous trouverez ci-joint un exemplaire du décret impérial du 21 décembre dernier sur la composition des conseils d'administration et un autre de la circulaire que j'ai adressée aux corps à ce sujet.

Aussitôt que vous aurez reçu la liste des officiers admis dans le régiment, vous en enverrez une partie en recrutement et vous donnerez aux autres l'ordre de se rendre sur-le-champ à Avignon, lieu fixé pour le rassemblement du régiment.

Je charge les généraux commandant les 2e, 3e, 4e, 6e et 16e divisions militaires dans l'arrondissement desquelles se trouvent les dépôts de prisonniers espagnols que je vous ai indiqués, de faciliter et de protéger le recrutement par tous les moyens qui sont en leur pouvoir.

A leur arrivée dans les lieux où ces dépôts sont situés, les officiers que vous aurez chargés du recrutement devront communiquer l'ordre que vous leur aurez donné au commandant de la place qui leur ouvrira une libre communication dans ces dépôts.

L'article 1er du décret de création du régiment porte que l'enrôlement se fera en présence du conseil d'administration; mais comme il s'écoulera quelque temps avant que les recrues puissent être rendues au lieu où ce conseil sera assemblé, il sera convenable que les officiers de recrutement leur en fassent contracter un provisoire avant leur sortie du dépôt et que l'on aura soin de faire ratifier devant ce conseil dans les 24 heures de leur arrivée à Avignon.

Vous autoriserez en même temps ces officiers à désigner provisoirement parmi les recrues, les hommes qui seront appelés à servir en qualité de sous-officiers dans le régiment, afin qu'ils puissent confier à ces derniers, en route, la surveillance immédiate des soldats de chaque détachement; indépendamment de cette surveillance, j'invite le premier inspecteur général de la gendarmerie à donner les ordres nécessaires pour que la gendarmerie exerce la sienne sur ces détachements pendant la route et les escorte jusqu'à leur arrivée à destination.

Les officiers de recrutement devront faire connaître à chaque enrôlé que tout homme qui s'écarterait pendant la route du détachement dont il fera partie, sera poursuivi et puni comme déserteur, suivant ce que prescrivent les règlements français.

J'ai pensé qu'il n'était pas nécessaire de déterminer la force des détachements, mais je vous préviens qu'il serait convenable de n'en pas former qui soient au-dessous de 20 hommes, ni au delà de 60, parce que pour les premiers on multiplierait trop les voyages des officiers conducteurs et pour les seconds les moyens de surveillance seraient trop difficultueux.

Chaque détachement devra être commandé par un officier; on lui adjoindra un caporal par 20 hommes et un sergent par 30, de sorte qu'un détachement de 60 hommes devra être commandé par un officier, deux sergents et trois caporaux.

Pour le départ des détachements, les officiers de recrutement prendront les ordres du commandant de la place où est situé le dépôt et se concerteront avec le sous-inspecteur aux revues, le commissaire des guerres et le commandant de la gendarmerie en résidence dans cette place; celui qui dirigera le recrutement fera dresser un état de signalements des hommes qui composeront chaque détachement et le remettra à l'officier conducteur avec l'état des effets que chaque homme emportera; je prie sur cet objet le ministre directeur de l'administration de la guerre de donner les ordres nécessaires pour que les effets de petit équipement qui seront reconnus d'une indispensable nécessité aux recrues, leur soient fournis soit à leur sortie du dépôt, soit en route, et qu'ils soient ensuite imputés au corps.

Le sous-inspecteur aux revues près le dépôt d'où les hommes auront été tirés passera la revue de départ de chaque détachement; à compter de ce moment, les recrues seront traitées sur le même pied que les troupes françaises, voyageant dans l'intérieur de l'Empire

Les officiers le seront sur le même pied que ceux de leur grade de l'infanterie et ceux que vous chargerez du recrutement jouiront des mêmes avantages que les officiers français qui remplissent la même mission.

Le commandant de chaque détachement devra inscrire sur la feuille de route et sur l'état de signalement, jour par jour, les mutations qui surviendront en route parmi les hommes du détachement, soit par les entrées aux hôpitaux, soit par la désertion ; pour ce dernier cas, il en préviendra de suite le commandant de la gendarmerie du lieu où cette désertion aura pu avoir lieu et à son arrivée à Avignon il devra vous rendre compte du résultat de sa mission.

Si les besoins l'exigent, vous pourrez renvoyer les officiers qui auront conduit des détachements au corps en chercher d'autres, et vous vous concerterez avec le commissaire des guerres à Avignon pour leur faire délivrer les feuilles de route indispensables à cet effet, mais vous ne devrez pas le faire sans une nécessité absolue et vous ne chargerez de cette mission que les hommes qui auront mérité votre confiance.

Lorsque vous aurez pris toutes les mesures propres à assurer et accélérer les opérations du recrutement et que vous aurez donné ordre aux officiers qui doivent rejoindre de suite le régiment, de se rendre à leur poste, vous partirez pour Avignon.

A votre arrivée dans cette place, vous vous concerterez avec le général commandant le département, le commandant de la place, les officiers supérieurs commandant l'artillerie et le génie, le sous-inspecteur aux revues et le commissaire des guerres sur les mesures à prendre pour l'organisation du régiment et pour assurer les différentes fournitures qui doivent être faites aux militaires qui le composeront, ainsi que la solde qu'ils doivent recevoir ; je charge le général commandant la 8e division militaire de faciliter ces différentes opérations par tous les moyens qui sont en son pouvoir.

L'article 4 du décret de création du régiment lui accorde un sous-officier français par compagnie, j'ai décidé que le 6e régiment d'infanterie de ligne en fournirait 3, le 13e 1, le 20e 2, le 35e 3, le 42e 1, le 62e 4, le 81e 6, le 92e 1, le 121e 3, le 122e 2, et le 32e d'infanterie légère 2 ; je n'ai pas indiqué les grades dans lesquels on les prendrait, mais j'ai prescrit de ne choisir que parmi ceux qui ont de l'instruction et des connaissances en administration ; les conseils d'administration de ces corps doivent vous faire connaître le nom des sous-officiers qu'ils auront désignés et l'époque de leur départ pour se rendre à Avignon. Ces sous-officiers recevront ordre de se rendre auprès de vous à leur arrivée dans cette place, vous les ferez porter sur les contrôles du régiment et comme ils seront munis de leurs certificats de services, vous ferez inscrire également ces services sur les contrôles; si parmi ceux qui vous seront annoncés, il en est qui ne soient pas arrivés à l'époque où ils devront avoir rejoint, vous me le ferez connaître afin que je puisse les faire rechercher. Vous pourrez accorder de l'avancement dans les grades de sous-officier à ceux de ces militaires que vous jugerez susceptibles par leur instruction et leur conduite, d'en obtenir.

Votre première opération sera de former le conseil d'administration et en attendant que vous puissiez y admettre un sous-officier, le premier officier suppléant sera le cinquième membre, vous vous concerterez à cet effet avec le sous-inspecteur aux revues qui dressera le procès-verbal d'installation de ce conseil et qui lui fera connaître les lois et règlements qu'il doit suivre pour la gestion de sa comptabilité. Vous vous conformerez à cet égard aux dispositions du décret du 21 décembre dernier ; si parmi les officiers qui seront en recrutement il en est qui par leur grade ou leur rang doivent prendre place au conseil, ils seront admis à leur arrivée et ceux qui les y auront remplacés deviendront suppléants, ou s'en retireront suivant leurs positions respectives.

Vous nommerez aussi le plus promptement possible les maîtres ouvriers et vous prendrez toutes les mesures nécessaires pour que les effets d'habillement et d'équipement soient confectionnés sans délai. Vous correspondrez directement sur cet objet avec le ministre directeur de l'administration de la guerre, mais vous ne devrez pas moins me faire connaître exactement la situation de cette partie du service.

Je donne des ordres pour que les effets d'armement soient délivrés au corps au fur et à mesure de l'arrivée des recrues, vous vous concerterez sur cet objet avec le directeur d'artillerie de l'arrondissement.

A l'arrivée de chaque détachement de recrues à Avignon, vous en préviendrez le sous-inspecteur aux revues, afin qu'il puisse en passer la revue d'arrivée ; vous les ferez immatriculer sur les contrôles et aussitôt qu'il y aura un nombre d'hommes suffisant pour former une compagnie, vous l'organiserez. Vous ne formerez que des compagnies de fusiliers jusqu'à ce que vous puissiez organiser le 1er bataillon. A cette époque, vous choisirez dans les six compagnies existantes les hommes les plus propres à faire le service de grenadiers et celui de voltigeurs ; les grenadiers devront être pris, autant que possible, parmi ceux qui ont déjà servi en cette qualité dans les troupes espagnoles et les voltigeurs parmi ceux de la plus petite taille et bien constitués.

Vous vous concerterez à cet effet avec le sous-inspecteur aux revues ; ce dernier devra être présent à l'opération, il passera une revue du bataillon avant son organisation et une autre après cette opération dont il dressera procès-verbal ; les grenadiers et les voltigeurs et leurs sous-officiers ne jouiront de la solde de leurs grades qu'à compter du jour de cette organisation.

Vous en agirez de même successivement pour les autres bataillons en ayant soin de vous conformer exactement à cet égard aux dispositions du décret du 18 février 1808 que je vous ai déjà adressé.

Vous répartirez les capitaines et lieutenants dans les bataillons, de manière qu'il y ait autant que possible dans chaque bataillon un nombre égal d'anciens et de nouveaux officiers de ces grades et un capitaine de fusiliers de 1re classe dans chaque bataillon de guerre.

En ordre de bataille, les compagnies seront rangées ainsi qu'il suit et de manière que les plus anciens capitaines soient toujours à la tête d'une division.

1re division	Compagnie de grenadiers, 3e de fusiliers.
2e division	1re de fusiliers, 4e de fusiliers.
3e division	2e de fusiliers, Compagnie de voltigeurs.

Le numéro des compagnies de fusiliers de chaque bataillon sera déterminé par le rang des capitaines qui les commanderont.

Vous devrez choisir pour celles de grenadiers et de voltigeurs, les officiers et les sous-officiers les plus propres à ces deux genres de service et n'avoir égard à l'ancienneté qu'autant qu'elle se trouvera réunie à la bravoure et à la bonne conduite ; lorsque ces deux compagnies seront formées pour chaque bataillon, le surplus des officiers, sous-officiers et soldats des six compagnies précédentes servira à former les quatre compagnies de fusiliers que vous porterez autant que possible à la même force en hommes de chaque grade.

Lorsque les quatre bataillons de guerre seront formés, vous procéderez à l'organisation définitive du régiment, qui sera complétée par celle du bataillon de dépôt, vous rectifierez dans cette dernière opération les irrégularités qui auraient pu être commises dans les premières ; le sous-inspecteur aux revues y assistera également, passera les mêmes revues et dressera le procès-verbal définitif de l'organisation du régiment ; il sera fait autant d'expéditions de chaque procès-verbal qu'il est indiqué par l'article 211 du règlement du 25 germinal an XIII, dont le sous-inspecteur vous donnera connaissance ; chacune de ces expéditions, visées par le sous-inspecteur, sera soumise à votre approbation. Vous m'adresserez directement celle que je dois recevoir, le sous-inspecteur donnera aux autres la destination qu'elles doivent avoir.

Dans l'intervalle de ces diverses opérations, vous me transmettrez la liste des trois capitaines que vous jugerez susceptibles de commander le bataillon de dépôt sous les ordres du major, afin que je puisse vous faire connaître à l'avance celui que j'aurai choisi.

Vous donnerez aussi tous les ordres que vous jugerez les plus convenables pour l'établissement et le maintien de l'instruction, de la police et de la discipline dans le régiment.

Lorsque vous verrez le recrutement cesser, vous rappellerez au corps les officiers qui en auront été chargés et si cette opération a été insuffisante pour compléter le régiment vous me proposerez les moyens d'y suppléer.

Je compte sur votre zèle, Général, et sur votre dévouement à l'Empereur, pour la plus prompte exécution possible des mesures indiquées dans cette lettre ; je vous engage, en m'en accusant réception, à m'informer de celles que vous prendrez pour le recrutement et l'organisation de ce régiment et à correspondre exactement avec moi tous les quinze jours sur les progrès de ces deux opérations.

Recevez, Général, l'assurance de ma considération.

Le Ministre de la guerre.

*Le chef de la 4e division du Ministère de la guerre
à M. Tabarié, chef de la 2e.*

Paris, 10 mai 1809.

J'ai l'honneur de vous prévenir, Monsieur, que le Ministre donne en ce moment au général Kindelan les instructions nécessaires pour procéder au recrutement et à l'organisation du régiment espagnol Joseph-Napoléon, créé par le décret impérial du 13 février dernier.

Ce régiment dont le rassemblement devait se faire, d'après le décret, à Montpellier, sera, d'après un ordre postérieur de l'Empereur, réuni à Avignon.

Comme il n'aura point d'aigle, mais des drapeaux, il ne devra point avoir de porte-aigle.

S. E. prévient le général Kindelan que les officiers sont nommés et en lui annonçant qu'il recevra incessamment leurs lettres de nomination, elle l'invite à les envoyer soit au dépôt, soit en recrutement et à les répartir de manière à accélérer les opérations auxquelles ils doivent concourir.

Je vous prie, Monsieur, de présenter au Ministre, le plus promptement possible, les mesures d'exécution du décret qui rentrent dans vos attributions.

BARNIER.

C

Rapport à S. M. l'Empereur et Roi du 15 avril 1810.

Votre Majesté Impériale et Royale a désiré qu'on lui fît connaître quel esprit anime les officiers, sous-officiers et soldats du régiment de Joseph-Napoléon et si on pourrait, sans inconvénient, l'envoyer en Espagne.

Personne n'est plus en état de donner à cet égard des renseignements certains que M. le général Kindelan, colonel provisoire de ce corps.

J'ai l'honneur de proposer à Votre Majesté de m'autoriser à l'appeler à Paris, pour y séjourner pendant un mois et demi et donner de vive voix les éclaircissements dont on a besoin.

Je me suis assuré que le régiment dans l'état où il est, ne souffrira pas de l'absence momentanée de ce général.

J'attends les ordres de Votre Majesté Impériale et Royale.

Le Ministre de la guerre,
Duc de Feltre.

Approuvé :
Compiègne, le 18 avril 1810.
NAPOLÉON.

Le Ministre de la guerre à M. le général Kindelan, commandant
le régiment espagnol Joseph-Napoléon.

Paris, le 4 mai 1810.

Général, je vous préviens que l'Empereur approuve que vous vous rendiez à Paris pour y rester jusqu'à nouvel ordre et donner sur le régiment espagnol Joseph-Napoléon les renseignements nécessaires.

Vous voudrez bien m'informer de suite de votre arrivée en cette ville.

Le Ministre de la guerre,
Duc de Feltre.

Nota. — On fait venir le général Kindelan à Paris afin de savoir de lui d'une manière positive quel esprit anime les officiers, sous-officiers et soldats du régiment Joseph-Napoléon qu'il vient d'organiser, et s'il pense qu'il soit convenable de l'envoyer en Espagne. (L'Empereur a ordonné de prendre des renseignements à ce sujet, 6 avril 1810.)

BARNIER.

La lettre du Ministre au général de Kindelan était accompagnée de la note suivante [1] :

« Quoique cette lettre soit signée, elle ne doit partir que lorsqu'on se sera assuré que M. Girard a fait signer les ordres pour la dispersion des bataillons du régiment Joseph-Napoléon. Le Ministre veut que le général Kindelan reste à Avignon jusqu'après le départ de tous les bataillons. »

En marge : « Les ordres sont partis pour ce qui concerne ce régiment. »

« GIRARD. » (5 mai 1810.)

Le général de Kindelan ayant le 4 juin envoyé au ministre la traduction d'un extrait de la *Gazette de Madrid* du 1er mai, annonçant la prochaine arrivée en Espagne du régiment Joseph-Napoléon, l'Empereur demanda des explications au duc de Feltre ; il résulte de cette correspondance que le roi d'Espagne n'avait fait insérer cet article dans les journaux de la Péninsule que pour faciliter le recrutement des troupes régulières espagnoles.

Nous reproduisons ci-après l'article de la *Gazette de Madrid* et le rapport du ministre à l'Empereur [2] :

« Séville, le 1er mai 1810.

« Le régiment espagnol de Joseph-Napoléon a été formé en France : son organisation en a été confiée au lieutenant-général des armées royales don Jean de Kindelan. Sa Majesté l'Empereur des Français a daigné offrir ce régiment à son auguste frère, notre bénigne souverain, et Sa Majesté, pénétrée des tendres sentiments qui l'unissent à ses sujets, a répondu à son frère l'Empereur et Roi, qu'elle verra avec le plus grand

---

1. Archives administratives de la guerre.
2. Archives nationales, AF, IV, 1118.

plaisir dans ses Etats un corps composé d'Espagnols enrôlés volontairement, lequel a non seulement été porté à son complet, mais a eu encore un excédant de 5oo hommes sur les 3,97o qui forment sa force. Les prisonniers de guerre provenans de la reddition de Girone sont les derniers qui ont demandé à servir dans ce régiment, qui sous les auspices de notre juste et bien-aimé Roi, dont il a l'honneur de porter le nom, ne s'écartera dans aucun cas des sentiers de l'honneur, de la vertu et du courage. »

Rapport du Ministre.

« D'après un ordre de Sa Majesté, j'ai écrit au Roi d'Espagne, pour savoir s'il pensait que ce fût une mesure utile de faire passer dans ce pays le régiment espagnol organisé à Avignon et qui avait atteint son complet. M. le duc de Santa-Fé [1] a été chargé de me faire connaître que le Roi regardait l'arrivée de ce régiment au delà des Pyrénées comme devant produire un très bon effet sur la levée des nouvelles troupes régulières espagnoles. Les enrôlemens y sont peu productifs, parce que les Espagnols ont une grande crainte qu'on ne les fasse sortir de leur pays ; cependant un nombre assez considérable de soldats dispersés des anciennes troupes, qui ne peuvent trouver des moyens d'existence que dans le service militaire, et qui, par l'effet de cette crainte, n'entrent pas dans les nouveaux régimens, parviennent à rejoindre les insurgés, quoique indifférents au fond sur les principes pour lesquels ils se battent. Le Roi a cru utile de faire insérer dans la *Gazette de Madrid* que le régiment Joseph-Napoléon allait arriver en Espagne, car c'est le meilleur moyen de persuader que les nouveaux régiments ne seront pas envoyés au dehors, et si cette opinion pouvait s'établir, M. le duc de Santa-Fé ne doute pas que bientôt le roi d'Espagne ne pût se former une force militaire régulière, qui permettrait de diminuer d'autant les forces françaises.

« J'ai cru devoir mettre ces considérations sous les yeux de Sa Majesté, en lui rappelant qu'aucun des bataillons du régiment Joseph-Napoléon n'est dirigé vers l'Espagne.

« *Le Ministre de la guerre,*

« Duc de Feltre. »

---

1. Ambassadeur du Roi Joseph, à Paris.

D

« ..... Je crois donc que l'esprit qui règne au 2e bataillon y est assez bon généralement et que parmi les officiers et sous-officiers, s'il y a quelqu'un qui ait de coupables intentions, sur cet article, il se couvre au moins du masque de l'hypocrisie, de façon à ne pouvoir être découvert. Dans la position où se trouve ce bataillon, le bon esprit doit s'y raffermir de jour en jour; il faut pourtant que les officiers mettent plus d'énergie et un zèle plus actif à remplir tous les devoirs que leur impose l'honneur : se bornant à s'en acquitter passivement, ils ne déploient pas toute la force d'âme et toute l'activité qui conviendraient dans les circonstances où ils sont et qui serait la preuve la plus sûre de leur reconnaissance des bienfaits qu'ils reçoivent de l'Empereur et de leur parfait et absolu dévouement à Sa Majesté Impériale et à son auguste frère le Roi leur maître. Ce n'est pas qu'il n'y en ait plusieurs dont la conduite ne soit digne d'éloges, mais il y en a aussi d'autres qui sont négligents et qui ont besoin de redoubler de zèle et d'efforts; j'ai encouragé les premiers et j'ai fait connaître aux autres l'étendue de leurs devoirs et le zèle qu'ils y doivent mettre. Le commandant du bataillon a de bonnes qualités, il n'oublie rien pour maintenir le meilleur ordre et la plus exacte discipline et pour y inspirer l'esprit le plus parfait, je lui voudrais pourtant plus de vigueur dans le commandement et plus de sévérité contre les négligents, sans la moindre considération aux anciennes liaisons ; je le lui ai fortement recommandé. Il faut aussi qu'il acquière des connaissances plus détaillées sur les règlements et sur toutes les parties du service, pour tenir toujours son bataillon dans le meilleur état; je lui en ai indiqué les moyens, et je n'ai nul doute qu'il ne s'en occupera sans relâche : l'honneur que je lui connais et la bonne volonté dont il a fait preuve en sont les garants.

« Les officiers du 3e bataillon ont bien mis du zèle dans cette occasion, mais ce zèle a été trop passif, il lui a manqué la vigueur et l'énergie qui auraient dû être employées dans un cas aussi urgent; j'ai infligé 15 jours d'arrêts à un capitaine qui avait été négligent, j'ai cru cet exemple nécessaire ; le commandant du bataillon est un vieux serviteur qui a la meilleure volonté et se donne beaucoup de mouvement pour que tout aille au mieux, mais soit par effet de son âge avancé, soit par faiblesse de caractère, il ne réussit pas toujours à obtenir ce qu'il désire bien sincèrement ; je le considère plus propre à un commandement de place en Espagne, auquel ses services et sa conduite irréprochable lui donnent des droits, qu'au commandement d'un bataillon en activité. J'ai l'honneur d'observer à Votre Excellence que lors de la formation du régiment Joseph-Napoléon, je proposai à V. E. ce commandant, parce que je devais proposer dans leurs grades correspondants les officiers, et celui-ci était major avec le grade de lieutenant-colonel dans le régiment de Guadalaxara ; je ne le connaissais pas personnellement, je savais seulement qu'il était un parfait honnête homme et qu'il avait fait preuve du meilleur esprit, ce qu'il n'a certainement pas démenti.

« D'après le rapport que je viens d'avoir l'honneur de faire à Votre Excellence, je crois que pour le bien du service il serait utile de faire quelques déplacements d'officiers d'un bataillon dans un autre : cette mesure tend à égaliser, autant que possible, les officiers les plus actifs et de meilleure disposition, avec ceux qui sont plus négligents ou moins instruits, j'aurai l'honneur d'en faire à V. E. la proposition nominale aussitôt que le major m'aura renvoyé l'état des mutations survenues au régiment depuis la dissolution du dépôt.

« Il y a un capitaine et un sous-lieutenant qui ont été frappés de paralysie et qui ont le malheur d'être inutiles pour continuer à servir ; je crois nécessaire qu'ils soient remplacés ; leur position malheureuse et involontaire réclame la pitié de Votre Excellence. Dans le cas qu'Elle décide leur réforme, j'ai l'honneur de la prier de leur permettre d'aller finir leurs jours au sein de leurs familles et de les recommander pour un traitement de réforme au gouvernement espagnol [1].

« KINDELAN. »

---

1. Archives administratives de la guerre.

E

Le grand nombre de prisonniers de guerre espagnols que l'Empereur avait à entretenir dans les dépôts devait l'amener à chercher à en tirer parti comme il l'avait fait en 1809 en formant des débris du corps de La Romana le régiment Joseph-Napoléon.

Le rapport [1] que le ministre de la guerre adressait à l'Empereur le 18 avril 1811, et dont nous n'avons cité que ce qui concernait directement le régiment Joseph-Napoléon, montre bien à quel point le général Clarke dès cette époque se préoccupait des formations nouvelles que la guerre imminente pouvait rendre nécessaires : « En faisant former, écrivait le ministre, les bataillons de prisonniers de guerre espagnols, j'ai fait en sorte qu'on n'y employât, en général, que des Espagnols nés au delà de l'Èbre. J'ai dans les dépôts des Catalans, des Aragonais, des Navarrais et des hommes nés dans les trois provinces de Biscaye. On en pourrait former un régiment de même force que le régiment Joseph-Napoléon : le premier bataillon serait composé de Catalans, le deuxième d'Aragonais, le troisième de Navarrais, le quatrième de Biscayens, etc. ; à moins que Votre Majesté ne préférât en faire des bataillons séparés. On les ferait commander par les officiers qui ont prêté serment au Roi Joseph, et qui sont à Châlons-sur-Marne. On pourrait même y mettre une moitié d'officiers français.

---

1. Archives nationales, AF, IV, 1118. Voir page 115.

« Pour cette création j'aurais besoin du général Kindelan. Mais des majors en second français pourraient, sans lui, commander les quatrièmes bataillons du régiment Joseph-Napoléon. Cet officier général formerait le deuxième régiment espagnol qui, s'il n'était pas employé trop vite, serait de quelque utilité en Allemagne.

« Il faudra bien des troupes si l'Autriche remue et la tentation de remuer sera grande. La guerre avec la Russie ne peut durer moins d'un an.

« Le régiment irlandais et les Espagnols ont toujours sympathisé ensemble. Les Irlandais se disent de race Milésienne, de plus leur religion est la même. Le major Lawfels du régiment irlandais est un homme sûr et brave, blessé à Flessingue, qui a rapporté l'aigle de ce corps. En le nommant colonel en second, il pourrait conduire deux ou trois bataillons de ce régiment en Allemagne dans trois mois. Mais il serait indispensable de s'y prendre dès à présent. Lawfels est condamné à mort en Irlande. »

Nous avons cru devoir reproduire la fin de ce rapport où se fait jour la sympathie du général Clarke pour ses compatriotes ; Clarke, comme Kindelan, était d'origine irlandaise.

Un rapport du ministre de la guerre du 7 février 1812 [1] présentait à l'Empereur un projet de décret portant création d'un second régiment espagnol sous le nom de régiment de Catalogne. Le général de Kindelan devait être chargé de le former et de l'organiser de la même façon que le régiment Joseph-Napoléon. L'uniforme du régiment de Catalogne devait être blanc avec le bleu céleste comme couleur distinctive.

Ce projet de décret fut approuvé par Napoléon le 8 février

---

1. Archives nationales, AF, IV, 1119.

1812 avec cette réserve, qu'au lieu de 5 bataillons, le nouveau régiment n'en comportât que 3 [1].

Cependant quelques semaines plus tard, les intentions de Napoléon prirent un autre tour.

Elles sont développées dans une longue note pour le comte Daru [2] que l'Empereur dicta à Paris le 27 février ; on peut y suivre les transformations successives de sa pensée sur le parti à tirer des prisonniers espagnols, et nous y renvoyons le lecteur.

Il résulta de ces dispositions nouvelles que le général de Kindelan fut nommé inspecteur général des dépôts de prisonniers espagnols avec le grade de général de division au titre français et reçut la mission de choisir dans ces dépôts les meilleurs sujets pour en former des bataillons de 840 hommes chacun. Ces bataillons devaient remplacer dans les régiments de Walcheren et de Belle-Ile autant de bataillons de conscrits réfractaires qui seraient versés dans l'infanterie de ligne [3].

Le décret créant le régiment de Catalogne fut en conséquence rapporté à la suite d'une demande du ministre de la guerre en date du 17 mars 1812.

D'autre part, un décret du 10 mars [4] avait autorisé le ministre de la guerre à recruter parmi les prisonniers espagnols, 1,000 hommes pour le service des bataillons des équipages militaires. Ce même décret ordonnait la formation d'un bataillon de pionniers de 800 hommes et de deux

---

1. *Correspondance de Napoléon Ier*, n° 18487, t. XXIII.
2. *Correspondance de Napoléon Ier*, n° 18529, t. XXIII.
3. *Correspondance de Napoléon Ier*, n°s 18570, 18670, 18679, 18682, 18701, t. XXIII. (Voir sur l'incorporation des réfractaires des régiments d'infanterie dits de Walcheren, de Belle-Ile, etc., commandant MARGUERON : *Campagne de Russie*, Ire partie, ch. VIII.)
4. On trouvera plus loin ce décret.

compagnies d'ouvriers de 140 hommes chacune, pris également parmi les prisonniers espagnols.

Nous reproduisons ci-après, à titre de documents, deux rapports du ministre de la guerre à l'Empereur au sujet du général de Kindelan, et une lettre de ce dernier au ministre[1] :

Du 22 février 1812.

Sire,

..... Le 9 janvier dernier, Votre Majesté me donna l'ordre d'envoyer M. le général Kindelan à Rostock, cet officier étant encore malade, cet ordre ne put alors être exécuté, aujourd'hui que sa santé est parfaitement rétablie, il désire ardemment avoir l'honneur de servir sous les yeux de V. M. et d'être à même d'acquérir des droits à son estime.

On n'a jamais eu qu'à se louer des sentiments du général Kindelan, ce que j'attribue à ce qu'il a été élevé en France au collège de Sorèze.....

En marge de ce rapport on lit :

Qu'est-ce que c'est que ce général ? je ne connais plus cet officier puisque j'ai nommé à son régiment. Je ne sais pas pourquoi le Ministre le présente comme général ; cela est fort irrégulier. Me faire un rapport là-dessus.

Paris, le 24 février 1812.

Signé : NAPOLÉON.

Du 14 mars 1812.

Sire,

J'ai vu ce matin le général Kindelan et je l'ai entretenu de la disposition de Votre Majesté à le prendre à son service. Il en a agréé la proposition avec beaucoup de reconnaissance, ne demandant autre chose que d'y voir passer son fils qui sert dans le régiment Joseph-Napoléon, et que Votre Majesté daignât faire dire quelques mots au sujet de son

---

1. Archives administratives de la guerre.

passage au service de France, à S. M. C., des bontés de laquelle le
général Kindelan est fort reconnaissant. Il a ajouté que, s'il avait cru
pouvoir faire, sans indiscrétion, la demande d'entrer au service de
Votre Majesté, il aurait sollicité il y a longtemps une si insigne faveur.
Bref, j'en ai été fort satisfait.

En conformité des ordres de Votre Majesté, je lui soumets le projet
de décret suivant, qui attache le général Kindelan à son service.

Le général de Kindelan, promu chef de division par un
décret du 28 mai 1812, témoigna sa reconnaissance au général Clarke par une lettre datée de Troyes, le 25 juillet
1812 ; nous en citerons le passage suivant :

..... Dans tous les cas, je prie V. E. de me permettre de passer par
Paris pour me faire faire mes uniformes de général français.

Permettez-moi, Monseigneur, de vous témoigner à cette occasion
l'expression de ma plus vive reconnaissance pour la bonté que vous
avez eue de disposer l'Empereur à m'accorder cette grâce qui a mis le
comble à tous mes vœux, ainsi qu'aux bontés dont V. E. n'a cessé de
m'honorer ; je ferai toujours mes plus grands efforts pour me rendre
digne d'un honneur aussi distingué.....

Décret du 10 mars 1812.

Au Palais de l'Élysée, le 10 mars 1812 [1].

Napoléon, Empereur des Français, Roi d'Italie, Protecteur de la
Confédération du Rhin, Médiateur de la Confédération Suisse.

Nous avons décrété et décrétons ce qui suit :

TITRE PREMIER

*Recrutement du bataillon d'équipages militaires
par des prisonniers espagnols.*

Article premier.

Notre Ministre de l'administration de la guerre est autorisé à recruter

---

1. Archives nationales, AF, IV, 5o85.

parmi les prisonniers espagnols 1,000 hommes pour le service des bataillons des équipages militaires.

Art. 2.

Ces 1,000 hommes seront pris dans les différents dépôts de prisonniers espagnols situés dans les différentes places de France, sans qu'ils puissent être tirés du bataillon organisé pour le service du génie ou des ponts et chaussées.

Art. 3.

L'engagement sera fait de gré à gré. Le prisonnier doit s'engager de bonne volonté, contracter son engagement par écrit et prêter serment.

Art. 4.

Il sera stipulé dans l'engagement que lorsqu'un prisonnier aura servi en bon et fidèle soldat pendant six ans, il lui sera délivré un congé absolu pour retourner dans sa patrie ; que s'il est blessé, il aura droit aux récompenses et au traitement qui sont accordés aux soldats français, et sera en tout traité de même et sur le même pied.

TITRE II

Recrutement du 3e bataillon de Walcheren par des prisonniers espagnols.

Art. 5.

Notre Ministre de la guerre est autorisé à faire compléter le 3e bataillon du régiment de Walcheren qui est à Strasbourg par des prisonniers espagnols, jusqu'au complet de 140 hommes par compagnie.

Art. 6.

L'engagement sera le même que celui stipulé par les articles 3 et 4 du titre premier.

Art. 7.

L'uniforme sera le même que celui du régiment de Walcheren, hormis que le collet et les parements de l'habit seront bleus, de sorte qu'on puisse les distinguer au premier coup d'œil.

Art. 8.

Ce bataillon sera formé dans une place ouverte sur le Rhin entre Strasbourg et Landau, et il sera habillé par le dépôt de Strasbourg.

TITRE III

Formation d'un bataillon de pionniers espagnols.

Art. 9.

Il sera formé un bataillon de pionniers composé de quatre compagnies de 200 hommes chacune, pris parmi les prisonniers espagnols.

Art. 10.

Les officiers et les deux tiers des sous-officiers seront français. L'autre tiers des sous-officiers pourra être espagnol.

Art. 11.

Les hommes composant ce bataillon ne seront point armés de fusils. Ils auront pour arme un briquet, et porteront un outil de pionnier.

Art. 12.

Les 800 hommes nécessaires pour former ce bataillon seront pris dans les bataillons organisés pour les travaux du génie et des ponts et chaussées, en prenant des hommes de bonne volonté, et reconnus par les officiers comme les meilleurs sujets.

Art. 13.

Les conditions de l'engagement seront les mêmes que celles portées dans le titre premier.

Art. 14.

Ce bataillon sera formé à Nimègue et, aussitôt qu'il sera organisé, il partira pour rejoindre la Grande Armée.

Art. 15.

Les places que les prisonniers choisis pour le bataillon de pionniers laisseront vacantes dans les bataillons du génie et des ponts et chaussées seront remplacées sur-le-champ par d'autres prisonniers.

TITRE IV

Formation de deux compagnies d'ouvriers espagnols.

ART. 16.

Il sera formé deux compagnies d'ouvriers de 140 hommes chacune, pris parmi les prisonniers espagnols du dépôt qui auraient exercé une profession, pour être attachées : une au parc d'artillerie de la Grande Armée, la seconde au train des équipages militaires ; cette dernière sera formée par le Ministre de l'administration de la guerre.

ART. 17.

Les officiers seront Français, ainsi que les deux tiers des sous-officiers.

ART. 18.

Les conditions de l'engagement seront les mêmes que celles des titres précédents.

ART. 19.

Nos Ministres de la guerre et de l'administration de la guerre sont chargés de l'exécution du présent décret.

Signé : NAPOLÉON.

Rapport à Sa Majesté l'Empereur et Roi [1].

Du 17 mars 1812.

Sa Majesté, en ordonnant de nouvelles dispositions sur la manière d'employer les prisonniers de guerre espagnols, a demandé à connaître ce qui avait été fait, pour l'exécution du décret du 7 février qui prescrivait de former un régiment de Catalogne.

J'ai l'honneur de lui rendre compte que l'espace qui s'est écoulé entre l'émission des deux décrets n'avait permis de s'occuper que de dispositions préparatoires qui n'ont pu recevoir d'exécution.

---

1. Archives nationales, AF, IV, 1119.

En conséquence des nouveaux ordres de Sa Majesté, je donne ceux nécessaires :

1º Pour faire compléter à Strasbourg, avec des prisonniers de guerre, les cadres des 3es et 4es bataillons de Walcheren, de Belle-Isle et de l'isle de Ré ;

2º Pour faire organiser à Nimègue un bataillon de pionniers espagnols, et dans la 3e division une compagnie d'ouvriers d'artillerie espagnols.

Le ministre directeur de l'administration de la guerre fera les dispositions pour l'organisation de la compagnie d'ouvriers du train des équipages militaires.

Le général Kindelan va parcourir les dépôts de prisonniers, pour y choisir les hommes propres à ces différentes armes qui voudront s'enrôler.

Ces mesures rendant inutile le décret du 7 février qui créait un régiment de Catalogne, j'ai l'honneur de proposer à Sa Majesté de décider, qu'il ne sera donné aucune suite à ce décret.

J'attends avec ardeur le décret relatif au général Kindelan afin de l'employer.

Le Ministre de la guerre,
Duc de Feltre.

Rapport à Sa Majesté l'Empereur et Roi [1].

Du 11 avril 1812.

Le général Kindelan, muni des instructions nécessaires, parcourt en ce moment les dépôts des prisonniers de guerre espagnols, pour y opérer les recrutemens ordonnés par le décret du 10 mars.

Ce général a déjà opéré dans les dépôts d'Avesnes et de Landrecies ; je lui ai prescrit de n'enrôler que des hommes qui sont en France depuis plus d'un an, desquels on serait sûr, et qui n'auraient pas le moindre symptôme de maladie, en donnant l'exclusion à ceux de la garnison de Valence et aux derniers venus.

Les recrues reçoivent, avant de quitter le dépôt, une paire de souliers et une chemise ; et le ministre directeur a fait les dispositions néces-

---

1. Archives nationales, AF, IV, 1119.

saires pour qu'ils soient entièrement habillés à leur arrivée à leur destination.

Ce recrutement ira vite, déjà plusieurs détachemens ont été dirigés sur les cadres qui doivent les recevoir, et j'ai tout lieu de croire que ces cadres seront bientôt complétés.

Sa Majesté a paru blâmer l'envoi des recrues espagnoles à Strasbourg ; j'ai dû leur donner cette destination d'après son ordre du 11 mars et le décret du 10 qui portent expressément qu'on les fera diriger sur cette place, où l'on aura soin de réunir les 6 cadres de bataillons des régimens de Valcheren, de Belle-Isle et de l'Isle de Ré, dans lesquels ils doivent être placés.

Cette mesure ne paraissant plus remplir les vues de Sa Majesté qui semble désirer qu'on éloigne ces étrangers des frontières et des villes où il se trouve de nombreuses garnisons françaises, je la prie de vouloir bien désigner les lieux où devront être complétés les corps qui doivent être composés de prisonniers espagnols, afin que je donne des ordres en conséquence.

J'ai l'honneur de rendre compte de plus à Sa Majesté, qu'outre les 6 bataillons de ligne qui devaient être formés à Strasbourg, on organise à Nimègue un bataillon de pionniers espagnols, et à Metz une compagnie d'ouvriers d'artillerie.

Le Ministre de la guerre,
Duc de Feltre.

Parmi les nombreuses lettres du général de Kindelan, relatives à sa mission, nous ne citerons que la suivante qui nous a paru la plus caractéristique :

Au Ministre de la guerre[1].

Maëstricht, le 21 décembre 1812.

Monseigneur,

J'ai eu l'honneur de rendre compte à V. E. par ma lettre du 3 du courant que, me trouvant à Anvers, dans le point le plus rapproché du

---

1. Archives administratives de la guerre.

Helder, j'y allais ; l'on m'avait fait espérer que la cessation des travaux, l'insalubrité du climat et le désir qu'avaient les prisonniers espagnols d'en sortir, en détermineraient un bon nombre à prendre du service dans le régiment Joseph-Napoléon ; ces espérances ont été déçues, malgré tout ce que j'ai pu faire, malgré tous les soins qu'y a mis M. le général Genci, commandant au Helder, je n'ai pu y avoir que 19 hommes ; les prisonniers espagnols au Helder, quoiqu'en état de non-activité, reçoivent leurs rations de pain, viande et légumes et quinze centimes pour deniers de poche ; ils sont bien habillés et n'ont absolument rien à faire. Dans cet état si analogue à leur caractère, ils ne se soucient pas de servir ; cependant M. le général Genci a bien voulu se charger d'y continuer le recrutement ; il espère que ce ne sera pas sans fruit, je lui ai laissé des engagements imprimés, pour les diriger avec les recrues qu'il pourrait faire, au conseil d'adm^on du régiment J^h-Napoléon à Maëstricht.

J'ai été plus heureux à Ruremonde, le dépôt de prisonniers espagnols qui y est établi m'en a fourni 161 de bonne volonté qui ont signé des engagements, ce qui fait que jusqu'à ce moment j'ai fait diriger sur le dépôt du rég^t 502 hommes, ajoutant à ce nombre 87 hommes qui viennent de Cherbourg et 249 des compagnies espagnoles formées en Aragon et dirigées sur le même dépôt en vertu des ordres de V. E., il en résultera que sous peu de jours, il aura reçu 838 recrues, et j'espère qu'à la fin de l'année ce nombre pourra être porté à 1,200.

Arrivé ici hier au soir, j'en partirai aujourd'hui pour aller inspecter successivement les dépôts d'Hasselt, Liège, Namur, Philippeville, Rocroi, Avesnes, Maubeuge, Landrecies, Le Quesnoy et Mons, où je compte me trouver du 15 au 17 janvier 1813 et où je prie V. E. de m'adresser ses ordres.

V. E. m'a fait l'honneur de me donner connaissance qu'il existe à Périgueux, en outre du dépôt de prisonniers de guerre, un second dépôt où l'on a réuni les déserteurs qui ont quitté les rangs de l'ennemi en Espagne, et qu'il renferme un assez grand nombre d'Espagnols qui ont manifesté le désir d'entrer au service de la France ; ces hommes étant disponibles de suite, si pour accélérer les opérations du recrutement, V. E. jugeait convenable que j'allasse, sans perte de temps, à Périgueux, pour les inspecter et faire diriger sur Maëstricht ceux qui seraient propres au service, je la prie de m'en prescrire l'ordre à Mons. Dans ce cas, après mon opération à Périgueux, je verrais les dépôts de Montbrison, Clermont-Ferrand, Nevers et Alençon qui étaient les derniers que je devais voir d'après l'ordre de tournée que je m'étais proposé, et si le recrutement dans ces dépôts ne suffisait pas au complet assigné au rég^t Joseph-Napoléon, je reviendrais alors continuer mes opérations dans ceux qui sont situés au Nord.

J'ai l'honneur de proposer à V. E. d'autoriser le Major du rég^t Joseph-Napoléon d'envoyer un sous-officier avec un soldat en recrutement dans chacun des dépôts de Ruremonde, Liège et Namur qui sont près de Maëstricht, avec autorisation à celui qui irait à Ruremonde de recruter dans le bataillon de prisonniers attachés au génie civil, je suis persuadé que cette mesure qui ne devrait pas être prolongée au delà de trois semaines serait suivie d'un bon effet [1].

Daignez agréer, etc.

Le Général de division,
KINDELAN.

---

1. Voir, pour la suite donnée à ces propositions et la décision mettant fin à la mission du général de Kindelan, appendice K.

F

Rapport fait au Ministre le 27 avril 1812 [1].

M. le général de Kindelan, commandant le régiment Joseph-Napoléon, a informé V. E. que MM. les capitaines Bataller et Herrera et le sous-lieutenant Demblans, qui servaient en Italie dans les 1er et 4e bataillons de ce régiment, ont été envoyés au dépôt à Maëstricht sous l'escorte de la gendarmerie ; que ne sachant pas quels étaient les griefs imputés à ces officiers, il écrivit au major Doreille qui commande ces deux bataillons, en lui envoyant une série de questions dont la solution peut le mettre à même de connaître l'affaire de ces officiers et d'en rendre compte à Monseigneur.

D'après le rapport de ce major, transmis par ce général, M. le capitaine Bataller serait accusé d'avoir dit à la parade, en présence de tous les officiers, qu'il était bien douloureux pour lui qui était gentilhomme de se voir commander par un chef qui n'était peut-être qu'un cordonnier (parlant du chef qui commandait la parade).

On imputerait à M. le capitaine Herrera des mauvais propos tenus aussi à la parade ; il se serait récrié avec aigreur contre l'ordre donné de commander en français, alléguant qu'il était contraire à la constitution du régiment, et ajoutant que la troupe était bien bonne de s'y soumettre, que dans sa place, il n'obéirait pas.

M. le sous-lieutenant Demblans serait accusé d'insubordination ; ayant été mis aux arrêts par M. le chef de bataillon O'Donnell, il se serait permis de les rompre et d'aller chez ce chef pour lui dire que comme officier d'honneur et après cette punition, il ne voulait plus servir et qu'il donnerait sa démission. M. O'Donnell, en faisant son rapport au major, lui aurait dit que ce sous-lieutenant s'était déjà rendu coupable de la même faute.

Il paraît qu'il n'y aurait d'autres preuves des imputations faites à ces

---

1. Archives administratives de la guerre.

officiers que la plainte du chef de bataillon O'Donnell, que cependant les deux capitaines ayant été appelés chez le général Broussier, se seraient expliqués, notamment M. Herrera, de manière à faire croire qu'ils avaient tenu les propos qu'on leur reproche, tout en voulant faire valoir la bonté de leur cause.

M. le major Doreille, consulté sur l'opinion qu'il avait de ces officiers, a dit que la différence des langues ne lui avait pas permis d'entendre leurs discours ; que jusqu'à présent il avait conçu de l'estime pour eux ; qu'ils sont recommandables pour leur mérite et de longs services ; que M. Herrera surtout lui a paru être rempli de zèle, mais que son caractère franc et prompt l'avait porté à soutenir une opinion qu'il a cru fondée sur le décret de formation du régiment ; que quant à M. Demblans, sa faute, quoique mieux prouvée, paraît également excusable, à cause de sa jeunesse et de son caractère vif et inconsidéré. Enfin M. le major Doreille pense que ces trois officiers étaient susceptibles de recevoir une réprimande ; mais qu'ils ne méritaient pas, peut-être, un châtiment aussi rigoureux que celui d'être renvoyés, sous escorte, au dépôt.

M. le général de Kindelan prie V. E. de décider sur leur sort, attendu que les bataillons dont ils faisaient partie ayant fait un mouvement, il importe, dans la position où ils se trouvent, que tous les emplois d'officiers soient remplis dans les compagnies.

On pense qu'en raison des renseignements fournis par M. le major Doreille, il n'y a lieu qu'à réprimander ces trois officiers et à les renvoyer à leur poste, en leur recommandant de s'y tenir plus circonspects à l'avenir.

En marge de ce rapport est écrit de la main du ministre :

« Les envoyer au régiment mais en les faisant permuter avec des officiers de leur grade d'un autre bataillon. »

Le Ministre de la guerre
au colonel du régiment Joseph-Napoléon.

Paris, le 15 juillet 1812.

Monsieur, M. le général Kindelan m'a informé que MM. Battaler et Herrera, capitaines, et Demblans, sous-lieutenant, ayant tenu des discours contraires au respect qu'ils devaient à leurs chefs, ont été dirigés des 1er et 4e bataillons où ils servaient, sur le dépôt à Maëstricht, avec une escorte de la gendarmerie.

J'aime à croire que cette mesure aura produit un effet salutaire sur l'esprit de ces officiers et qu'ils se montreront plus circonspects.

En conséquence, je donne l'ordre au conseil d'administration du dépôt de leur faire rejoindre les bataillons de guerre.

Vous voudrez bien m'informer de leur arrivée et avoir soin de les faire permuter avec des officiers de leur grade d'un autre bataillon.

G

*Extrait d'un rapport présenté au Ministre de la guerre
le 20 janvier 1810.*

Le chef de bataillon O'Donnell reçut, à Madrid, l'ordre du Roi de passer à Avignon pour être incorporé en sa qualité dans le régiment Joseph-Napoléon, commandé par le général Kindelan, il se mit de suite en marche pour remplacer M. Arellano qui occupait le même grade dans ce corps et qui avait obtenu de S. M. I. et R. son retour en Espagne. M. O'Donnell, à sa présentation au corps, fut surpris d'apprendre que le général Kindelan n'avait reçu du ministre de la guerre espagnol aucun avis sur le motif de son arrivée à Avignon, ce qui fut attribué à la perte des courriers. En conséquence, son chef consulta à plusieurs reprises V. E. sur la situation où se trouvait cet officier et fut autorisé à nommer provisoirement M. O'Donnell capitaine dans son régiment, jusqu'à ce que S. M. C. eût prononcé d'une manière formelle sur son sort, ce qui vient d'avoir lieu, sans que cet officier ait pour cela changé de condition, comme j'ai l'honneur de le transmettre à V. E. par la lettre suivante écrite par le ministre de la guerre d'Espagne, M. O'Farrill, à M. O'Donnell et que je transcris avec sa traduction :

« En date de ce jour, je préviens le général Kindelan, sur l'objet de votre présence à son corps, afin qu'il puisse en donner avis au ministre de la guerre de France, auquel je transmets également par duplicata, la résolution que S. M. a bien voulu prendre, sur la sollicitation qui lui a été faite par don Cayetano Ramirez de Arellano, qui a donné lieu à votre voyage à Avignon.

« Je prie Notre-Seigneur qu'il vous ait en sa sainte garde.

« Madrid, le 26 de novembre 1809.

« Signé : O'Farrill,
« Ministre de la guerre. »

M. Alexandre O'Donnell est né à Luxembourg, département des Forêts, âgé de 36 ans, originaire d'une famille irlandaise distinguée, et dont le père est mort colonel d'un régiment irlandais au service d'Espagne ; a été élevé en France à l'ancienne École militaire de Pont-à-Mousson, d'où il est passé en Espagne pour entrer comme sous-lieutenant dans les brigades étrangères ; capitaine depuis 18 ans et au service depuis 24. Sa Majesté Catholique Joseph-Napoléon à son avènement au trône des Espagnes, instruite par son ministre de la guerre, M. O'Farrill, et par les généraux français qui eurent l'occasion d'employer cet officier, de ses brillantes qualités, de son instruction et de son dévouement sans bornes à Sa Personne, daigna l'honorer du grade de chef de bataillon par décret du 9 avril 1809, après une commission délicate qu'il remplit avec honneur et courage au milieu des provinces insurgées, et qui attira sur lui cette faveur du Roi.

> (*Mémoire présenté au Ministre de la guerre français par M. Luzanzy de Champolles, le 20 janvier 1810.*)

Le chef de bataillon O'Donnell avait demandé de passer dans un régiment français ainsi qu'il résulte de la lettre suivante[1] qu'il adressa au prince Eugène en 1811 :

A Son Altesse I. et R. le Prince Vice-Roi d'Italie[2].

O'Donnell (Alexandre), chef de bataillon au régiment espagnol Joseph-Napoléon,

A l'honneur de représenter à Votre Altesse Impériale et Royale que, né à Luxembourg, département des Forêts, où il possède encore ses parents maternels et ayant reçu sa première éducation à l'École militaire de Pont-à-Mousson, le plus grand de ses désirs serait d'employer au service de sa patrie le peu de connaissances qu'ont pu lui

---

1. Archives administratives de la guerre.

2. On lit en marge :

« Le chef de bataillon O'Donnel, du régiment Joseph-Napoléon, étant né en France, demande à passer dans un corps français.

« On verrait avec regret cet officier partir du régiment, étant le meilleur sujet, et connaissant le mieux son service, cependant son mérite l'appelant à un avancement incertain dans le régiment, on ne peut qu'appuyer sa demande.

« *Le Major,*
« DOREILLE. »

procurer vingt-cinq années de services, en passant dans un corps français.

C'est ce désir même qu'il ose supplier Votre Altesse Impériale de présenter à S. M. l'Empereur Napoléon, presque certain de réussir si le plus grand dévouement à Son Auguste Personne, le zèle le plus ardent pour son service, et la reconnaissance la plus vive pour V. A. I. et R. peuvent suffire pour lui mériter cette grâce.

De Votre Altesse Impériale et Royale, Prince,

Le plus fidèle et dévoué subordonné

O'Donnell.

Le chef de bataillon O'Donnell fut noté de la manière suivante par le major de Tschudy, dans un rapport du 6 septembre 1811 :

O'Donnell (Alexandre), chef de bataillon, né à Luxembourg, a été quelque temps à l'École royale militaire de Pont-à-Mousson comme pensionnaire, il en est sorti pour entrer au service d'Espagne dans un régiment irlandais dont son père avait alors le commandement; il est frère aîné du général du même nom qui a commandé les brigands de Catalogne; sa façon de penser paraît totalement opposée à la sienne et il est un très bon chef, à un peu de taquinerie près vis-à-vis de ses supérieurs et dureté vis-à-vis de ses inférieurs; il conduit très bien son bataillon et l'on doit des éloges à sa conduite.

Extrait de la *Campagne des Français en Espagne en 1823-1824*[1].

7 avril 1823. Passage de la Bidassoa.

. . . .

« Dans la matinée du 6, des transfuges italiens et français se présentent sur la rive espagnole de la Bidassoa, avec les signes de la révolte, espérant, par des chansons et des airs séditieux, corrompre la fidélité des troupes du Roi et les provoquer à la désertion. A la vue d'une pièce d'artillerie qui était en tête de la colonne, ces audacieux

---

1. Paris, L. Cordier, imprimeur de la Garde royale.

transfuges crient : « Vive l'artillerie française ! » M. le maréchal de camp Vallin, commandant l'avant-garde du 1er corps, leur répond par cet autre cri : « Oui, vive l'artillerie, mais aussi vive le Roi ! Feu ! » Au même instant, une décharge à mitraille fait justice de ces insensés, dont huit restent étendus sur place et quatre sont grièvement blessés. Une compagnie du 9e de ligne s'avance et achève de disperser ceux que la mitraille avait épargnés. *Le régiment espagnol Impérial-Alexandre* [1], tranquille spectateur de cette scène, abandonne, immédiatement après, le poste retranché d'Irun. »

Le même jour le général Bourke, commandant la 2e division du 1er corps, investit, après un combat, la place de Saint-Sébastien. Les chefs des troupes des Cortès étaient : don Pablo de Loraga, brigadier (fait prisonnier), et les colonels *O'Donnell* (*Alexandre*) et Saurea.

19 juin 1823. — Tentative de sortie par la garnison de Saint-Sébastien.

« *Le chef constitutionnel O'Donnell*, commandant Saint-Sébastien, ayant le projet de faire une sortie contre les troupes aux ordres du prince de Hohenlohe, qui formaient le blocus de cette place forte, s'y prépare le 19 juin, à 4 heures du matin, par le feu de toutes ses batteries, dans l'espoir de démolir les palissades des Français et de jeter du désordre dans leurs rangs ».... (Ses efforts sont infructueux.)

La place de Saint-Sébastien capitula le 27 septembre 1823, et le colonel *O'Donnell* (*Alexandre*), commandant cette place, fut interné en France, à Bergerac.

Cet officier touchait encore, en 1831, à Tarbes où il était passé, un secours égal à la solde de captivité.

(Sans autres renseignements.)

A la même époque, le lieutenant-général espagnol O'Donnell de l'Abisbal, ayant commandé des troupes constitutionnelles, se réfugia en France et fut interné le 25 juin 1823, à Limoges.

(C'était le frère du colonel.)

---

1. Le régiment *Impérial-Alexandre* fut formé en Russie des débris des troupes portugaises et espagnoles restées prisonnières en 1812-1813.

H

Maëstricht, le 5 mars 1813.

Le colonel du régiment Joseph-Napoléon
à S. E. M. le duc de Feltre, ministre de la guerre.

Monseigneur,

J'ai l'honneur d'adresser à V. E. copie du dernier état des grâces demandées par S. E. le maréchal prince d'Eckmühl pour les deux bataillons que je commandais au 1er corps de la Grande Armée.

Ces deux bataillons ont eu le malheur de n'avoir pu passer la revue de S. M. parce qu'ils faisaient partie de l'avant-garde lorsque cette revue eut lieu pour le reste de l'armée. J'ai l'honneur d'observer à V. E. et la prie de vouloir bien mettre sous les yeux de S. M. l'Empereur et Roi que ces deux bataillons, qui ont eu plus d'occasions de prouver leur dévouement, n'ont encore eu aucune récompense ; que ce sont les mêmes cependant qui vont rentrer en campagne, tandis que les deux autres, comblés des bienfaits de S. M., ne peuvent être encore prêts.

Il doit exister dans les bureaux de S. A. S. le Prince de Neuchâtel et de Wagram deux demandes faites en ma faveur, l'une de la Légion d'honneur par S. M. le Roi de Naples et S. E. le Prince d'Eckmühl, l'autre le titre de baron par M. le général Dufour, commandant la 2e division du 1er corps, en récompense de l'affaire du 4 octobre.

Quoique je n'aie d'autre fortune que ma solde, je suis loin de prétendre en ce moment à une dotation ; je suis du nombre de ceux qui préfèrent les honneurs à la fortune ; mais j'avoue à V. E. qu'après avoir été blessé deux fois dans le cours de cette campagne, eu trois chevaux tués sous moi et n'avoir pas été un seul instant absent de mes drapeaux, je crois avoir mérité la décoration de la Légion d'honneur, que mon existence sera pénible tant que je ne l'aurai pas obtenue et je supplie V. E. de vouloir bien me permettre de passer par Paris, afin de la demander moi-même à S. M. l'Empereur et Roi.

Daignez agréer, etc.

DE TSCHUDY.

Régiment Joseph-Napoléon.

2e et 3° Bataillons.

État nominatif des officiers et sous-officiers desdits bataillons proposés
pour la décoration de la Légion d'honneur.

NOMS ET PRÉNOMS.	GRADES.	ACTIONS auxquelles ils se sont trouvés. — BLESSURES.
De Tschudy (Joseph) . .	Colonel.	S'est trouvé à l'affaire de Vitepsk ; à celles des 17 août, 19 août et 5 sept. ; à la bataille du 7 sept. ; à l'affaire du 10 sept. et à celles des 4 et 18 oct. ; à l'affaire du 18 nov. sous les ordres du maréchal prince de la Moskowa. A été blessé d'un coup de feu au genou droit le 10 sept. et d'un éclat d'obus au côté droit à l'affaire du 18 nov.
Vasquez (Mariano) . . .	Capitaine.	S'est trouvé à toutes les affaires jusqu'au 10 sept., où il fut blessé d'un coup de feu au travers de la cuisse droite.
Hernandez (Joseph). . .	Capitaine.	S'est trouvé à toutes les affaires où a été le régiment ; blessé à celle du 18 nov. d'un coup de feu au talon droit.
Tierra (Dominique) . . .	Capitaine.	S'est trouvé à toutes les affaires où a été le régiment.
Cardona (Mathias) . . .	Capit. adj.-maj.	*Idem.*
Corvalan (Joseph). . . .	Lieutenant.	S'est trouvé à toutes les affaires où a été le régiment ; blessé à celle du 18 nov. d'un coup de mitraille au talon gauche.
Lopez (Manuel).	Sous-lieut.	S'est trouvé à toutes les affaires où s'est trouvé le régiment.
Laborda (Antoine) . . .	Sergent-maj.	S'est trouvé à toutes les affaires où a été le régiment. S'est distingué par son courage et la fermeté dont il a donné l'exemple au soldat au milieu de toutes les fatigues et les privations.

Certifié égal au travail présenté par S. E. M. le Maréchal Prince
d'Eckmühl.

Maëstricht, le 5 mars 1813.

Le Colonel du régiment,
De Tschudy.

I

Régiment Joseph-Napoléon.

État nominatif des officiers des 2e, 3e et 5e bataillons du régiment présentant les mutations survenues depuis le commencement de la campagne de Russie jusqu'à ce jour (5 mars 1813).

COMPA-GNIES.	GRADES.	NOMS ET PRÉNOMS.	INDI-CATION de la pré-sence.	MUTATIONS.
»	Colonel.	De Tschudy (Joseph).	Présent.	»
»	Offic. pay.	Jordanis (Jean-Ant.).	Présent.	»
»	Chir.-maj.	Emploi vacant	»	M. *Sales,* qui occupait cet emploi, est présumé mort le 21 déc. 1812.
»	Aide-maj.	Emploi vacant	»	M. *Abreu* (François) ayant été fait prisonnier de guerre le 18 nov. 1812.
»	Aide-maj.	Emploi vacant	»	M. *Pujades* (Laurent) ayant été fait prisonnier de guerre le 18 nov. 1812.

2e Bataillon.

COMPA-GNIES.	GRADES.	NOMS ET PRÉNOMS.	INDI-CATION de la présence.	MUTATIONS.
»	Ch. de bat.	Emploi vacant	»	M. *Herrera* (Thomas), capitaine, promu au grade de chef de bat. le 13 oct. 1812, a été fait prisonnier le 18 nov. 1812. Remplaçait M. *Ducer,* tué à Mojaïsk le 10 sept.
Grenad.	Capitaine.	Martinez (François), venu de la 4e comp., en remplacement de M. Maseres, passé au 1er bat.	Présent.	»
Grenad.	Lieutenant.	Emploi vacant	»	Par la promotion de M. Torregrosa, nommé capit. le 13 oct. 1812 et passé à la 4e compag. du bat.

COMPA- GNIES.	GRADES.	NOMS ET PRÉNOMS.	INDI- CATION de la pré- sence.	MUTATIONS.
		2e Bataillon (suite).		
Grenad.	Sous-lieut.	Lopez (Emman.)[1], promu s.-lieut. le 18 oct. en remplacement de M. Oliber, passé lieut. le 26 sept. 1812 à la 3e compag. du 3e bat.	Présent.	»
1re	Capitaine.	Ordoñez (Emmanuel), promu capit. le 18 juin 1812, venant lieut. des grenad. du 3e bat.	Présent.	»
1re	Lieutenant.	Emploi vacant	»	M. *Sequerra* (Joseph) ayant été fait prisonnier de guerre le 18 nov. 1812.
1re	Sous-lieut.	Emploi vacant	»	M. *Chansarel* (Jacq.), promu sous-lieut. le 13 oct., en remplacement de M. Biedma (Nic.), nommé lieut. à la 3e du 2e bat., ayant été fait prisonnier de guerre le 18 nov. 1812.
2e	Capitaine.	Gallardo (Mariano)[2] .	Présent.	En remplacement de M. *Gonzales* (Fr.), prisonnier de guerre le 18 nov. 1812.
2e	Lieutenant.	Emploi vacant	»	Par la mort de M. *Salinas*, le 21 déc. 1812.
2e	Sous-lieut.	Emploi vacant	»	Par le passage à la compag. d'artill. de M. Montnel (Fr.).
3e	Capitaine.	Emploi vacant	»	M. Tierra (Dom.), qui occupait cette place, a été proposé pour la retraite et est parti pour Carpentras.
3e	Lieutenant.	Emploi vacant	»	M. *Biedma* (Nicolas), promu lieut. le 18 oct. 1812, en remplacement de M. *Vasquez* (Basilio), mort le 4 oct. 1812, a été fait pris. de guerre le 18 nov. 1812.

1. Auteur du manuscrit conservé aux archives de la guerre et que nous avons reproduit dans cette étude.

2. Gallardo de Mendoza, auteur de *Mémoires* dont nous avons cité un passage, page 161.

COMPA-GNIES.	GRADES.	NOMS ET PRÉNOMS.	INDI-CATION de la pré-sence.	MUTATIONS.
	**2° Bataillon** (*suite*).
3ᵉ	Sous-lieut.	Menendez (Joseph). .	Présent.	»
4ᵉ	Capitaine.	Emploi vacant	»	M. *Terregrosa* (Emmanuel), promu capit. le 18 oct. 1812, en remplacement de M. Martinez, passé à la compagnie de grenad., ayant été fait prisonnier de guerre.
4ᵉ	Lieutenant.	Emploi vacant	»	M. *Zayas* (François), promu lieut. le 18 juin 1812, en remplacement de M. Labaig, passé à la compagnie d'artill., ayant été fait prisonnier de guerre le 18 nov. 1812.
4ᵉ	Sous-lieut.	Dhainaut (Constant) .	Présent.	Promu sous-lieut. le 18 oct. 1812, en remplacement de M. Sanchez (Jean), passé à la compag. d'artillerie.
Voltig.	Capitaine.	Emploi vacant	»	M. *Guttierrez* (Louis) ayant été fait prisonnier de guerre le 18 nov. 1812.
Voltig.	Lieutenant.	Emploi vacant	»	Par la mort de M. *Canut* (Pascal), tué le 18 nov. 1812.
Voltig.	Sous-lieut.	Emploi vacant	»	Par la promotion au grade de lieut. de M. Zayas (Franç.), passé à la 4ᵉ comp., en remplacement de M. Labaig.
	**3ᵉ Bataillon.**
»	Ch. de bat.	Emploi vacant	»	M. *Llanza* (Raphaël) ayant été fait prisonnier de guerre le 18 nov. 1812.
Grenad.	Capitaine.	Vasquez (Marianno) .	Présent.	»

COMPA-GNIES.	GRADES.	NOMS ET PRÉNOMS.	INDI-CATION de la pré-sence.	MUTATIONS.
		3e Bataillon (*suite*).		
Grenad.	Lieutenant.	Corvalan (Joseph) . .	Présent.	Venu sous-lieutenant de la compagnie, promu lieutenant le 18 juin 1812, en remplacement de M. Or-doñez.
Grenad.	Sous-lieut.	Aldao (Thomas) . . .	Présent.	Venu de la 4e compagnie du 3e bataill., en remplacement de M. Corvalan.
1re	Capitaine.	Emploi vacant	»	Par le passage à la suite de M. Roberti, blessé.
1re	Lieutenant.	Emploi vacant	»	M. *Zambrana* (Léandre) ayant été fait prisonnier de guerre le 18 nov. 1812.
1re	Sous-lieut.	Mirambel (Jaime). . .	Présent.	»
2e	Capitaine.	Emploi vacant	»	M. *Retamar* (Mathias) ayant été fait prisonnier de guerre le 18 nov. 1812.
2e	Lieutenant.	Emploi vacant	»	Par le passage à la suite de M. Cardeña (Gabriel), blessé.
2e	Sous-lieut.	Emploi vacant	»	M. *Aldao* (Antoine) ayant été fait prisonnier de guerre le 24 juillet 1812.
3e	Capitaine.	Arcos (Joseph). . . .	»	51 ans d'âge, 33 ans de services, incapable de continuer un service actif.
3e	Lieutenant.	Emploi vacant	»	M. *Sanchez* (Jean), venu sous-lieut. de la compag. d'artill., ayant été promu lieut., en remplacement de M. *Carely*, tué le 10 sept. 1812, étant mort le 10 déc. 1812.
3e	Sous-lieut.	Ribas (Eugène) . . .	Présent.	»
4e	Capitaine.	Hernandez (Joseph). .	Présent.	52 ans d'âge, 35 ans de services, incapable de continuer un service actif.

3ᵉ Bataillon (*suite*).

COMPA-GNIES.	GRADES.	NOMS ET PRÉNOMS.	INDI-CATION de la pré-sence.	MUTATIONS.
4ᵉ	Lieutenant.	Emploi vacant	»	M. *Algarra* (Policarpe) ayant été fait prisonnier de guerre le 18 nov. 1812.
4ᵉ	Sous-lieut.	Renaud (François), promu sous-lieut. le 18 juin 1812.	Présent.	»
Voltig.	Capitaine.	Buergo (Michel) . . .	Présent.	»
Voltig.	Lieutenant.	Emploi vacant	»	M. *Vega* (Fernando) ayant été fait prisonnier de guerre le 10 déc. 1812.
Voltig.	Sous-lieut.	Emploi vacant	»	Par la mort de M. *Cuesta* (Pierre), le 18 nov. 1812.

Compagnie d'artillerie.

COMPA-GNIES.	GRADES.	NOMS ET PRÉNOMS.	INDI-CATION de la pré-sence.	MUTATIONS.
»	Lieutenant.	Emploi vacant	»	M. *Labaig*, blessé grièvement, ayant été fait prisonnier de guerre le 18 nov. 1812.
»	Sous-lieut.	Emploi vacant	»	M. *Montnel* (Franç.), qui avait remplacé M. Sanchez, promu lieut., ayant été fait prisonnier de guerre le 10 déc. 1812.

5ᵉ Bataillon de dépôt [1].

COMPA-GNIES.	GRADES.	NOMS ET PRÉNOMS.	INDI-CATION de la pré-sence.	MUTATIONS.
»	Major.	De Kindelan (Joseph).	Présent.	»
»	Quart.-mait.	Fernandez (François).	Présent.	»
»	Adj.-maj.	Delaloge (Charles) . .	Présent.	»
1ʳᵉ	Capitaine.	Emploi vacant	»	Par l'effet de l'organisation de ce bataill.
1ʳᵉ	Lieutenant.	Emploi vacant	»	*Idem.*
1ʳᵉ	Sous-lieut.	Aragon (Antoine). . .	Présent.	»
2ᵉ	Capitaine.	Ponce de Léon (François).	Présent.	»

1. Le 16 septembre 1812, le 5ᵉ bataillon avait été recréé comme dépôt.

COMPA-GNIES.	GRADES.	NOMS ET PRÉNOMS.	INDI-CATION de la pré-sence.	MUTATIONS.
		5° Bataillon de dépôt (*suite*).		
2e	Lieutenant.	Emploi vacant	»	Par l'effet de l'organi-sation de ce bataill.
2e	Sous-lieut.	Emploi vacant	»	*Idem.*
3e	Capitaine.	Emploi vacant	»	*Idem.*
3e	Lieutenant.	Emploi vacant	»	*Idem.*
3e	Sous-lieut.	Vasquez (Joseph). . .	Présent.	»
4e	Capitaine.	Deucar (Pierre) . . .	Présent.	»
4e	Lieutenant.	Aragon (Joseph). . .	Présent.	»
4e	Sous-lieut.	Emploi vacant	»	Par l'effet de l'organi-sation de ce bataill.

CERTIFIÉ véritable par nous, Colonel du régiment.

A Maëstricht, le 5 mars 1813.

DE TSCHUDY.

J

Le 8 février 1813, l'Empereur avait écrit au ministre de la guerre la lettre suivante [1] :

Monsieur le Duc de Feltre, vous devrez faire cesser sur-le-champ le recrutement des Espagnols : je ne veux point de ces régiments. Cela ne sert à rien, surtout aujourd'hui où les Russes ont organisé une manière de les appeler. Je ne pense pas qu'il reste de cadres suffisamment pour faire plus d'un bataillon, et, comme le dépôt du régiment Joseph-Napoléon, qui est à Maëstricht, est à 1,200 hommes, cela est plus que suffisant. Il y a 12 officiers et 62 sous-officiers ; faites-en organiser trois compagnies. Pour organiser ces 3 compagnies, il faudra 10 officiers, 3 sergents-majors, 3 caporaux-fourriers, 12 sergents et 24 caporaux ; total 52 officiers et sous-officiers. Complétez chacune de ces compagnies à 250 hommes, et faites partir ces 750 hommes avec les 52 officiers et sous-officiers, cela fera 802 hommes, sous les ordres d'un chef de bataillon français, et dirigez-les sur Erfurth ; là ils rencontreront des cadres, et on en formera un bataillon ; je ne pense pas qu'on en puisse former davantage. Ce bataillon sera réuni au 4e corps et se rendra à Glogau ; de sorte que le régiment Joseph-Napoléon, qui est à cinq bataillons, sera réduit à un bataillon de guerre et un bataillon de dépôt. Les officiers et sous-officiers qui n'entreraient pas dans ce premier bataillon se rendront à leur dépôt ; et, s'il y avait avec ce qui lui reste de l'armée de quoi faire un second bataillon, sur le compte que vous m'en rendriez, je décréterais ce second bataillon......

Rapport fait au Ministre le 17 mars 1813 [2].

L'Empereur a ordonné de réduire le régiment Joseph-Napoléon à deux bataillons, un bataillon de guerre et un bataillon de dépôt. S. M. a prescrit en même temps de faire organiser le bataillon de guerre à Coblentz,

---

1. *Correspondance de Napoléon Ier*, n° 19549, t. XXIV.
2. Archives administratives de la guerre.

au moyen de 750 hommes qui sont envoyés du dépôt dans cette place et de ce qui existe du régiment à l'armée d'Allemagne.

S. A. I. le Prince Eugène ayant représenté qu'il ne serait pas prudent de faire rentrer en ce moment les 160 hommes du régiment qui font partie de la garnison de Glogau, on propose de faire former de cette portion du régiment, qui comprend les anciens militaires, les noyaux des compagnies de grenadiers et de voltigeurs ; ces compagnies seront complétées par la suite, lorsque les circonstances permettront de les réunir au bataillon. On propose en même temps de charger M. le Maréchal Duc de Valmy de faire former à Coblentz les quatre compagnies de fusiliers et l'état-major du bataillon avec les détachements qui sont dirigés sur cette place de Maëstricht et d'Erfurt.

Les officiers et sous-officiers qui excéderont le complet du nouveau cadre, seront envoyés au bataillon de dépôt, qui conservera sa composition de quatre compagnies de fusiliers. Ces officiers et sous-officiers seront placés à la suite du bataillon et toucheront le traitement d'activité, en attendant qu'on puisse les remettre en pied.

Il suit de ces diverses dispositions que le régiment Joseph-Napoléon va se trouver réduit à 10 compagnies. Si le Ministre approuve ces dispositions, on le prie de signer les lettres d'exécution ci-jointes qui sont adressées à S. A. I. le Prince Eugène et à M. le Maréchal Duc de Valmy, au général commandant la 25e Division Militaire et à M. le Cte de Cessac.

Le Chef de la Division (4e) écrit aux Chefs des 1re, 2e, 3e et 6e, pour leur faire connaître la nouvelle composition du régiment Joseph-Napoléon et pour les inviter à présenter les mesures qui rentrent dans leurs attributions.

De la main du Ministre : « APPROUVÉ. »

Le Chef de la 4e Division croit devoir faire remarquer à S. E. que, déduction faite des 750 hommes envoyés à Coblentz, il restera encore au dépôt du régiment Joseph-Napoléon 1,481 hommes, sans compter les officiers et les sous-officiers.

L'organisation des 4 compagnies du dépôt comporte 484 soldats ; il y aura donc 997 hommes en sus du complet. Devront-ils être compris dans l'organisation des 4 compagnies ? On pense que oui.

LEBARBIER DE TINAN.

De la main du Ministre :

« APPROUVÉ. *On proposera de faire un bataillon de plus.* »

*Lettre du Ministre au Comte de Cessac, Ministre Directeur
de l'administration de la guerre* [1].

Paris, le 17 mars 1813.

Monsieur le Comte, une décision de l'Empereur du 6 de ce mois a prescrit de réduire le régiment Joseph-Napoléon à deux bataillons, savoir : un bataillon de guerre et un bataillon de dépôt.

Le bataillon de guerre comprendra 6 compagnies de 140 hommes chacune, officiers compris, au moyen des 750 hommes qui sont dirigés de Maëstricht sur Coblentz et de ce qui existe du régiment à l'armée d'Allemagne.

Le noyau des compagnies de grenadiers et de voltigeurs sera organisé à Glogau, par les soins de S. A. I. le Prince Eugène, avec la portion du régiment qui s'y trouve ; ces compagnies seront complétées par la suite, lorsque les circonstances permettront de les réunir au bataillon.

Les quatre compagnies de fusiliers et l'état-major du bataillon vont être formés à Coblentz par les soins de M. le maréchal duc de Valmy, aussitôt que les détachements qui vont être envoyés de Maëstricht et d'Erfurt, seront arrivés dans cette place.

Les quatre compagnies du bataillon de dépôt qui sont à Maëstricht n'éprouveront aucun changement et conserveront leur première composition.

Les officiers et sous-officiers, tant de l'état-major que des compagnies, seront réduits au nombre nécessaire aux deux bataillons conservés ; ceux qui se trouveraient excéder le complet des nouveaux cadres, seront placés à la suite du bataillon de dépôt et toucheront le traitement d'activité, en attendant qu'il soit possible de les remettre en pied.

Je prie V. E. de donner les ordres qu'elle jugera convenables, pour concourir, en ce qui a rapport à ses attributions, à l'exécution de ces diverses mesures.

26e DIVISION MILIT.

PLACE DE COBLENTZ.

*Extrait du procès-verbal d'organisation
du 1er bataillon du régiment Joseph-Napoléon* [1].

Ce jourd'hui 1er avril 1813, nous, commissaire des guerres du dépar-

---

1. Archives administratives de la guerre.

tement de Rhin-et-Moselle, suppléant M. Thinus, sous-inspecteur aux revues empêché par ses affaires multipliées qui le tiennent employé à Mayence, sur l'invitation à nous faite par M. le général Guérin baron de Walderbach, commandant de la Légion d'honneur et les troupes du département de Rhin-et-Moselle, chargé par S. E. le duc de Valmy de procéder à la réduction du régiment Joseph-Napoléon, conformément à la décision de S. E. le Ministre de la guerre en date du 17 mars 1813, portant que ce régiment consistera en deux bataillons dont un de guerre et un de dépôt, nous nous sommes rendus sur la place du château où nous avons trouvé réuni le 1er bataillon de ce corps.

. . . .

Organisation du bataillon.

		OFFIC.	TROUPE.
Etat-major.	Dimpre [1], chef de bat., commandant provisoire	I	»
	Cardona, adjudant-major.	I	»
	Emploi vacant, chirurg. aide-major.	»	»
	Emploi vacant, chirurg. sous-aide. .	»	»
	Verdalle, adjudant sous-officier . . .	»	I
	Duverlie, adjudant sous-officier . . .	»	I
1re compagnie.	Vasquez, capitaine	I	»
	Aragon, lieutenant.	I	»
	Lopez, sous-lieutenant	I	»
	Sous-officiers et soldats	»	204
2e compagnie.	Martinez, capitaine	I	»
	Vasquez, lieutenant	I	»
	Mirambell, sous-lieutenant	I	»
	Sous-officiers et soldats	»	203
3e compagnie.	Gallardo, capitaine.	I	»
	Emploi vacant, lieutenant.	»	»
	Rivas, sous-lieutenant	I	»
	Sous-officiers et soldats	»	204
4e compagnie.	Buergo, capitaine.	I	»
	Emploi vacant, lieutenant	»	»
	Reynaud, sous-lieutenant.	I	»
	Sous-officiers et soldats.	»	203
	TOTAUX	12	816

1. Le 4 avril 1813, le chef de bataillon Dimpre écrivit au ministre pour lui

. . . .

Il résulte de l'organisation définitive de ce bataillon composé d'un état-major et de 4 compagnies de fusiliers, qu'il manque : 1º un chirurgien aide-major et un chirurgien sous-aide ; 2º un lieutenant à la 3ᵉ compagnie et un à la 4ᵉ compagnie.

De tout quoi nous avons dressé, etc.

Le Général de brigade chargé de la réorganisation du 1ᵉʳ bataillon du susdit régiment,

GUÉRIN.

DUVERLIE,　　　　VASQUEZ,　　　　DIMPRE,
Adjudant s.-off.　　*Capitaine.*　　*Chef de bataillon.*

GENTIL,
Commissaire des guerres.

———————

demander s'il comptait encore au 5ᵉ régiment d'infanterie légère ou s'il faisait partie du régiment Joseph-Napoléon.

Le ministre, avant de répondre à cette lettre, ayant demandé des renseignements au général commandant la 26ᵉ division militaire le 20 mai 1813, reçut la lettre suivante :

« Au quartier général à Mayence, le 26 mai 1813.

« Monseigneur,

« J'ai l'honneur de rendre compte à V. E. que j'ai reçu sa lettre, du 20 de ce mois, par laquelle elle me demande si le chef de bataillon Dimpre, qui commande le bataillon Joseph-Napoléon, composé d'Espagnols, et qui a été quelque temps à Coblentz, peut commander ce bataillon ou non, à cause de la difficulté de la langue.

« Le général Guérin qui est ici, et qui a vu souvent ce chef de bataillon à Coblentz, m'a assuré qu'oui, et je l'ai jugé de même lorsque ce bataillon est passé ici pour se rendre à l'armée où il est depuis fort longtemps. Je pense, d'après cela, que ce chef est bien où il est. Il connaît l'esprit de son bataillon qui est beau et très en état de bien faire la guerre. J'en ai passé la revue à son passage à Mayence.

« J'ai l'honneur, etc.

« *Le Général de division commandant la 26ᵉ division militaire,*

« SCHAAL. »

———————

K

Tout en prescrivant de recruter le régiment Joseph-Napoléon dans les dépôts de prisonniers de guerre que continuait à parcourir le général de Kindelan, l'Empereur avait songé à employer les cadres espagnols du dépôt à instruire les conscrits français nouvellement levés. Un rapport du ministre, en date du 28 janvier 1813, ayant rendu compte à l'Empereur que les 12 officiers et les 62 sous-officiers et caporaux présents au dépôt à Maëstricht suffisaient à peine aux besoins du service, ce dépôt ayant 1,284 soldats à son effectif dont le nombre devait être porté à 2,000, cette idée fut abandonnée.

Nous reproduisons ci-dessous un rapport fait au ministre sur les résultats de la mission du général de Kindelan :

Rapport fait au Ministre le 6 janvier 1813[1].

Le recrutement du régiment Joseph-Napoléon est en pleine activité : le général Kindelan, chargé de recevoir les enrôlements volontaires des Espagnols prisonniers de guerre, rend fréquemment compte de ses opérations dans les dépôts et les bataillons de travailleurs. Le nombre des hommes qu'il a fait diriger sur Maëstricht est de 435, et si on ajoute ceux qui y ont été envoyés des différents points de l'Empire, en vertu de décisions particulières du Ministre, on trouve que le régiment Joseph-Napoléon a reçu 839 hommes en moins de trois mois.

Le général Kindelan parcourt en ce moment les dépôts des 25e et 26e divisions ; il pense que, si l'on envoyait dans ceux de Ruremonde,

---

1. Archives administratives de la guerre.

Liège et Namur, un sous-officier et un soldat choisis avec soin, on en obtiendrait de bons résultats pour le recrutement ; il désirerait même que le sous-officier qu'on dirigerait sur Ruremonde fût autorisé à solliciter des enrôlements dans le bataillon de prisonniers attachés au génie civil. On ne peut donner cette autorisation, en ce qui concerne ce bataillon qui est dans les attributions du Ministre de l'Intérieur, mais on propose à S. E. d'approuver l'envoi d'un sous-officier et d'un soldat dans les dépôts désignés qui sont voisins de Maëstricht.

De la main du ministre : « *Il est préférable d'y envoyer un officier.* »

(*D'après une note du chef de la division, mise d'après l'ordre du Ministre, cet officier doit être Français, avoir servi en Espagne et sachant, autant que possible, la langue espagnole ; il sera chargé de parcourir les dépôts de Ruremonde, Liège et Namur, pour y provoquer des engagements volontaires.*)

Les premières instructions données au général Kindelan portaient qu'il y avait à Périgueux, outre un dépôt de prisonniers de guerre, un second dépôt composé de déserteurs venus de l'Espagne et que parmi ces derniers se trouvaient quelques Espagnols qui avaient manifesté le désir d'entrer au service de France ; le général Kindelan demande à cette occasion, s'il ne serait pas convenable qu'après avoir inspecté les dépôts du Nord, il se transportât directement à Périgueux, pour en faire sortir de suite les Espagnols de bonne volonté, sauf à parcourir, après cette opération, les dépôts situés au centre de la France.

On ne pense pas qu'il y ait lieu à apporter aucun changement à l'itinéraire du général Kindelan, par la raison que dans l'intervalle qui s'est écoulé depuis les instructions qui lui ont été données, on a autorisé le général commandant la 20e division militaire, à faire partir pour Maëstricht les Espagnols du dépôt de déserteurs qui seraient reconnus en état de servir.

On prie S. E. de faire connaître ses intentions sur les diverses propositions contenues dans ce rapport.

Le Chef de la division,

LEBARBIER DE TINAN.

De la main du ministre : « *Approuvé. Il faut faire connaître ce qui a été fait à Périgueux, à M. Kindelan.* »

La formule de l'engagement dans le régiment Joseph-

Napoléon, dont nous avons trouvé le modèle [1] écrit de la main du général de Kindelan, était la suivante :

ENGAGEMENT VOLONTAIRE.

Je soussigné   , né à   , province de   , prisonnier de guerre en France, m'engage volontairement à servir dans le régiment Joseph-Napoléon ; je jure d'être fidèle à la dynastie impériale française, et de me conduire en brave et loyal soldat sous la promesse qui m'est faite, qu'après le terme de quatre ans, il me sera délivré un congé absolu pour retourner dans ma patrie.

Fait à   , le   .

Signé, sinon une croix en présence de deux témoins qui signeront.

Vu par . . . . (*celui qui reçoit l'engagement*).

Cependant l'Empereur ne tarda pas à concevoir des doutes sur les services qu'il pouvait attendre des prisonniers espagnols, même volontairement enrôlés, et il en arrêta le recrutement [2]. Le général de Kindelan adressa en conséquence au ministre de la guerre la lettre et le rapport suivants [3] :

Trèves, le 7 mars 1813.

Monseigneur,

En exécution de l'ordre de S. M. que V. E. m'a fait l'honneur de me transmettre par sa lettre du 17 février, j'ai suspendu sur-le-champ les opérations du recrutement du régiment Joseph-Napoléon, regardant comme terminée la mission qui m'a été donnée pour parcourir les dépôts de prisonniers de guerre espagnols.

J'ai l'honneur d'adresser à V. E. un état numérique des hommes qui ont été dirigés sur le dépôt de ce corps, depuis le commencement de

---

1. Archives administratives de la guerre.
2. *Correspondance de Napoléon Ier*, 19549, t. XXIV. (Lettre citée à l'appendice J.)
3. Archives administratives de la guerre.

ma mission, le total en est de 2,580 ; dans ce nombre, il y en a 343 qui ont été recrutés dans les dépôts de la 26e division militaire par l'ordre de M. le général qui la commande, je n'en ai eu connaissance qu'à Trèves, et comme ils sont partis pour leur destination sans que j'aie pu les passer en revue, j'ignore s'ils sont tous propres au service et s'il en a été recruté encore d'autres ; j'ai donné connaissance de l'ordre de l'Empereur à M. le général Rigaud, commandant le département de la Sarre, qui l'a fait savoir à M. le général commandant la 26e division.

Ma mission étant terminée, je retournerai incessamment à Paris, où j'aurai l'honneur de recevoir les ordres de V. E.

Daignez agréer, etc.

Le Général de division,
KINDELAN.

A S. E. Monseigneur le Duc de Feltre, ministre de la guerre.

État numérique des prisonniers de guerre espagnols enrôlés pour le régiment Joseph-Napoléon et dirigés sur le dépôt de ce corps, depuis le commencement de la mission qui m'a été confiée, jusqu'à la notification de l'ordre de Sa Majesté pour faire cesser le recrutement.

Enrôlés dans les bataillons de travailleurs attachés au génie.	340
Dans les dépôts que j'ai parcourus.	1,556
Venus d'Espagne.	281
Déserteurs des rangs de l'ennemi en Espagne, du dépôt de Périgueux	60
Enrôlés dans les dépôts de la 26e division militaire par l'ordre de M. le général commandant la division . . .	343
Total des recrues dirigées sur le dépôt du régiment Joseph-Napoléon	2,580

Trèves, le 7 mars 1813.

Le Général de division,
KINDELAN.

Là mission qu'avait reçue le général de Kindelan de recruter des prisonniers espagnols, d'abord pour le régiment de Catalogne projeté, puis pour les bataillons formés en exécution du décret du 10 mars 1812, enfin pour le régiment Joseph-Napoléon, en 1813, avait donc pris fin.

Nous avons vu avec quelle loyauté et quel zèle le général de Kindelan avait servi Napoléon ; il devait lui rester fidèle dans les mauvais jours. La lettre suivante[1], qu'il écrivit à l'Empereur le 23 janvier 1814, en est un témoignage :

Sire,

Je me croirais déshonoré, si dans une circonstance comme celle-ci, Votre Majesté ne daignait m'employer ; je la supplie donc très humblement d'accueillir favorablement la demande de service que j'ai l'honneur de faire à Votre Majesté.

Malgré un avis favorable du ministre de la guerre appuyant cette demande, le général de Kindelan ne reçut pas de commandement[1].

Le général Clarke continua d'ailleurs à témoigner au fils du général, comme lui Irlandais d'origine, le plus bienveillant intérêt : par un rapport très favorable du 23 février 1814, il demandait pour le major de Kindelan l'emploi d'adjudant-commandant[1].

---

1. Archives nationales, AF, IV, 1152.

L

Rapport à Sa Majesté l'Empereur et Roi.

Du 3 février 1813.

Votre Majesté a ordonné la formation, dans l'intérieur, d'un grand nombre de bataillons. Les cadres de dépôts des corps où doivent s'organiser ces bataillons, dans lesquels on devroit prendre, d'après ses intentions, les officiers nécessaires à ces nouveaux cadres, sont eux-mêmes généralement incomplets ; obligés de détacher, pour différents besoins, le petit nombre d'officiers qui s'y trouvent, notamment pour conduire à Erfurth les conscrits que Votre Majesté y envoie, ils n'ont plus guères que ceux désignés pour la retraite. Les bataillons rentrés en dernier lieu de l'armée d'Espagne, qui auroient pu fournir quelques sujets, sont réunis en régiments provisoires. Cependant il faut 1,360 officiers pour les 68 bataillons, dont Votre Majesté a prescrit la formation.

Afin d'atteindre ce nombre, qui ne peut évidemment se trouver dans les dépôts seuls des corps où s'organisent les bataillons, je vais faire concourir la totalité des dépôts, et demander à chacun les sujets susceptibles de passer à un grade supérieur, dont ils pourront disposer sans se dégarnir. Plusieurs seront pris dans les détachements de recrutement, de manière que le service dont ils sont chargés ne puisse en souffrir. Enfin, j'ai pensé qu'on pourroit en choisir quelques-uns dans les régiments étrangers ou hors ligne ; et j'ai l'honneur de soumettre à Votre Majesté quelques considérations qui me paroissent de nature à faire accueillir cette mesure, comme aussi utile que politique.

Votre Majesté s'est refusée jusqu'à présent, à ce que ces derniers passent dans les régiments de la ligne ; j'ose prendre la liberté de lui soumettre quelques représentations à cet égard, qui semblent naître des motifs mêmes sur lesquels je puis présumer que sa décision est fondée. En effet, autant il étoit prudent de ne pas placer, dans les rangs de la ligne, des officiers ayant émigré ou servi à l'étranger, à l'époque où, en demandant de l'emploi, ils paroissoient ne se rattacher

---

1. Archives nationales, AF, IV, 1119.

à la cause du souverain, que par le besoin de place, autant il paroit naturel d'accorder aujourd'hui plus de confiance à ceux-là même, puisqu'ils ont fait preuve de fidélité depuis six ans que les régiments où ils servent ont été formés. Il est à remarquer que les officiers de ces corps, qui, avant les ordres exprès de Votre Majesté, étoient passés dans la Légion [1] ou dans les états-majors, y sont encore et y ont obtenu de nouveaux grades et des récompenses. L'avancement dans ces corps étant très borné, les officiers regarderoient comme tel, la faveur d'aller faire la guerre dans un autre régiment; et ce moyen d'émulation, accordé au zèle et au dévouement, donneroit l'avantage de placer, dans ces mêmes corps, beaucoup d'officiers retirés du service étranger, et d'anciens militaires, que les circonstances autorisent à demander de l'emploi, et qui, à leur tour, y seroient mis à l'épreuve.

J'ai l'honneur de prier Votre Majesté de vouloir bien m'accorder l'autorisation de lui présenter, pour la ligne, des officiers des régiments étrangers ou hors ligne, jugés dignes de cette faveur par leurs chefs; je n'y appellerai que des militaires nés dans l'ancienne France et qui n'auront pas servi parmi les Chouans. Je demande les ordres de Votre Majesté.

Le Ministre de la guerre,
Duc de Feltre.

L'Empereur ayant décidé, à la date du 2 avril 1813, qu'un 2e bataillon pourrait être formé « si on était sûr d'avoir de bons officiers espagnols », reçut, dès le lendemain, le rapport suivant du général comte de Lobau, son aide de camp, chargé de tout ce qui concernait le personnel des officiers :

Rapport à Sa Majesté l'Empereur et Roi [2].

Paris, 3 avril 1813.

Sire,

J'ai l'honneur de remettre, sous ce pli, à Votre Majesté, la réponse que m'a faite M. le maréchal duc de Dalmatie relativement aux officiers

---

1. Il s'agit ici de la Légion portugaise.
2. Archives nationales, AF, IV, 1151.

qui sortent du service d'Espagne et qui désirent servir en France, Votre Majesté pourra y remarquer qu'il importe d'en faire passer la revue par un officier général de cette nation capable de recueillir des renseignements sur leur compte, et d'apprécier chacun d'eux pour ensuite donner de l'emploi, dans les armées de Votre Majesté, à ceux qui en seront jugés susceptibles. Il serait bon peut-être que Votre Majesté daignât prendre lecture de la lettre du maréchal duc de Dalmatie avant de prononcer.

Le Général aide de camp de l'Empereur,

Comte DE LOBAU.

Un certain nombre d'officiers espagnols avaient, en effet, le 6 mars précédent, adressé à l'Empereur, dans les termes suivants, une demande à l'effet d'être employés :

A Sa Majesté l'Empereur et Roi [1].

Supplique d'un corps d'officiers espagnols à la suite, au service de Sa Majesté Catholique, commandé par le colonel Texier de la Pommeraye ; parti de Saragosse le 14 février 1813, et se rendant à Bourges, lieu de sa destination.

Sire,

Nous sommes si pénétrés des bienfaits dont Votre Majesté nous a déjà comblés depuis notre entrée en France que nous nous empressons de lui offrir nos services ; et nous estimons que c'est les continuer auprès de Sa Majesté Catholique le Roi Joseph, notre souverain, que de les dévouer à son auguste frère, le plus grand homme du monde.

Sire, si Votre Majesté Impériale et Royale daigne exaucer nos prières et nos vœux, vous trouverez en nous, Sire, autant de cœur pour vous aimer que de bras pour vous servir.

Nous avons l'honneur d'être, avec un profond respect, de Votre Majesté Impériale et Royale, Sire, les plus dévoués serviteurs.

(Suivent les signatures certifiées par le Colonel au service de S. M. C. Texier de la Pommeraye, membre de la Légion d'honneur.)

Auch, le 6 mars 1813.

---

1. Archives nationales, AF, IV, 1151,

Le général de Lobau s'étant fait rendre compte de la situation de ces officiers, avait reçu le rapport suivant :

Paris, le 25 mars 1813 [1].

L'Inspecteur aux revues, chef de la 2ᵉ division du Ministère de la guerre, à M. le général de division, comte de Lobau, aide de camp de l'Empereur, à Paris.

Général,

M. le général de Vieusseux, à qui vous vous êtes adressé pour obtenir des renseignements sur les 77 officiers espagnols qui se trouvaient à Auch, m'a fait le renvoi de l'état sur lequel ils sont tous compris, en me faisant connaître que S. E. le Ministre de la guerre, n'a donné aucun ordre pour les faire venir en France, et qu'il paraîtrait que tous ces officiers, ainsi que les 149 qui sont maintenant au dépôt à Bourges, ont été extraits des corps espagnols au service du roi d'Espagne, sans doute par S. M. C. ; ou peut-être des généraux en chef par mesure de précaution. Il n'existe donc aucun renseignement sur ces officiers dans les bureaux du ministère, ni dans le cabinet particulier de Son Excellence. Si comme il y a lieu de le croire, S. M. I. est dans l'intention de les employer, il paraîtra sans doute convenable d'envoyer à Bourges, où les 226 officiers vont être réunis, un officier supérieur tel que M. le général Kindelan, pour les inspecter d'abord ; et on se trouverait peut-être dans la nécessité de compléter le régiment Joseph-Napoléon aujourd'hui réduit à deux bataillons et même de créer de nouveaux bataillons d'Espagnols et de Portugais, par un recrutement dans les dépôts de prisonniers de guerre, puisqu'il n'existe aucun emploi d'officier vacant dans les corps où ils peuvent servir. Cette création donnerait, en outre, le moyen d'employer d'autres officiers de ces deux nations, prisonniers assermentés, qui demandent avec instance du service dans l'armée française.

J'ai cru devoir, en répondant à votre lettre à M. le général de Vieusseux, vous communiquer ces idées pour en faire tel usage que vous jugerez utile au dessein de S. M. l'Empereur.

Agréez, Général, l'assurance de mon respect.

TABARIÉ.

---

1. Archives nationales, AF, IV, 1151.

De son côté le maréchal Soult, consulté le 3o mars par le général comte de Lobau à la suite du rapport précédent, avait répondu par la lettre que nous reproduisons ci-après et sur laquelle nous venons de voir que l'attention de l'Empereur avait été appelée par son aide de camp :

Paris, le 3 avril 1813 [1].

Monsieur le Comte,

Je ne connais pas particulièrement les officiers espagnols portés dans l'état ci-joint, qui ont demandé à être admis au service de S. M. l'Empereur, mais je présume qu'ils ont appartenu à des régimens au service de S. M. C., qui, lors de la dernière évacuation de Madrid, furent dirigés sur Valence, et qui, pendant la marche, perdirent la plupart de leurs hommes par la désertion ; alors le roi se trouvant hors d'état d'entretenir un aussi grand nombre d'officiers se détermina à les envoyer en France ; je suis même instruit qu'il en reste encore à Saragosse, à Valence et à Madrid, qui sont dans le même cas, particulièrement des généraux et officiers supérieurs de l'artillerie espagnole, qui ont du mérite.

Il me paraît que, puisque ces officiers ont résisté à l'épreuve qu'ils ont subie et sont restés fidèles, S. M. l'Empereur pourrait les utiliser à son service, je suis même persuadé, que si leurs camarades, qui servent encore le parti de l'insurrection, étaient instruits que ceux-ci ont été employés, et qu'ils seraient également admis au service de l'Empereur, s'ils se présentaient, il en viendrait un très grand nombre. Cette mesure contribuerait infailliblement à désorganiser les corps espagnols qui servent à l'armée anglaise ; mais il serait nécessaire qu'un général espagnol en passât préalablement la revue et qu'il fît connaître à S. E. le Ministre de la guerre le mérite de ces officiers. Je désire, Monsieur le Comte, que ces observations vous paraissent remplir les vœux de S. M. l'Empereur.

J'ai l'honneur, etc.

Maréchal Duc DE DALMATIE.

---

1. Archives nationales, AF, IV, 1151.

M

Rapport fait au Ministre le 7 avril 1813 [1].

On présente à la signature du Ministre les lettres pour l'exécution de la décision de l'Empereur du 2 de ce mois, qui a prescrit de former au régiment Joseph-Napoléon, un 2e bataillon, au moyen des ressources que présente le dépôt de ce corps. Par l'organisation de ce bataillon, le régiment va se trouver composé de deux bataillons de guerre et d'un bataillon de dépôt.

Les officiers et sous-officiers disponibles au régiment seront mis en activité, et on soumettra au Ministre de nouvelles mesures, pour qu'il soit pourvu aux emplois vacants, lorsque le nombre en sera connu.

Les lettres d'exécution sont adressées au général commandant la 25e division militaire qui fera procéder à l'organisation au dépôt du régiment à Namur, et à M. le comte de Cessac.

Le chef de la division (4e) écrit aux chefs des 1re, 2e, 3e et 5e divisions pour qu'ils fassent les dispositions qui rentrent dans leurs attributions.

LEBARBIER DE TINAN.

« APPROUVÉ. »

Le Ministre au Comte de Cessac, Ministre Directeur
de l'administration de la guerre.

Monsieur le Comte, l'Empereur par une décision du 2 de ce mois, a prescrit de former un nouveau bataillon au régiment Joseph-Napoléon.

Ce bataillon prendra la dénomination de 2e bataillon du régiment et comprendra, comme le 1er, six compagnies, dont une de grenadiers, une de voltigeurs et quatre de fusiliers.

---

1. Archives administratives de la guerre.

Je viens d'adresser au général commandant la 25e division les instructions nécessaires pour qu'il procède de suite à son organisation au dépôt du corps, à Namur, au moyen des hommes qui se trouvent réunis à ce dépôt.

En attendant que V. E. reçoive l'ampliation du procès-verbal qui doit servir à constater l'organisation de ce bataillon, je la prie de faire les dispositions qu'elle jugera convenables, pour qu'il soit pourvu à son habillement et équipement, s'il y a lieu.

Après la formation de ce bataillon, le régiment Joseph-Napoléon se trouvera composé de deux bataillons de guerre et d'un bataillon de dépôt, sans qu'on puisse augmenter sa force, S. M. ayant expressément défendu de lui donner de nouvelles recrues.

Agréez, etc.

Paris, le 7 avril 1813.

Extrait du procès-verbal d'organisation du 2e bataillon du régiment Joseph-Napoléon à Namur.

Aujourd'hui 21 avril 1813, nous, Sous-Préfet, faisant fonctions de commissaire des guerres à la résidence de Namur, sur l'invitation à nous faite par le colonel baron Delorme, commandant le département de Sambre-et-Meuse, en exécution de l'ordre de M. le général commandant la 25e division militaire en date du 15 courant et de l'intention de S. M. l'Empereur, avons procédé comme il suit à la rédaction du procès-verbal pour constater l'organisation du 2e bataillon du régiment Joseph-Napoléon, qui se forme d'une partie des officiers, sous-officiers et soldats qui se trouvent au dépôt du dit régiment. A 9 heures du matin, nous nous sommes transporté sur la place d'armes où nous avons trouvé MM. les officiers et adjudants sous-officiers composant l'état-major du dit bataillon et les hommes des six compagnies qui doivent composer le 2e bataillon. M. le major de Kindelan a remis à M. le colonel baron Delorme les contrôles des 6 compagnies pour servir à la composition préparatoire de ce 2e bataillon.

M. le colonel baron Delorme et nous, avons passé dans les rangs de cette troupe et suivi sur les contrôles l'appel nominal par compagnie, en commençant par celle de grenadiers et terminant par la compagnie de voltigeurs, après quoi la troupe a été reconduite dans ses quartiers.

Laquelle organisation donne pour effectif le résultat suivant :

DÉSIGNATION DES GRADES.	PRÉ-SENTS sous les armes.	EFFEC-TIF.	MANQUE au complet.	COMPLET du bataillon.
Chef de bataillon	»	»	1	1
Adjudant-major.	»	»	1	1
Chirurgiens. { Aide-major	»	»	1	1
Chirurgiens. { Sous-aide-major. . . .	»	»	1	1
Capitaines. { 1re classe.	1	1	1	2
Capitaines. { 2e classe	1	1	1	2
Capitaines. { 3e classe	1	1	1	2
Lieutenants. { 1re classe.	»	»	3	3
Lieutenants. { 2e classe	»	»	3	3
Sous-lieutenants.	6	6	6	6
TOTAUX.	9	9	13	22
Petit état-maj. — Adjudants sous-offic.	1	1	1	2
Compagnies d'élite. { Sergents-majors. . . .	2	2	»	2
{ Sergents	8	8	»	8
{ Fourriers	2	2	»	2
{ Caporaux.	16	16	»	16
{ Grenadiers et voltig. .	242	242	»	242
{ Tambours et cornets. .	4	4	»	4
Compagnies du centre. { Sergents-majors. . . .	4	4	»	4
{ Sergents	16	16	»	16
{ Fourriers	4	4	»	4
{ Caporaux.	32	32	»	32
{ Fusiliers	484	484	»	484
{ Tambours.	8	8	»	8
TOTAUX.	822	822	»	822

De tout quoi nous avons dressé, etc.

MIGNOT, *Adjudant.*   ORDOÑEZ, *Capitaine.*

ED. D'AUXY.   KINDELAN, *Major, Président.*

État nominatif de MM. les Officiers désignés pour faire partie du 2e bataillon du régiment avec indication des emplois qui se trouvent vacants à l'époque du 21 avril 1813, jour de son organisation.

État-major.

Emploi vacant. . . . Chef de bataillon. M. Vasquez, capitaine au régiment, proposé pour cet emploi.

Emploi vacant. . . . Adjudant-major. M. Ciria, capitaine au régiment, proposé pour cet emploi.

Emploi vacant. . . . Chirurgien aide-major.

Emploi vacant. . . Chirurgien sous-aide.
Crespo Domingo. . Adjudant sous-officier.
Emploi vacant. . . Adjudant sous-officier.

Officiers des compagnies.

Capitaines.

Grenadiers. . . . . Villalba (Antoine).
1re compagnie . . . Aragon (Joseph).
2^e compagnie . . . Doria (Joseph).
3e compagnie . . . Emploi vacant.
4e compagnie . . . Emploi vacant.
Voltigeurs. . . . . Emploi vacant.

Lieutenants.

Grenadiers. . . . . Emploi vacant.
1re compagnie . . . Emploi vacant.
2e compagnie . . . Emploi vacant.
3e compagnie . . . Emploi vacant. M. Doria (Jean), sous-lieut. au
    dépôt, proposé pour lieut. à cette compagnie.
4e compagnie . . . Emploi vacant.
Voltigeurs. . . . . Emploi vacant.

Sous-lieutenants.

Grenadiers. . . . . Aldao (Thomas), proposé pour lieutenant à la
    même compagnie.
1re compagnie . . . Rey (Louis), proposé pour lieutenant à la même
    compagnie.
2e compagnie . . . Doria (Narcisse), proposé pour lieutenant à la
    même compagnie.
3e compagnie . . . Troncoso (Telmo), proposé pour lieutenant à la
    compagnie de voltigeurs.
4e compagnie . . . Melendez (Joseph), proposé pour lieutenant à la
    même compagnie.
Voltigeurs. . . . . Jacobini (François).

Nota. — Dans les compagnies de ce bataillon, les emplois de sous-officier se trouvent tous remplis.

En remplacement des sous-lieutenants de ce bataillon proposés pour lieutenants, on a proposé, pour les remplacer, des sous-officiers tant du dépôt que de ce bataillon.

Le présent état certifié par nous, Major du régiment Joseph-Napoléon,
De Kindelan.

N

Monseignéur [1],

Un ordre de l'Empereur du 7 novembre enjoint à tous les colonels et majors qui n'ont pas deux bataillons réunis à l'armée de rejoindre leur dépôt, j'arriverai au mien à Namur le 20 du courant.

Me voilà donc, malgré tous mes désirs, privé encore de l'honneur de combattre et sans commandement analogue à mon grade.

Je suis, Monseigneur, le colonel le plus ancien du 6e corps, duquel j'ai fait partie, et un des plus anciens de l'armée ; beaucoup de mes cadets sont généraux ; je suis du très petit nombre de ceux qui, malgré les fatigues et les pertes de la campagne de 1812, ont volontairement et sans ordres, fait celle de 1813.

J'ai eu le bonheur de mériter, le 27 septembre de cette année, que M. le maréchal Duc de Raguse fît un rapport particulier de moi à l'Empereur, pour avoir avec 300 hommes d'infanterie arrêté 2,000 hommes de cavalerie, protégé la retraite de la nôtre et repris le village qu'elle avait abandonné.

Vers la fin de cette campagne, lorsque S. M. s'est vue abandonnée de tous ses alliés, mes soldats pris au sein même de ses ennemis lui sont restés fidèles et ont répandu leur sang pour son service avec le même zèle que s'ils eussent eu le bonheur de naître ses sujets.

Si V. E. croit qu'avoir ainsi tiré parti des étrangers qui m'ont été confiés, mérite enfin de commander à mes compatriotes [2], je la supplie de vouloir bien mettre sous les yeux de S. M. mes services et la

---

1. Archives administratives de la guerre.

2. Un rapport du ministre de la guerre, du 3 février 1813, avait proposé à l'Empereur de lui présenter pour la ligne des officiers des régiments étrangers jugés dignes de cette faveur, choisis parmi ceux qui étaient nés dans l'ancienne France et n'avaient pas servi parmi les Chouans.

(Archives nationales, AF, IV, 1119.)

ferme résolution où je suis de mourir au champ d'honneur, et demander pour moi le grade de général de brigade et un commandement à l'armée.

Daignez, etc.

Le Colonel du régiment Joseph-Napoléon,

De Tschudy.

A la suite de cette lettre si honorable pour le colonel de Joseph-Napoléon, nous croyons pouvoir citer les lignes suivantes d'une lettre qu'il écrivait de Maëstricht, le 5 mars 1813[1] :

Mon pauvre frère, qui servait au 2e régiment suisse, est resté blessé au pouvoir de l'ennemi au passage de la Bérézina.

---

1. Archives administratives de la guerre.

O

*Extrait du procès-verbal de la dissolution du régiment Joseph-Napo-
léon et réorganisation du dit corps en régiment de pionniers espagnols avec le bataillon de cette arme de la même nation déjà existant.
(Exécution du décret impérial du 25 novembre 1813[1].)*

L'an mil huit cent treize, le 24 décembre, Nous, Louis-Benoît Was-
rouval, officier de la Légion d'honneur, major commandant le château
de Sedan, désigné par M. l'inspecteur aux revues Leclerc, employé
dans la 2ᵉ division militaire, en exécution de l'ordre de S. E. le Ministre
de la guerre en date du 6 de ce mois, à nous communiqué par M. le
Baron Tilly, général de division, inspecteur général d'armes, qui prescrit le désarmement du régiment Joseph-Napoléon et la dissolution du
même corps, pour être réorganisé en régiment de pionniers avec le
bataillon de la même nation déjà existant, nous sommes, d'après l'invitation de M. le général Tilly, rendu au champ de manœuvres où nous
avons trouvé réunies les troupes composant les deux corps susmen-
tionnés et avons procédé, de concert avec cet officier général, aux opérations ci-après :

. . . .

Immédiatement après la rédaction des tableaux ci-dessus, M. l'inspecteur général a fait assembler la troupe, dans la fusion de laquelle il
a compris le bataillon de pionniers de cette nation, nous en avons ensuite
passé la revue. M. le général organisateur ayant prononcé la dissolution
du régiment Joseph-Napoléon, nous en avons aussitôt après constaté
l'effectif par le tableau ci-dessous :

Officiers : 28. Troupe : 2,046. Total général, officiers compris : 2,074.

. . . .

La troupe étant restée réunie, nous avons de concert avec M. le géné-

---

1. Archives administratives de la guerre.

ral organisateur procédé à la formation du nouveau régiment créé de cette troupe, sous la dénomination de régiment de pionniers espagnols, composé d'un état-major et de deux bataillons que nous avons classés dans l'ordre suivant :

État-major.

		OFFICIERS.	TROUPE.
Colonel.	Vacant	»	
Major	De Kindelan (Joseph) .	1	
Adjudant-major . . .	Lopez (Emmanuel). . .	1	
Quartier-maître . . .	Fernandez (François) .	1	4
Chirurgien	Puma	1	
Adjudants sous-offic.	. . . .		4
Tambour-major . . .	. . . .		1
Maîtres-ouvriers . . .	. . . .		3	8

1er bataillon.

1re compagnie.

		OFFICIERS.	TROUPE.
Capitaine.	Vasquez (Mariano) . .	1	
Lieutenant	Vacant	»	
Sous-lieutenant . . .	Vacant	»	
Sous-offic. et soldats.	. . . .		144

2e compagnie.

		OFFICIERS.	TROUPE.
Capitaine.	Ponce (François) . . .	1	
Lieutenant	Vacant	»	
Sous-lieutenant . . .	Vacant	»	
Sous-offic. et soldats.	. . . .		141

3e compagnie.

		OFFICIERS.	TROUPE.
Capitaine.	Gallardo (Mariano) . .	1	
Lieutenant.	Vacant	»	2
Sous-lieutenant . . .	Laborda (Antoine). . .	1	
Sous-offic. et soldats.	. . . .		142

4e compagnie.

		OFFICIERS.	TROUPE.
Capitaine.	Vacant	»	
Lieutenant	Vacant	»	
Sous-lieutenant . . .	Ghezy (Mariano) . . .	1	
Sous-offic. et soldats.	. . . .		146

		OFFICIERS.	TROUPE.
A reporter.		9	581

		OFFICIERS.	TROUPE.
Report.		9	581
5ᵉ *compagnie.*			
Capitaine.	Vacant	»	
Lieutenant	Vacant	»	
Sous-lieutenant . . .	Fresquet (Jean).	I	
Sous-offic. et soldats.	. . . .		143
6ᵉ *compagnie.*			
Capitaine.	Vacant	»	
Lieutenant	Vacant	»	
Sous-lieutenant . . .	Latorre (Joseph)¹ . . .	I	
Sous-offic. et soldats.	. . . .		142
A reporter.		11	866

1. Il est question, dans les Souvenirs du *Maréchal Canrobert,* publiés par M. Germain BAPST, chap. VI, p. 389, du colonel de la Torre du 13ᵉ léger, Espagnol, qui, « fait prisonnier à Tudela ou à Ocaña, s'était engagé comme officier dans le régiment Joseph-Napoléon ».

Le sous-lieutenant Latorre, cité dans ce tableau, et nommé à ce grade par décret du 18 septembre 1813, n'a de commun que le nom avec l'officier espagnol, son camarade du régiment Joseph-Napoléon, qui devint plus tard colonel d'un régiment français : celui-ci, né en 1787, étant sous-lieutenant au régiment espagnol Cangos de Onis, fut grièvement blessé et fait prisonnier par les Français à Santander, le 20 juin 1809. Nommé sous-lieutenant au régiment Joseph-Napoléon le 8 février 1813, il fut promu lieutenant au corps pour sa bravoure sur le champ de bataille près Magdebourg le 14 novembre de la même année. Licencié en 1814, il fut replacé avec son grade dans la légion étrangère (devenue légion puis régiment de Hohenlohe) en 1816. Capitaine en 1817, chef de bataillon en 1825, il passa avec ce grade au 16ᵉ léger en 1826, puis au 44ᵉ de ligne en 1828. Major de la place d'Alger en 1831, lieutenant-colonel du 17ᵉ de ligne en 1840, colonel du 13ᵉ léger en 1840, il fut retraité en 1845 et mourut à Nice en 1851.

Campagnes.

1813 et 1814, Allemagne ; du 12 avril 1823 au 8 octobre 1825, Espagne ; du 6 octobre 1826 au 21 mai 1829, Cayenne ; du 11 juin 1831 au 27 octobre 1834, du 10 janvier 1836 au 25 février 1839 et du 12 avril 1840 au 31 mars 1845, Afrique.

Blessures.

Éclat d'obus à la tête, deux coups de feu à bout portant, l'un à la tête, l'autre ayant brûlé la face et ayant occasionné une forte contusion à l'épaule gauche, au combat du 18 décembre 1842 sur l'Oued Riou (province d'Oran).

Décorations.

Chevalier de la Légion d'honneur, le 4 octobre 1823 ; officier de la Légion d'honneur, le 30 mai 1837 ; commandeur de la Légion d'honneur, le 2 octobre 1842 ; chevalier de Saint-Louis, le 29 octobre 1828 ; chevalier de Saint-Ferdinand d'Espagne (2ᵉ classe), le 23 mai 1825.

Le colonel de la Torre, objet de plusieurs citations à l'armée d'Afrique, fut proposé pour le grade de maréchal de camp en 1843, par le général de La Moricière et par le gouverneur général Bugeaud.

(Archives administratives de la guerre.)

		OFFICIERS.	TROUPE.
Report.		11	866

2ᵉ bataillon.

1ʳᵉ *compagnie.*

Capitaine.	Martinez (François) . .	1	
Lieutenant	Silva (Berissimo) . . .	1	} 2
Sous-lieutenant . . .	Vacant	»	
Sous-offic. et soldats.	. . . .		139

2ᵉ *compagnie.*

Capitaine.	Vacant	»	
Lieutenant	Vacant	»	
Sous-lieutenant . . .	Silva (Timoteo)	1	
Sous-offic. et soldats.	. . . .		139

3ᵉ *compagnie.*

Capitaine.	Vacant	»	
Lieutenant	Vacaht	»	
Sous-lieutenant . . .	Torrenta (André) . . .	1	
Sous-offic. et soldats.	. . . .		142

4ᵉ *compagnie.*

Capitaine.	Vacant	»	
Lieutenant	Vacant	»	
Sous-lieutenant . . .	Vallejo (Antoine) . . .	1	
Sous-offic. et soldats.	. . . .		141

5ᵉ *compagnie.*

Capitaine.	Vacant	»	
Lieutenant	Vacant	»	
Sous-lieutenant . . .	Vacant	»	
Sous-offic. et soldats.	. . . .		139

6ᵉ *compagnie.*

Capitaine.	Vacant	»	
Lieutenant	Corrales (Raymond). .	1	} 2
Sous-lieutenant . . .	Sierra (Joachim). . . .	1	
Sous-offic. et soldats.	. . . .		140

A reporter.		18	1,706

		OFFICIERS.	TROUPE.
Report.		18	1,706

Officiers, sous-officiers et soldats à la suite.

Capitaines.	Hernandez (Joseph) . .	1	
	Roberty (Gérard) . . .	1	
	Arcos (Joseph)	1	
	Zorilla (Pierre)	1	7
	Carillo (François) . . .	1	
	Buergo (Michel)	1	
	Aragon (Antoine) . . .	1	
Lieutenants	Cardeña (Gabriel) . . .	1	2
	Vasquez (Joseph) . . .	1	
Sous-lieutenant . . .	Delgrado (Antoine) . .	1	
Sous-offic. et soldats.	. . . .		342
Total		28	2,048

. . . .

Fait à Sedan, les jour, mois et an que d'autre part.

(Signatures.)

Paris, le 31 décembre 1813.

Monseigneur,

J'ai l'honneur de vous rendre compte que j'ai placé provisoirement MM. les officiers, les sous-officiers et soldats français qui se trouvaient dans le régiment Joseph-Napoléon et dans le bataillon de pionniers venant de Nimègue, comme suit :

MM. le colonel de Tschudy, à la suite de l'état-major de la 2e division militaire.

Dimpre, chef de bataillon,
Deucar, capitaine,
Delaloge, capitaine,
Verdalle, lieutenant,
Duverlie, lieutenant,
Guenachy, lieutenant,

au 14e régiment d'infanterie de ligne, à Sedan.

MM. Pribout, capitaine,
Lenoir, sous-lieutenant,
les sergents-majors Levol et Courcol,
le sergent Troyes,
le sieur Quarin, maître cordonnier,
et le sieur Theol, maître tailleur,

au 136e régiment d'infanterie de ligne, à Sedan.

J'ai pensé qu'il valait mieux placer tous ces officiers à Sedan, attendu que plusieurs d'entre eux ont encore des comptes à rendre. J'ai prévenu de ces dispositions M. le général commandant la 2e division militaire, M. le commandant de place à Sedan et l'inspecteur aux revues de la 2e division militaire.

Je suis, etc...

Le Général Baron TILLY.

P

Au Palais des Tuileries, le 25 novembre 1813 [1].

Napoléon, Empereur des Français, Roi d'Italie, Protecteur de la Confédération du Rhin, Médiateur de la Confédération Suisse.

Nous avons décrété et décrétons ce qui suit :

. . . .

Art. 10.

Le régiment espagnol Joseph-Napoléon est supprimé. Il en sera formé deux ou trois bataillons de pionniers.

Art. 11.

La garde royale espagnole est supprimée. Tous les officiers, sous-officiers et soldats français qui en font partie, se rendront à Bordeaux pour entrer dans la formation de l'armée de réserve qui s'y organise. Les Espagnols seront envoyés dans l'intérieur où l'on en formera des bataillons de pionniers.

Art. 12.

Les dispositions contenues dans l'article précédent sont applicables au régiment Royal-Étranger et au régiment de Castille.

Art. 13.

Les 1er et 2e régiments de chasseurs espagnols et le régiment de hussards de Guadalaxara seront démontés et leurs chevaux donnés aux régiments français de l'armée d'Espagne. Les hommes seront incorporés dans les pionniers.

---

1. Archives administratives de la guerre.

Art. 14.

L'artillerie à pied, les sapeurs et le train espagnol sont également supprimés et les hommes qui font partie de ces corps entreront dans les pionniers.

Art. 17.

Les fusils provenant des désarmements ordonnés par les dispositions ci-dessus, seront employés à l'armement de l'armée française.

Art. 18.

Nos Ministres de la guerre et de l'administration de la guerre sont chargés de l'exécution du présent décret.

NAPOLÉON.

Q

.12e DIVISION.

PLACE DE NIORT.

Niort, le 16 février 1814[1].

*Le chevalier de Kindelan, major en 1er du régi-
ment de pionniers espagnols, à S. E. Monsieur
le Duc de Feltre, ministre de la guerre.*

Monseigneur,

En réponse à la lettre que V. E. m'a fait l'honneur de m'écrire le 8 de
ce mois, tendant à demander des renseignements sur le sort de plusieurs officiers faisant partie du régiment Joseph-Napoléon, lesquels ne
se trouvent pas compris sur l'état nominatif que M. le général Tilly a
remis à V. E., comprenant les officiers de ce corps lors de la formation
du régiment de pionniers espagnols, j'ai l'honneur de l'informer :

1° Que MM.

De Ciria (Manuel), capitaine adju-
dant-major ;
Jordanis (Jean-Baptiste), sous-
lieutenant, officier payeur ;
Villalba (Antoine), capitaine ;
Ordoñez (Emmanuel), *idem ;*
Aragon (Joseph), *idem ;*
Doria (Joseph), *idem ;*
Purgold (Étienne), *idem ;*
Cueto (Manuel), *idem ;*
Casanova (Antoine), lieutenant ;

Defay (César), lieutenant ;
Aldao (Thomas), *idem ;*
Rey (Louis), *idem ;*
Troncoso (Telmo), *idem ;*
Doria (Narcisse), sous-lieutenant ;
Jacobini (François), *idem ;*
Spiler (Fidel), *idem ;*
Doria (Jean), *idem ;*
Sanchez (Jean), *idem ;*
Latorre (Joseph), *idem ;*

font partie du 2e bataillon du régiment Joseph-Napoléon, lequel se trouve
dans la place de Magdebourg et dont nous n'avons point reçu de nouvelles depuis le mois de septembre dernier.

---

1. Archives administratives de la guerre.

2° Que MM.

Medina (Jean), lieutenant adjudant-major ;	Perez (Jean), lieutenant ;
España (Jean), capitaine ;	Puyo (Antoine), sous-lieutenant ;
	Lorenzo (Philippe), *idem ;*

font partie d'une compagnie de guerre formée par ordre de S. A. I. le Prince Vice-Roi, avec le reste des hommes des anciens 1er et 4e bataillons du régiment Joseph-Napoléon, laquelle se trouve à Glogau depuis le mois de janvier 1813.

3° Que M. Romero (Manuel), sous-lieutenant, est resté à Stettin en janvier 1813, commandant un détachement des anciens 2e et 3e bataillons du même régiment et nous n'en avons point reçu de nouvelles depuis cette époque.

4° Que MM. Vasquez (Joseph), lieutenant, et Laborda (Antoine), sous-lieutenant, ont rejoint le dépôt du corps et mis à la suite, le premier comme très infirme et le deuxième comme ayant été blessé pendant la dernière campagne, mais s'étant rétabli de sa blessure, a été placé dans une compagnie du régiment de pionniers espagnols.

5° Que M. Delgado (Antoine), sous-lieutenant, se trouve à la suite du dépôt du corps depuis plus de deux ans, à cause de ses infirmités et par ordre de V. E.

6° Que les officiers composant le ci-devant bataillon de pionniers espagnols, d'après les renseignements qui nous ont été donnés, se trouvent dans la place de Dantzig, avec le dit bataillon.

En conséquence, le régiment de pionniers espagnols n'a été formé seulement que des hommes venus du 1er bataillon du régiment Joseph-Napoléon qui se trouvait au 6e corps de la Grande Armée, de ceux du dépôt du même corps et de ceux composant le dépôt du bataillon de pionniers espagnols.

J'ai aussi l'honneur de faire observer à V. E. que le régiment se trouve avoir un effectif d'environ 2,000 hommes formant deux bataillons ; il n'a qu'un très petit nombre d'officiers et je la prie de daigner accueillir favorablement les mémoires de propositions aux emplois vacants, que le conseil d'administration a remis au général Tilly.

Daignez, etc.

KINDELAN,
Major commandant le régiment.

Rapport à Sa Majesté l'Empereur et Roi [1].

Du 8 septembre 1813.

Sa Majesté ayant pris à sa solde la garde royale espagnole, et les régimens de Castille et de Royal-Étranger, on a dû faire inspecter les dépôts de ces corps, afin de les débarrasser des hommes inutiles, à raison de leurs blessures ou de leurs infirmités. M. le maréchal duc de Dalmatie a donné ordre qu'on en fît l'inspection, et qu'on éloignât des frontières les hommes qui seraient reconnus hors d'état de servir. Je vais faire établir un dépôt à Auch pour les recevoir. Le général Pille, qui a été chargé de passer ces revues, m'a demandé de quelle manière devaient être traités les militaires de ces corps, qui seraient reconnus susceptibles d'obtenir des récompenses, soit à cause de leurs longs services, soit à raison de la gravité de leurs blessures.

J'ai pensé que jusqu'à ce qu'on pût rendre ces militaires à l'Espagne, il était convenable de leur faire l'application des dispositions contenues dans les décrets de création des régimens de Westphalie et de Hesse. Ces deux corps, que l'on forma en 1806, furent assimilés aux régimens français sous le rapport des soldes de retraite et autres récompenses.

Je prie Sa Majesté de me faire connaître si son intention est qu'on en use ainsi envers les régimens espagnols qui sont passés à son service; il s'y trouve beaucoup de Français qui ont de longs services, partie dans les régimens de France et partie dans la garde royale.

Le Ministre de la guerre,
Duc de Feltre.

---

1. Archives nationales, AF, IV, 1120.

R

Rapport à Sa Majesté l'Empereur et Roi [1].

Du 29 septembre 1813.
(*Duplicata expédié le 18 octobre 1813.*)

J'ai eu l'honneur de prier Sa Majesté, le 8 de ce mois, de me faire connaître de quelle manière Elle voulait qu'on traitât la garde royale espagnole et les régiments de Castille et de Royal-Étranger, sous le rapport des récompenses à accorder à ceux qui seraient reconnus hors d'état de continuer à servir. Les revues qui ont été passées en dernier lieu à ces corps, prouvent que le nombre de ceux qui se trouvent dans ce cas est assez grand. Il en résulte, en outre, que la plus grande partie de ces militaires sont des Français ayant d'anciens services et que tous ces corps sont extrêmement recommandables, tant par leur bravoure que par leur fidélité. M. le duc de Dalmatie m'écrit qu'il s'est manifesté parmi eux une grande inquiétude sur leur sort futur.

Dans mon premier rapport, j'ai proposé à Sa Majesté d'appliquer aux régiments espagnols qui sont passés au service de France, les dispositions contenues dans les décrets de création des régiments de Westphalie et de Hesse, formés en 1806. Ces corps furent assimilés aux régiments français pour les soldes de retraite et autres récompenses. Tous les renseignements qui me parviennent sur le moral des régiments dont il s'agit, donnent encore du poids à ma première proposition, et je prie Sa Majesté de me faire connaître si elle l'approuve.

J'ai donné des ordres pour la formation à Auch d'un dépôt où seront réunis, en attendant la décision de Sa Majesté, les militaires de ces corps rconnus incapables de faire aucun service.

Le Ministre de la guerre,
Duc de Feltre.

---

1. Archives nationales, AF, IV, 1120.

Rapport à Sa Majesté l'Empereur et Roi[1].

Du 3o novembre 1813.

J'ai l'honneur de rendre compte à l'Empereur de l'exécution des mesures prescrites par son décret du 25 novembre, relatif aux corps étrangers au service de France.

. . . .

8º Le général Tilly se transportera à Sedan où je fais réunir le régiment Joseph-Napoléon et la compagnie de pionniers espagnols qui était à Nimègue ; il fera désarmer ces corps et les organisera en bataillons de pionniers : l'armement sera versé à l'arsenal de la place.

Les sapeurs espagnols seront pareillement désarmés à l'armée où ils se trouvent, et réduits à une compagnie par les soins du général sous les ordres duquel ils sont employés, conformément au décret du 25 de ce mois.

Je n'ai pas laissé ignorer à l'Empereur l'acte de loyauté du major Kindelan, du régiment Joseph-Napoléon, je dois demander à Sa Majesté, si d'après cette action, elle veut employer cet officier supérieur dans un corps de pionniers : j'attendrai ses ordres à cet égard.

. . . .

10º Les cadres français de la garde royale espagnole sont les suivants : le régiment de grenadiers, le régiment de voltigeurs, le régiment de chevau-légers, la compagnie de gendarmerie d'élite, la compagnie d'artillerie à pied, la compagnie d'artillerie à cheval, le train d'artillerie.

Leur composition est excellente : ce sont tous d'anciens militaires ; je les fais diriger sur Orléans, *après avoir laissé leurs soldats* à la disposition de M. le maréchal duc de Dalmatie, ainsi que Sa Majesté l'a prescrit.

11º Le même maréchal fera désarmer et organiser en bataillon de pionniers toutes les troupes espagnoles à ses ordres ; ces bataillons seront dirigés sur l'intérieur ; les armes seront employées aux besoins de l'armée et versées dans les arsenaux de Bordeaux et de Blaye.

----

1. Archives nationales, AF, IV, 1120.

Parmi ces corps se trouvent un bataillon de fusiliers de 3oo hommes et un escadron de hussards de 1oo hommes de la garde royale de S. M. le Roi Joseph.

Les militaires qui composent ces corps ont suivi volontairement les destinées de l'armée française et de l'auguste frère de l'Empereur : rien ne les forçait au sacrifice qu'ils ont fait en abandonnant leur pays, leurs familles, leur fortune ; c'est le résidu des militaires espagnols dévoués à la dynastie française. Sa Majesté veut-Elle, en en faisant des *pionniers*, les confondre dans une mesure adoptée pour des corps composés de déserteurs, d'individus qui n'ont pas comme eux donné des gages incontestables de leur fidélité ? Je prie l'Empereur de me faire connaître ses intentions à ce sujet.

. . . .

Rapport à Sa Majesté l'Empereur et Roi[1].

Du 22 décembre 1813.

J'ai l'honneur de rendre compte à Sa Majesté des rapports que j'ai reçus jusqu'à ce jour sur l'exécution d'une partie des dispositions du décret du 25 novembre dernier.

. . . .

Art. 11, 12, 13, 14.

Le maréchal duc de Dalmatie a fait désarmer et démonter le 15 décembre les corps d'infanterie et de cavalerie espagnols réunis à Libourne ; on les forme en bataillons de pionniers auxquels je fais assigner une destination dans l'intérieur.

Les sept cadres français de la garde royale espagnole, après avoir laissé à la disposition du maréchal leurs soldats et leurs chevaux de troupe, ont été dirigés sur Orléans, et sont en route pour s'y rendre.

Les deux cadres espagnols de la même garde ont dû être désarmés à Toulouse, d'où ils vont être dirigés sur Falaise, où ils resteront en quartier : ces derniers ordres ont été donnés le 15 décembre.

. . . .

---

1. Archives nationales, AF, IV, 1120,

Libourne, le 24 décembre 1813.

A Sa Majesté l'Empereur des Français, Roi d'Italie [1].

Sire,

Le premier devoir de l'honneur dans un État policé, c'est l'obéissance j'en ai fait preuve en faisant déposer sans murmure, par les militaires que j'ai l'honneur de commander, les armes qui leur avaient été confiées et dont ils ont su se servir pour manifester leur valeur. La dissolution de mon régiment s'est ainsi opérée en présence et au milieu des seuls habitans de Libourne. Ils avaient été témoins de la belle tenue et de la discipline de ce corps ; ils ont aussi été témoins de sa résignation et de sa vive douleur.

Maintenant que ce triste devoir est rempli, permettez, Sire, que je vienne réclamer de Votre Majesté Impériale des armes qui sont toujours restées sans taches dans nos mains.

Sire, Votre Majesté, j'ose le dire, ne peut avoir des soldats plus braves que nous. Fidèles à notre serment, nous n'avons pas abandonné vos aigles, et nous voilà sans patrie !

Cette perspective est affligeante pour des militaires qui se sont attachés à votre dynastie et qui depuis leur formation lui ont constamment été fidèles. Quel serait leur sort si vous les repoussiez ? où pourraient-ils chercher un refuge tranquille ?

Sire, je vous en supplie, rendez-nous nos armes, ne séparez pas des militaires que la fidélité et l'honneur réunirent toujours : qui depuis plus de cinq ans n'ont cessé de prodiguer leur sang pour le service de Votre Majesté, et qui désirent encore le poste le plus périlleux pour donner à Votre Majesté des preuves éclatantes de leur dévouement et du bon esprit qui les anime.

Sire, conservez le régiment de Castille, il mérite cette honorable exception, il la sollicite comme la récompense de tout le sang qu'il a versé pour le service de Votre Majesté.

Le Colonel du régiment de Castille,
Jose Fernando.

---

1. Archives nationales, AF, IV, 1120.

Novembre 1898.

TABLE DES MATIÈRES

BERGER-LEVRAULT ET Cie, LIBRAIRES-ÉDITEURS

PARIS, 5, rue des Beaux-Arts. — 18, rue des Glacis, **NANCY**

L'Armée espagnole, par R. Bruxet, capitaine de cavalerie de l'armée territoriale. 1889. In-8, broché . . . . **3 fr.**

L'Armée espagnole. Notes, souvenirs et impressions de voyage, par le capitaine de Sérignan, ancien professeur à Saint-Cyr. 1883. Un volume in-8 de 206 pages, broché . . . . **3 fr.**

Les Grands Cavaliers du premier Empire. Notices biographiques, par Ch. Thoumas, général de division en retraite. — *1re série* : Lasalle, Kellermann, Montbrun, les trois Colbert, Murat. 1890. Un volume grand in-8 de 521 pages, avec 4 portraits, broché. . . . . **7 fr. 50 c.**

— *2e série* : Nansouty, Pajol, Milhaud, Curély, Fournier-Sarlovèze, Chamorin, Sainte-Croix, Exelmans, Marulaz, Franceschi-Delonne. 1892. Un volume grand in-8 de 537 pages, avec 8 portraits, broché. . . . . **7 fr. 50 c.**

Grands Artilleurs. *Drouot. Senarmont. Éblé*, par Maurice Girod de l'Ain, capitaine d'artillerie. 1891. Beau volume in-8 de 465 pages, avec 4 portraits, broché. (Couronné par l'Académie française.) . . . . **8 fr.**

Lasalle. D'Essling à Wagram. Correspondance recueillie et publiée avec notes bibliographiques par A. Roumet de Cléry. 1892. Beau volume in-8, avec 13 gravures, une carte et un tableau généalogique, broché. . . . . . . **5 fr.**

Souvenirs militaires (1805-1818), par A. Thirion, de Metz. 1892. Volume in-12, broché . . . . **4 fr.**

Souvenirs militaires d'un officier du premier Empire (1795-1832), par J. N. A. Noël, chevalier de l'Empire, colonel d'artillerie. 1896. Un volume grand in-8, avec un portrait, une gravure et 7 cartes ou plans, broché. . . . . . **6 fr.**

Le Général Curély. Itinéraire d'un cavalier léger de la Grande-Armée (1793-1815). Publié d'après un manuscrit authentique, par Ch. Thoumas, général de division en retraite. 1887. Un vol. in-12 de 418 pages, avec portrait et fac-similé. **3 fr. 50 c.**

Souvenirs et campagnes d'un vieux soldat du premier Empire (1803-1814), par le commandant Parquois. Avec une introduction par le capitaine A. Aubier. 1892. Un volume in-8 de 430 pages, avec un portrait, broché. . . . . . **6 fr.**

Le Général Auguste Colbert (1793-1809). Traditions, souvenirs et documents touchant sa vie et son temps. Recueillis par son fils, le marquis de Colbert-Chabanais. 2e édition. 1882. 3 volumes in-12, brochés. . . . . **12 fr.**

Le Général de division Kellermann (ans VII-XI). — Un inspecteur général de cavalerie sous le Directoire et le Consulat, par le capitaine H. Choppin. 1898. Grand in-8 de 75 pages, broché . . . . **1 fr. 50 c.**

Trente ans de la vie militaire, par le capitaine H. Choppin. 1891. Volume in-12 illustré par E. Grammont, broché. . . . . **3 fr.**

L'Artillerie au début des guerres de la Révolution, par G. Rouquerol, chef d'escadron au 16e régiment d'artillerie. Un volume in-8, broché . . . . **4 fr.**

Rosbach et Iéna. Recherches sur l'état physique et intellectuel de l'armée prussienne pendant l'époque de transition du XVIIIe au XIXe siècle, par le baron Colmar von der Goltz. Traduit par le commandant Chabert. Nouvelle édition. 1896. Un volume in-8 de 493 pages, avec 2 plans coloriés, broché. . . . **5 fr.**

Russes et Prussiens. Guerre de Sept ans, par Alfred Rambaud, ministre de l'instruction publique. 1895. Un beau volume in-8, de 400 pages, avec 10 dessins d'uniformes, par Henry Ganier, 4 cartes et 7 plans de batailles, broché sous couverture illustrée. . . . . **10 fr.**

Souvenirs de la guerre de Crimée (1854-1856), par le général Fay, ancien aide de camp du maréchal Bosquet. 2e édition. 1889. (Mention de l'Académie française, concours Thérouanne 1890.) Volume in-8 avec 1 planche et 3 cartes, br. **6 fr.**

Lettres du Maréchal Bosquet (1830-1858). 1894. Volume in-8 de 408 pages, avec portrait en héliogravure, broché . . . . **5 fr.**

Une Mission diplomatique en octobre 1870, de Paris à Vienne et à Londres, par F. Rettlinger. 1899. Un volume in-12, broché . . . . **3 fr. 50 c.**

Carnet de la Sabretache. Revue militaire rétrospective paraissant en 12 livraisons mensuelles depuis 1893. — Chaque livraison comprend environ 3 feuilles in-8, avec gravures. Prix par an : France, **15 fr.** — Union postale . . . **16 fr. 50 c.**
Les 1re et 2e années (1893 et 1894) sont épuisées. Les 3e et 4e années (1895 et 1896) sont en vente au prix de **15 fr.** et les 5e et 6e années (1897 et 1898) au prix de **20 fr.**

Nancy, impr. Berger-Levrault et Cie.